KB264684

6 · 25와 미국의 전쟁정책

6 · 25와 미국의 전쟁정책

허 출 著

한국학술정보㈜

힘든 가운데서 항상 든든한 버팀목이 되어준 아내 이백순과,
얼굴보기 힘들다며 투정을 하면서도 아빠를 믿고 따라준
두 아들 중욱과 동욱에게 이 책을 바칩니다.

목 차

표 차례

그림 차례

Ⅰ. 서 론

1. 연구의 목적

조직이 운영되어 가는 과정에는 항상 조직의 이상과 목적을 달성하기 위해 여러 가지 정책들이 제안되고 집행되며 평가되어진다. 이것은 정책이라는 개념이 인간이 사회를 형성하여 구성원들에게 상호작용 하게 되고 다양한 상황에 직면함에 따라 그에 대한 대응으로서 무엇인가를 결정하여야 하는 당위성에 의해 형성되었음을 뜻한다. 정책이 구체적인 학문 영역으로 성립된 것은 1951년 미국의 라스웰(Harold D. Lasswell)에 의해서이다. 그는 "The Policy Science"라는 용어를 사용하여 정책에 새로운 학문으로서의 위상을 부여했다(김형렬, 1997: 9). 정책문제의 중요성이 대두된 것은 공공부문의 확대와 관련된다. 각종 공공문제가 야기됨에 따라 정부기능의 규모나 범위가 팽창되었기 때문이다. 더구나 정부활동 범위가 민간부문까지 팽창함으로서 국민생활은 직접, 간접으로 공공정책의 영향을 받게 되었다. 국민은 정책의 혜택을 받게 된 동시에 정책의 비용도 부담하게 되었다. 이러한 의미에서 정책은 추상성과 구체성을 함께 지닌 개념이라고 간주된다.

정책은 시간과 공간에 따라 중요성을 달리 해석하는 경향으로 학자에 따라 매우 다양하게 분류된다. 정책은 자원배분정책, 분배정책,

비용분담정책, 규제·통제정책, 적응·안정정책 및 정치적 분업·역할 분배정책으로 분류되기도 하고, 분배정책, 경쟁적 규제정책, 보호적 규제정책, 재분배정책 및 외교, 국방정책으로 나누기도 한다. 또한 추출정책, 규제정책, 분배정책 및 상징정책으로 구분하기도 하며 분배정책, 규제정책, 재분배정책 및 구성정책으로 구분하고 있다(김형렬, 1997: 10-11). 정책과정에 대해서도 학자마다 다른 분류를 하고 있다. 라스웰(Harold Lasswell)은 정보단계, 지지획득단계, 처방단계, 발동단계, 적용단계, 종결단계, 그리고 평가단계로 구분하고 있으며, 더리(David Dery)도 유사하지만 종결단계를 평가단계 뒤에 두고 있다. 존스(Charles O. Jones)는 문제의 인지, 정의 단계, 형성·합법화 단계, 해석·적용단계, 평가단계 및 종결단계로, 앤더슨(James E. Anderson)은 정책의제 설정단계, 정책형성단계, 정책채택단계, 정책집행단계, 정책평가단계로 구분하고 있으며, 리플리와 프랭클린(Ripley & Franklin)은 정책의 형성·합법화 단계, 집행단계, 평가단계 및 변동단계로 나누고 있다(김형렬, 1997: 11-12).

다양한 분류에도 불구하고 학자들이 제시한 공통된 내용은 정책의 형성, 집행, 평가라는 3단계로 집약되어진다(김형렬, 1997: 10-12). 정책의 형성, 집행, 평가는 단절된 각각의 단계가 아니고 상호 영향을 주고받는 순환과정이므로 정책결정에는 정책 형성, 채택, 집행의 전 과정이 모두 포함되어야 한다.

정책결정이라는 용어도 다양하게 정의되어진다. 케이든(Gerald E. Caiden)은 "사회적 문제를 공적으로 해결하는 일반적 방향의 결정"이라고 규정했으며, 김신복 교수는 정책결정과 형성을 동일시하여 "어떤 문제해결 또는 목표달성을 위해서 여러 개의 대안 중에서 하나를 선택하는 정책 결정과정"이라고 표현한다. 드로어(Yehezkel Dror)는 "다양한 인자들이 상이한 작용을 하는 복잡한 동태적인 과정으로서 주로 정부기관에 의해서 장래의 활동지침을 결정하는 것"으로 정의하고 있다(박성복·이종렬 공저, 1993: 314-315에서 재인용).

상기의 정의들에 의하면 정책은 주요 행동지침 또는 중요한 결정이나 활동으로, 특히 권위 있는 정부기관이 공공문제를 해결하기 위하여 공식적으로 결정한 행동지침이며, 정책결정은 "사회적 문제를 해결함에 있어서 공공목적에 부합하는 최선의 가능한 대안을 선택하는 합리적이고 동태적인 행위"로 정의된다.

합리적 정책 결정과정은 통상 다음의 4단계로 구분된다. 1단계는 문제 인지와 정책목표 설정단계로서 문제의 전반적인 상황과 문제들 간의 갈등을 분석하여 공공의 문제를 의제로 선정하고 선정된 의제에 부합되는 정책목표를 설정한다. 문제 규정이 잘못될 경우 정책목표의 오류로 연결되는 '제3종 과오'를 범할 수 있다.

2단계는 정보의 수집, 분석단계이다. 복잡하고 동태적인 상황을 분석하고, 해결하기 위한 대안을 탐색하거나 결과를 예측하는 데는 많은 정보와 자료가 필요하다 자료의 수집과 정보의 산출 및 전달을 위해서는 관리정보체제나 자료은행 등이 요구된다.

3단계는 정책대안의 탐색과 평가단계이다. 현실적으로 많은 대안을 탐색하는 것은 어렵고 능력상 상당부분 불가능하기 때문에 몇 가지 대안만을 설정하게 된다. 좋은 대안의 탐색은 대안의 열거가 아니라 창의성과 관련된다. 대안의 비교, 평가가 소망성과 실행가능성 기준에 의해 수행될 수도 있다.

4단계는 정책대안의 선택단계로서 대안에 대한 정치적·사회적·

경제적·기술적 실현가능성을 검토한다. 바람직하다고 생각되는 대안이라도 현실적으로 실현가능성이 없을 때는 채택할 수 없으므로, 각 대안에 대한 비용과 효과분석 등 여러 가지 기법으로 평가한다.

합리적 정책 결정과정에서 합리성의 개념정립은 중요하다. 합리성은 '조직의 목적을 최대한으로 달성하기 위한 수단을 논리적으로 선택하려는 정신적 과정'으로 최대한 목적을 달성하려는 완전한 합리성과, 만족할 만한 수준으로 목적을 달성하려는 제한적 합리성으로 구분된다(김형렬, 1997: 42).

합리적인 정책결정의 제약요인은 크게 3가지로 나누어진다.

첫 번째 제약요인은 개인적 요인이다. 개인은 전문적 능력과 시간 부족으로 합리적이고 분석적인 결정을 하기가 어렵다. 가치관과 신념에 따른 일탈행위의 가능성이 크고 형식주의, 의식주의, 변동에의 저항, 부하나 수익자의 요구에 대한 무관심, 과거 활동경력이나 사무처리방식에 따라 많은 차이가 있기 때문에 최고 정책결정자인 경우에도 선입견이나 불완전한 인지능력에 의해 제약될 수 있다.

다음은 조직구조적 요인이다. 조직구조 자체의 문제 때문에 적절한 정보 수집이나 정보 활용이 제약받을 수 있다. 조직의 선례나 표준운영절차가 중요하지만 융통성을 가지고 접근해야 하는 특수한 사례까지 표준운영절차에 의해 결정할 경우 문제가 발생한다. 의사소통이 원활하지 않은 경우나 집단사고에 의해 제한을 받는 경우에도 합리적인 정책결정이 어렵다.

세 번째 제약요인은 환경적 요인으로 경제적 요인과 정치적 요인이 합리성을 제약한다. 정보 및 물적 자원의 부족이나 매몰비용 등이 합리성을 제약하며, 정치세력이나 압력집단, 문화적·생태적 요인, 외부 준거집단 등도 합리적 정책결정에 영향을 미친다.

이처럼 합리적 정책결정에는 영향을 미치는 제약요인들이 존재한다. 그런데 군사정책결정에는 그 본질과 특성[1]상 일반 정책결정과는 또 다른 제약요인이 부가된다. 군사정책은 목적 자체가 국가의

---

1) 군사정책은 국가방위를 위한 국가목표 중에서 국가의 안전보장이라는 목표달성을 하기 위한 정부의 제 활동의 지침이며 사상을 결정하는 것이다. 군사정책이 국가방위에 관한 정부의 사상표명이라는 점에서 이는 국가안전보장정책의 한 분야인 군사에 대한 정책으로 규정할 수 있다. 이러한 측면에서 군사정책의 본질은 궁극적으로 정치목적에 부합되게 군비를 조성, 강화하는 국가의 제 활동의 기준을 설정한 국가의 의사결정이다. 이러한 군사정책의 특징을 살펴보면 다음과 같다. ① 국가정책수준으로서 정책: 군사정책은 협의적으로는 병력, 장비, 재정, 군사과학, 제도와 관리 등에 관한 정책이지만 현대 국가에 가하여지는 위협 양상의 다양성과 국가방위수단의 종합성을 감안할 때 근원적으로 순수한 전통적인 군사 위주의 성격보다는 국가안전보장 전체의 성격을 가진다. ② 고도의 기밀성을 유지하는 정책: 군사정책은 국가운명을 결정하는 정책이기 때문에 적이 사전에 탐지하였을 경우 선제공격 및 대항조치를 취할 수 있으므로 기밀을 유지해야 한다. 그런 연유로 공식 발표되는 군사정책도 대개 막연한 용어로서 표현된다. 정신력의 강화, 군의 정예화, 장비의 현대화, 병무행정의 과학화 등의 용어가 그러한 예들이다. 그러므로 군사정책은 표명된 정책과 실제 추진된 정책이 동일하지 않을 수 있다. ③ 대내외적 가치배분의 정책: 군사정책은 국내정책과 대외정책의 성격을 동시에 갖는다. 국내정책과 대외정책의 구분은 영역에 따른 구분으로서 국내정책은 사회 제 집단에 대한 가치배분에 영향을 미치고, 대외정책은 정책 간 가치배분에 영향을 주는 정부 활동을 제어한다. 군사정책은 대내 및 대외에 대한 정부의 특수한 활동이 혼합되어 작용한다. 대외경제원조 및 군사원조의 경우에서 볼 수 있듯이 군사정책은 국내가치배분에 영향을 미칠 뿐만 아니라 국제적 가치배분에도 영향을 주기 때문이다. ④ 자국중심의 정책: 군사정책은 국가안전보장에 입각하므로 주체성과 배타성이 강하다. 경제, 문화, 과학기술 면에서의 교류가 용이한 반면에, 군사교류는 자국의 이익과 생존에 대한 공동목표가 설정되지 않는 한 성사되기 어렵다. 자국의 안전을 보장하기 위해 타국의 희생도 불사하는 자국 중심의 성격을 갖는다(국방대학원, 1987: 444-446).

생존과 밀접하고, 시한이 촉박하며, 초월적인 특성이 있다. 그러므로 급변하는 국제정세 속에서 미래 국가의 안전보장을 위해서는 군사정책의 특성들을 배경으로 정책 결정과정에 대한 지속적인 연구가 필요하다. 특히 한반도를 중심으로 한 국제정세는 북한의 핵개발 등 시급하고 위중한 쟁점들로 위기발발의 가능성이 농후하다. 이 경우, 군사정책은 매우 중요하고도 긴급하므로 그 결정과정에 대한 기제의 고려와 확립이 절실히 필요하다.

따라서 본 연구는 위기 시 군사정책 결정과정에 적합한 모형을 제시하기 위하여 한국전쟁 시 미국의 대한반도 군사정책 결정과정을 앨리슨 모형으로 분석한 것이다. 앨리슨 모형의 이론적 설명력을 분석함으로써 위기 시 군사정책 결정과정에 적합한 바람직한 모형을 추출하는 데 그 목적이 있기 때문이다. 이러한 작업은 국가적 위기 시 합리적인 정책결정을 이끌어 낼 수 있는 이론적인 모형을 도출하여 설정하는 것으로 국가안전보장 확보에 기여할 수 있다.

2. 연구의 범위 및 방법

본 연구의 연구목적을 달성하기 위하여 다음과 같이 연구의 범위 및 방법을 설정하였다. 연구의 범위에서 분석 시기는 한국전쟁 발발 이전인 1945년 신탁통치부터 휴전협정이 종료된 1953년 7월 27일까지로 한정했다. 분석자료는 비밀이 해제되어 공식적으로 발간된 한국전쟁 관련 미국 외교문서와 미군의 공식전사, 특히 미국 국가안보위원회(NSC: the National Security Council) 정책문서인 NSC 8, NSC 68, NSC 118/2 등을 중점적으로 분석하였다. 분석의 효과를 높이기 위하여 UN 안보리의 정책 결정과정도 포함시켰다. 또한 한국 국방부에서 공식적으로 발간한 전사, 정기간행물, 연구보고서 등과 한국전쟁 관련의 단행본, 논문 등을 분석하였다. 본 연구는 상기의 자료들을 중심으로 문헌연구를 통한 사실(史實) 중심의 기술적(記述的) 접근방법을 선택했다. 이러한 접근방법의 한계는 객관성의 문제이다. 본 연구를 수행함에 있어서 최대한 객관성을 유지하기 위하여 정부의 공식자료들을 중점적으로 활용하고, 분석과정에서도 가능한 한 원문의 의미가 그대로 유지될 수 있게 하였다.

연구의 방법은 앨리슨의 이론모형에 한국전쟁을 적용하여 설명력을 분석하였다. 앨리슨이 주장한 정책결정모형을 분석 시각으로 한국전쟁을 3개 시기로 구분하여 미국의 한국전쟁 개입, 진행, 종전까지의 군사정책 결정과정을 분석하였다. 3개 시기는 위기의 정도를 중심으로 구분한 것으로 한국전쟁 발발 이전 위기가 내면화된 시기, 전쟁이 발발하고 상황이 긴박하게 진행된 시기, 전선이 교착되면서 휴진협상을 진행하는 비교적 안정된 시기이다.

위기 시의 군사정책 결정과정에 대한 분석은 일반적인 정책결정에 비해 상대적으로 매우 적다. 위기 시 군사정책 결정과정 모형에 대한 선행연구로 Glenn D. Paige(1968)의 한국전쟁 시 미국의 군사정책 결정과정에 대한 연구와 Graham T. Allison(1969)의 쿠바 미사일 위기 분석 논문이 있다. 쿠바 미사일 위기 시 정책결정에 관한 전인영(1992)의 논문도 있으나 위기 시의 결정과정의 유형화를 연구한 것이 아니라 정책결정자들의 인지나 결정형태를 중심으로 연구하고 있다.

한국의 일반적인 정책 결정과정을 앨리슨 모형으로 분석한 선행 연구들은 다양하다. 이광수(1982)는 부산시 도시고속도로 건설과정을 계획에서 개통까지의 3차례의 중요한 정책 결정과정으로 분리하여 각 시기별로 앨리슨 모형 중 어느 모형이 적용되는지를 분석하였다. 서승렬(1987)은 대한항공여객기 피격사건을 중심으로 외무부에서 취한 외교적인 측면의 정책결정을 유엔 안보리 소집에 관한 결정, 안보리 결의안에 관한 결정, 그리고 소련에 대한 배상청구의 결정으로 나누어 분석하였다. 이종철(1998)은 김영삼 정부의 사법제도개혁 결정과정에서 나타나는 관료정치적 특징을 앨리슨의 모형 Ⅲ을 적용하여 이해집단과 정부 사이의 이해관계가 상호작용 하는 정치적 과정의 성격을 규명하였다. 정책 결정과정의 유용한 모형으로서의 앨리슨 모형을 소개하는 논문들은 문병호(1998), 심재춘(1996), 유태영(1993), 김익식(1983) 등의 논문이 있다. 이것을 요약해 보면 〈표 1-1〉과 같다.

그러나 앨리슨 모형으로 군사정책 결정과정을 분석한 연구는 없었다. 군사문제는 자료획득이 곤란하며, 획득 가능한 자료라고 할지라도 어느 정도 시간이 흐른 후에야 공개가 되고, 일부 자료는 계속 미공개로 남기 때문에 한계가 있다. 특히, 한국의 현실을 고려해 볼 때 군사문제연구는 그 어려움이 배가된다. 군사관련 사이트도 많이 있으나[2] 군사정책과 관련된 연구나 저작물은 발견되지 않았

---

2) http://www.military.co.kr/, http://www.militaryreview.com/, http://www.gunsa-rang.net/, http://www.kaoms.or.kr/, http://www.defence.co.kr/, http://www.bemil.pe.kr/, http://war.defence.co.kr/,

다. 그러나 한국전쟁은 비교적 오래 경과되어 관련 자료가 상당부
분 공개되었으며, 한반도에 대한 군사정책 결정과정 연구는 이러한
한계에도 불구하고 매우 시급하다. 이러한 측면에서 한국전쟁을 분
석해서 정책 결정과정을 밝히는 것은 시사하는 바가 크다.

<표 1-1> 앨리슨 모형의 선행 연구

저 자	논문제목	주요 내용	비 고
이광수	정책결정에 대한 Allison Model의 적용성.	도시고속도로 건설과정상의 3개의 정책 결정과정에서 2개는 모형 Ⅲ, 1개는 모형 Ⅰ로 설명.	Allison 모형의 일반적 적용가능성 검토.
서승렬	위기상황하의 외교정책 결정과정에 관한 연구.	모형 Ⅰ의 기본개념이 전체 과정을 통해 일반적으로 적용가능. 그러나 보다 구체적 내용에서는 모형 Ⅱ, Ⅲ을 결합하여 적용하는 것이 더 타당성이 있음.	Allison 모형이 한국의 정치문화와 정치체제하에서의 적용가능성 검토.
이종철	김영삼 정부의 사법제도개혁 결정과정에 관한 연구.	사법제도 개혁과정과 영장실질심사제도 찬반논란은 앨리슨의 모형 Ⅲ으로 설명 가능.	Allison 모형 Ⅲ의 적용가능성 검토.
문병호	국제정세와 한반도 통일정책.	4단계의 정치체제 발전모형을 제시하면서 3단계인 통일정책을 앨리슨의 모형으로 설명.	통일정책을 모형 Ⅰ, Ⅱ, Ⅲ을 모두 적용 검토.
유태영	한국외교정책결정 요인분석.	외교정책 결정요인에 관한 제 모형 중의 하나로서의 앨리슨 모형.	앨리슨 모형 소개.
심재춘	북한의 대미 협상 행태에 관한 연구.	외교정책 결정과정에서의 하나의 모형인 앨리슨의 모형.	앨리슨 모형 소개.
김익식	한국의 대비동맹 외교정책에 관한 연구.	의사결정의 제 모형 중의 하나로서의 앨리슨 모형.	앨리슨 모형 소개.

http://www.kims.re.kr/research/militarylab.asp/,
http://my.netian.com/~ispace/, http://www.mnd.go.kr/

한국전쟁과 관련한 미국의 군사정책에 관해서는 다수의 연구들이 있다. 김철범(1989)과 오경택(1983)의 논문은 한국전쟁 발발 이전의 주한미군 철수문제를 다루었고, 小此本政夫(1986)는 한국전쟁 개입에서부터 중공의 개입, 그리고 전선의 교착 시기까지 미국의 대한군사정책을 다루었다. 한국전쟁연구회(2000)는 한국전쟁의 국제적 기원과 중국의 한국전쟁 개입원인, 한국전쟁 기간의 영·미 간의 갈등, 한·미 간의 갈등, 그리고 휴전과 한미 상호방위조약 체결에 이르는 과정을 분석하고 있으며, 냉전종식 방안까지 제시하고 있다. Stueck(2000)은 한국의 독립과 미·소의 분할 점령, 한국전쟁의 발발, 휴전협정 체결과 한미 상호방위조약 체결까지의 과정을 세력균형의 측면에서 분석하고 있다. Foot(1985)는 한국전쟁이 발발한 1950년부터 1953년 휴전 성립까지 미국의 정책을 국제적 수준, 국내적 수준으로 구분·정리하고 있고, Matray(1977)는 한국전쟁의 기원에서부터 한국전쟁 발발까지 미국의 정책결정을 분석하고, 중국과 소련과의 관계와 한반도의 군비통제까지 폭넓게 분석하고 있다. Cumings(1986)는 한국전쟁의 기원을 일제시대에서부터 찾고 있다. 그는 한반도의 신탁통치와 미군의 진주, 그리고 미국의 국제주의적 정책과 민족주의의 대립, 좌익탄압과 지방인민위원회, 그리고 추수봉기와 북한의 사회주의전개까지의 일련의 과정을 정리하면서 한반도의 전쟁원인을 분석하고 있다. 박명림(1997)도 한국전쟁의 발발과 기원에 대해서 해방과 분단을 시초로 보고, 소련과 중공의 전쟁 결정과정을 분석하고 있다. 그 외에도 많은 학자들이 한국전쟁과 관련된 논문들을 발표하였다. 공식적인 전사로 발간된 책들로는 미합동참모본부(1990)가 발간한 「한국전쟁」과 한국 국방부

(1995, 1996, 1997)에서 발간한 「한국전쟁」이 있다.

　본 연구는 5개의 장으로 구성되었다. Ⅰ장에 이어 Ⅱ장에서는 앨리슨의 모형을 분석하고 이 모형을 중심으로 연구의 분석틀을 도출하여 제시한다. Ⅲ장에서는 한국전쟁을 사례로 한국의 독립과 한국전쟁 발발, 휴전으로 이어지는 과정을 시기별로 구분하여 앨리슨의 모형에 적용하여 앨리슨 모형의 설명력을 분석한다. Ⅳ장에서는 3장까지의 연구결과를 종합하여 앨리슨 모형을 분석·평가하고 이를 토대로 Ⅴ장에서 위기 시 합리적인 군사정책결정모형을 제안한다.

Ⅱ. 앨리슨의 정책결정모형 분석

각 국가들이 국제정치에 있어서 보다 나은 결과를 얻기 위하여 어떻게 의사결정을 하는가를 이해하는 것은 중요하다. 그리고 이러한 의사 결정과정에 어떠한 요소들이 영향을 미치는가를 이해하는 것도 중요하다.

정책이 결정되는 과정을 모형화하고 이를 체계적으로 정리한 것 중에서 가장 기본모형이 바로 합리적 선택이론이다. 현실주의자들은 대부분의 정책 결정과정을 생각할 때 합리성을 전제하고 있다고 상정한다. 현실주의자들은 국가를 하나의 행위자로서 간주하고 국가이익을 힘의 차원에서 해석하여 국가의 합리성을 국가가 국가이익 차원에서 비용과 효과를 계산해서 합리적으로 활동하는 것으로 가정한다. 그러나 이러한 합리적 선택이론의 가정은 반박되어 지는데, 우선적으로 제기된 문제는 과연 의사결정자는 항상 합리적으로 결정을 하는가에 대한 것이었고, 다음은 정부공직자 가운데 과연 누가 정책 결정과정에서 주 행위자인시에 대한 것이었다. 또한, 신자유주의자들에 의해 주장된 것으로서 국내, 국제문제와 관련된 사항들이 국내정책 결정과정에 영향을 미친다는 비판과 더불어 정책결정이 국내문제와 국제문제의 상호작용에 의해 이루어진다는 반박 논리들이 제기되었다.

앨리슨은 이러한 비판들을 수용하여 쿠바 미사일 위기 시의 정책 결정과정을 분석하였다. 앨리슨은 정부의 정책 결정과정을 설명하고 분석하기 위한 틀로서 세 가지 모형을 정리하여 제시하였다. 즉,

정책 결정과정에 대한 모형을 합리적 행위자모형(모형 Ⅰ)과 조직의 행위모형(모형 Ⅱ), 정치모형(모형 Ⅲ)으로 구분하여 1962년 미국과 소련과의 외교적, 군사적 대립이었던 쿠바 미사일 위기를 설명하였다. 앨리슨의 세 가지 모형은 독창적인 모형이라기보다는 당시까지 나온 여러 가지 모형을 합리적 행위자모형과 조직의 행위모형으로 대별하여 재정리하고, 제3의 모형으로 정치모형을 새로이 제시한 것이다(박성복·이종렬 공저, 1993: 375).

1. 모형 Ⅰ: 합리적 행위자모형
(Model Ⅰ: The Rational Actor)

앨리슨의 합리적 행위자모형은 린드블롬(Lindblom)의 합리적인 포괄적 모형 및 로빈슨(Robinson)의 지적 모형에 가장 가까운 모형으로 안보정책결정의 바람직한 이론적 모형이라고 할 수 있다. 합리적 행위자모형의 전제는 정부의 행위가 개인들의 목적적인 행동을 유추함으로서 가장 잘 이해될 수 있다는 것이다. 안보정책의 결정도 통합적인 정부의 합목적적인 행위로 고려된다. 하나의 중앙기관으로 통합된 합리적인 국가적 행위자들은 그들이 선택한 목표를 가지며 이 목표를 가장 잘 달성할 수 있는 외교정책을 선택한다는 것이 합리적 행위자모형의 요지이다(국방대학원, 1984: 607).

합리적 행위자모형은 당황스러운 국제적인 사건에 직면하여 그것을 어떻게 처리하겠는가에 대한 분석으로부터 시작되었다. 예를 들어 "소련이 쿠바에 미사일을 설치한다는 사실"에 대한 반응이 어떠한가? 일반적인 분석가나 시민은 소련이 계획하였을 수 있는 각종 목적, 즉 미국의 의도를 철저하게 조사하기, 쿠바를 방어하기, 아니면 그들의 협상 위치를 개선하기 등을 고려하기 시작한다.

소련이 직면한 문제들과 그들이 선택한 행동의 성격을 조사함으로서 분석가는 그중에서 일부 믿기 어려운 목적들을 제거한다. 분석가들은 특별한 상황에서, 특정한 목적과 방법상의 함수를 구상하고, 그 행동을 설명해왔다. 분석가들이 국가들이나 정부들의 계산과 목적을 상술함으로서 국제적 사건을 설명하려는 것이 합리적 행위자모형의 전형적인 형태이다.

모형은 학문적인 문헌, 정책 서류, 출판물 그리고 비공식적인 대화에서 분석틀로 활용된다. 공공정책, 특히 대외정책도 이 개념적 모형으로 분석할 수 있었다. 군사문제 전문가인 프리드만(Lawrence Freedman)과 카쉬(Efraim Karsh)는 1990년 이라크의 쿠웨이트 침공을 이라크 지도자 사담 후세인(Saddam Hussein)의 자포자기적인 행동이 아니라고 설명한다. "이라크는 자국의 경제조건이 끔찍하지 않았더라면 …… 쿠웨이트의 엄청난 부를 소유함으로써 외국에 대한 채무를 삭감하고 야심 찬 국가재건 계획을 시작할 수 있었기 때문이다. 후세인은 국민들에게 이란과의 전쟁 후 이러한 것들을 약속했었다. 쿠웨이트 정복은 후세인의 국제적 위신을 고양시키고 세계 석유시장에서의 확실한 발언권을 부여할 수 있는 것"이었다(Allison and Zelikow, 1999: 13).

분석가들은 어떻게 결론에 도달하는가? 그들은 이라크의 상황, 특별히 국가채무가 있는 상황을 조사한다. 그들은 결론짓기를 후세인이 쿠웨이트를 침공하기 위해 군대를 쿠웨이트 근처에 모으고, 침공하였는데, 명목상으로 논쟁 중이었던 유전이나 섬이 아닌 나라 전체를 점령하려고 하였다. 후세인의 의도는 몇 가지 두드러진 이라크 군대의 전쟁 준비과정상의 특징들로 과장하여 설명될 수 있었으며, 사담 후세인이 사전에 선언한 발표의 일부도 설명에 활용되었다. 결론적으로 쿠웨이트 침공은 사담 후세인에게 가치 극대화의 선택이었다는 것이 그들의 이라크 행위에 대한 해석의 논점이었다.

1차세계대전의 원인도 동일한 맥락에서 조망할 수 있다. 현실주의 국제정치학자인 모겐쏘(Hans J. Morgenthau)에 따르면, 1차세계대전의 원인은 "단지 유럽에서 세력균형(balance of power)이 깨어지는 것에 대한 공포"일 뿐이다. 1차세계대전 이전에, 삼국협상(영국, 프랑스, 러시아)은 삼국동맹(독일, 오스트리아-헝가리, 이태리)과 미묘하게 평형을 이루고 있었다. 만일 어느 쪽이라도 발칸반도에서 결정적인 이득을 얻을 수 있다면, 힘의 균형에 있어서 결정적인 이점이 될 수 있었다. 모겐쏘는 다음과 같이 설명하고 있다. "그것은 두려움이었다. 1914년 7월 황태자부처 저격으로 인하여 오스트리아가 세르비아를 단호하게 보복한다는 결정을 내렸고, 독일은 오스트리아를 절대적으로 지원한다고 결정하였다. 러시아가 세르비아를 지원하고, 프랑스가 러시아를 지원한 것은 세력균형 붕괴에 대한 동일한 두려움 때문이었다."

모겐쏘가 자신 있게 분석할 수 있었던 것은 '합리적인 윤곽(rational outline)'을 이용하였기 때문이다. 모겐쏘에 의하면, 합리적인 윤곽을 사용하는 방법이 지니는 가치는 행동과 대외정책을 결정할 때에 합리적인 규율을 제공한다는 것이다(Allison and Zelikow,

1999: 14에서 재인용).

전쟁의 억제는 국제관계 문헌에서 나타나는 기본적인 문제이다. 경제학자인 셸링(Thomas Schelling)은 현대 전략이론가 중 최고 권위자 중의 한 사람이다. 그의 고전인 「분쟁의 전략」은 핵시대에 있어서 억제의 역동성에 대한 많은 명제를 공식화했다. 중요한 명제 중의 하나는 공포의 균형(balance of terror)에 대한 안정성(stability)과 관련된 것이다. 상호 억제의 상황에서, 핵전쟁의 가능성은 양측의 군사력 수의 균형에 의해 줄어드는 것이 아니라 오히려 균형의 안정성에 의해 줄어든다. 먼저 공격한 적이 다른 쪽의 반격능력을 파괴하는 이점을 획득하지 못한다면 그 균형은 안정적이다. 1960년대 말에서 1970년대 초까지, 미국과 소련의 핵군사력은 많은 수에 도달했고, 안정된 공포의 균형을 이룩할 수 있는 경고능력 및 통제체제를 획득하였다. 반대로, 신생 인도와 파키스탄의 핵비축은 안정된 균형에 이르지 못한 까닭에 전쟁의 가능성은 상대적으로 더욱 크다.

셸링은 어떻게 이 명제를 지지하는가? 그의 확신은 다수의 과거 사례에 의한 귀납적 조사에서 나오는 것이 아니라, 두 가지 계산에서 나온다. 균형의 상황이지만 공격당하기 쉬운 상황에서 합리적인 적은 먼저 공격하는 것을 선택하게 되나, '안정적 균형'의 상황에서는 쌍방은 받아들일 수 없는 손해를 입고 난 후에도 최초 공격에 보복하는 대응행동을 할 수 있다. 이 보복가능성 때문에 합리적인 기관들이 국가적 자살과 동등한 효과를 내는 무모한 행동과정을 선택하지 않게 되고 결과적으로 억제가 보장된다는 것이다. 셸링은 대부분의 전략적 사고가 암묵적으로 이러한 계산에 의존하여 이루어지는 반면에, 전략이론은 명확하게 하나의 모형을 상정한다고 인식한다. 그가 주장하는 근거는 합리적인 행위의 가정이다. 이 가정은 "지적인 행위일 뿐 아니라 이익의 의식적인 계산에 의해 일어나는 행위, 즉 내적으로 일관된 가치체계에 기초한 계산이다"는 것이다(Allison and Zelikow, 1999: 14-15에서 재인용).

이러한 예들은 다양한 스타일의 분석가들 사이에 유사한 형태로 논의되고 있다. 각 이론가들은 행동은 목적이나 의도를 반영하는 것으로 설명되어져야 한다고 가정한다. 행동이 전략상의 문제에 대한 계산된 해결책으로 선택된다는 것이다. 이론가들의 설명은 정부가 특정 행위를 했을 때 추구하였던 목표와 행동이 주어진 국가목표에 비추어 합리적인 선택이었는지에 대한 분석으로 구성된다. 이러한 가정들의 집합체가 합리적 행위자모형의 특징이다. 모겐쏘와 쉘링의 사고는 여러 측면에서 차이가 거의 없으나, 모형 Ⅰ에서는 모겐쏘의 '합리적 재연(rational reenactment)'과 쉘링의 '대리적 문제해결(vicarious problem solving)' 방법의 기본적인 유사성을 강조하고, 모겐쏘의 '합리적인 정치가(rational statesman)'와 쉘링의 '게임 이론가(game theorist)'의 친숙한 유사성을 강조하였다(Allison and Zelikow, 1999: 15).

강조와 초점의 상당한 차이에도 불구하고, 분석가들뿐만 아니라 일반 국민도 국제적인 사건을 설명할 때 이 분석틀을 적용한다. 대외정책 역시 정부가 합리적으로 행동을 선택할 수 있는 방법을 보여주는 것을 의미한다. 이러한 의미에서, 다음 준거틀(the frame of reference)은 '고전적' 모형으로 불리어질 수 있다(Allison and Zelikow, 1999: 15-16).

1) 분석의 기본단위(Basic Unit of Analysis)

합리적 행위자모형에서 분석의 기본단위는 정부가 선택한 행위이다. 모든 대외정책은 국가나 정부가 선택한 행동으로 볼 수 있다. 정부는 국가목표와 목적을 전략적으로 극대화할 수 있는 행위를 선택한다(Allison and Zelikow, 1999: 24).

2) 구성개념들(Organizing Concepts)

1) 행위자(Unified National Actor)

구성개념으로서의 행위자는 합리적이고 통합된 정부이다. 행위자는 구체화된 목표들을 가지고 있고 여러 가지의 선택과 대안에 수반되는 결과들을 평가할 수 있는 합리적이고 의인화된 행위자이다(Allison and Zelikow, 1999: 24).

2) 문제(The Problem)

행동은 행위자인 국가가 직면한 전략적 상황에 반응해서 선택하는 것이다. 국제관계에서 일어나고 있는 위협과 기회가 국가를 행동하도록 한다(Allison and Zelikow, 1999: 24).

3) 합리적 선택으로서의 행동(Action as Rational Choice)

합리적인 선택으로서 행동이라는 것은 다음 요소를 포함한다.

(1) 목표(Objectives): 국가안보와 국가이익은 전략적 목적이 나타내고 있는 기본적인 범주이다. 분석가들은 전략적 선호를

명백히 효용함수라고 번역하지는 않지만 직관적으로 그것들을 결합시키고 중요한 목표들에게 초점을 맞춘다.

(2) 선택권(Options) : 발전된 목표를 위한 행동들은 선택권들을 만들어 낸다.

(3) 결과(Consequences) : 각각의 대안적인 행동들을 실행하면 그 행동은 일련의 결과를 가져올 것이다. 적절한 결과는 전략적 목적과 목표에 관하여 적절한 비용과 효과를 구성한다.

(4) 선택(Choice) : 합리적 선택은 가치를 최대화하는 선택이다. 합리적 행위자는 그의 목적과 목표에 관하여 최상의 결과를 가진 대안을 선택한다(Allison and Zelikow, 1999 : 24).

3) 지배적인 추론 경향(Dominant Inference Pattern)

만약 정부가 어떤 행동을 했다면, 정부는 그 같은 행동을, 목표를 달성하기 위해 가치를 최대화하는 수단으로서 선택한 것임에 틀림없다. 합리적 행위자모형의 설명력은 이러한 추론 형태에서 유래한다. 문제의 해결은 행동의 목적을 발견함으로써 이루어진다(Allison and Zelikow, 1999 : 24-25).

4) 일반적인 명제(General Propositions)

분석과정의 범주에 대한 명백한 주장과 관련하여, 이 연구는 논리적 설명에 대한 중요성을 강조한다. 그 결과로서, 설명에 관한 명제들이 명확하게 형태화되어지기를 요구한다. 가치를 극대화하기 위한 행위라는 기본가정은 합리적 행위자모형 해석의 중심이 되는 간단한 명제를 산출해 낸다.

일반적 원칙은 다음과 같이 형성된다. 어떤 특별한 행동이 일어날 가능성은 1) 적절한 가치와 목표에 관련되고, 2) 인지되어진 행동의 대안, 3) 각 대안들로부터 나타날 결과에 대한 평가, 4) 각각의 결과에 대한 평가를 조합한 결과로서 이루어진다. 이것은 두 개의 직관적인 증거이지만 강력한 명제를 산출해 낸다. 1) 대안의 인지된 비용이 증가(행동으로부터 파생되는 결과의 가치 감소, 혹은 결정되어진 결과를 획득할 수 있는 확률의 감소)한다고 인식되면 그 행동의 실질적인 선택가능성은 줄어들고, 2) 대안 선택 시 비용 감소가 인지되어 지면 그 행동의 실질적인 선택가능성이 증가한다(Allison and Zelikow, 1999: 25).

5) 증거(Evidence)

합리적 행위자를 분석하기 위해 사용되는 근본적인 방법은 쉘링이 '대리적 문제해결(vicarious problem solving)'이라고 부르는 것과 동일하다. 이것은 분석가 스스로가 정부의 입장에서 혼란스러운 성부행동에 직면하는 것이다. 문제의 전략적인 특성을 조사하는 것은 분석가가 임무와 태만의 양자를 가려내기 위하여 합리적 행동의 원칙을 사용하는 것을 가능하게 한다. 세부적인 행위에 대한 증거, 국가의 공식적인 성명, 정부문서(정부의 입장에서 볼 때)는 가치를 극대화하는 선택을 표현하는 방식이다.

그러나 반드시 주목해야 할 것은, 상상력이 풍부한 분석가는 정부에 의해 수행된 어떠한 행동들도 가치극대화의 선택이라는 설명으로 분석할 수 있다. 이것을 좀 더 공식적으로 '합리성 정리(Rationality Theorem)'라고 말할 수 있다. 행동 패턴이 각 기능을 최대화한다 하더라도 상상력이 풍부한 분석가가 기술하지 못할 경우는 없다. 훌륭한 모형 Ⅰ 분석가의 문제는 단순히 가치 극대화 선택(value-maximizing choice)을 구성하는 목적이나 일련의 목적들을 발견하는 것이 아니다. 그보다는 다양한 고려들 중에서 구별되는 정부목표 선택들 그리고 결과들에 대한 주장의 증거에 대해 규칙들을 강조해야 한다(Allison and Zelikow, 1999: 25-26).

다음 〈표 2-1〉은 합리적 행위자모형의 핵심질문을 요약한 것이다.

〈표 2-1〉 단순화된 핵심질문

현상 X(1962년 10월의 쿠바 미사일 위기)를 설명(혹은 예측)하기 위하여	
가 정	· X는 국가의 행위이다. · 국가는 단일화된 행위자이다. · 국가는 분명히 효용함수를 가지고 있다. · 국가는 위협과 기회에 관련될 때 행동한다. · 국가의 행동은 가치를 극대화(혹은 가치를 극대화 할 것이라고 기대)하는 것이다.
질 문	· 행위자에게 야기되는 위협과 기회는 무엇인가? (예: 1962의 핵군사력의 균형) · 행위자는 누구인가? (예: 소련, 혹은 1962년의 지도자인 흐루시초프) · 효용함수는 무엇인가? (예: 생존, 세력의 극대화, 위협의 최소화 등) · 열거되어진 조건들에서 행위자의 목표를 극대화하기 위한 최선 의 선택은 무엇인가? (예: 쿠바에 소련의 핵미사일 설치)

자료: Allison and Zelikow(1999: 27)의 재구성

6) 기존 연구와의 연계성

전술한 바와 같이 앨리슨의 합리적 행위자모형은 의사결정 행태를 분석하기 위하여 기존의 여러 이론들을 종합하고 있다.

여기서 분석한 앨리슨의 모형 Ⅰ은 의사결정자인 국가나 정부는 잘 조정된 유기체로서 합리적인 행태를 지닐 것이라고 가정하기 때문에 원칙적으로 개인의 행태에서 유추한 합리모형과 그 전제에 있어서 차이가 없다. 그러므로 합리모형이 가지고 있는 성격이나 속성들은 거의 모두 모형 Ⅰ에 반영되어 있으며 따라서 모형 Ⅰ은 합리모형을 재구성하였다고 할 수 있다. 또한 체제이론과의 관계를 살펴보면 다음과 같다. 체제이론의 구성요소들이 모형 Ⅰ과 직접 연결되지는 않지만 체제를 유기체로 유추하는 기본관점은 모형 Ⅰ의 기본원리가 된다고 할 수 있다. 환언하면, 체제이론도 정책이 형성되는 체제 전체를 하나의 유기체로서 파악하고 하위체제는 전체 체제의 목표에 복종하며 전체 체제의 입장에서 대안을 찾으려고 노력하는 것을 가정하므로 모형 Ⅰ과 기본원리를 같이 하고 있다는 것이다. 마찬가지로 이러한 기본원리를 바탕으로 발달하게 된 체제분석이 최선의 대안을 합리적으로 선택하기 위한 각종 의사결정 기법들을 사용하는 점은 모형 Ⅰ에서의 합리적인 정책결정과 그 궤를 같이 하는 것이라고 할 수 있다(이광수, 1982: 22). 또한 린드블롬(Lindblom)의 합리적인 포괄적 모형[3] 및 로빈슨(Robinson)과 마작

---

3) 합리적·포괄적 모형은 인간이 대체로 합리적인 존재라는 철학적인 바탕 위에서 정책 결정과정에 직·간접적으로 참여하는 사람들, 즉 정책결정자, 정책집행자, 정책수혜자 그리고 정책평가자가 모두 합리적이라는 것을 전제로 한다. 여기서 논의 되는 합리성은 조직의 목표

(Majak)의 지적 모델에 가까운 모델이며 안보정책결정의 바람직한
이론적 모형이라고 볼 수 있다(유재갑, 1981. 227). 전략분석가들은
행위자가 없는 상황에서의 행위이론에 분석의 초점을 집중하기 때
문에 이 모형은 다른 모형들보다도 유용한 분석틀로써 사용할 수
있다.

2. 모형 II : 조직의 행위모형
(Model II : Organizational Behavior)

정부의 행위는 가치를 극대화하는 단일하고 합리적인 의사결정자
에 의해 선택된 행동으로 유용하게 요약될 수 있다. 그러나 정부는
개인이 아니다. 그것은 대통령도 수행원도 아니고 대통령직도 국회
도 또한 아니다. 그것은 느슨하게 연결된 조직체의 방대한 집단인
데, 각각은 그 자체의 실질적인 생명을 지니고 있다. 정부 지도자들
은 이러한 집단의 우두머리에 공식적으로 앉아 있다. 정부기관들은
조직의 감지기를 통해 문제들을 인식한다. 정부기관들은 그들의 구
성 조직체들이 정보를 처리할 때, 대안에 대하여 정의를 내리고 그
결과를 평가한다. 정부기관들은 이러한 조직들의 관행들을 규정함
으로서 행동한다. 그러므로 정부의 행위는 세심한 선택이라기보다

달성을 위하여 최적의 수단을 선택하는 과정을 의미한다. 이 합리
적·포괄적 모형의 유용성과 한계성에 대해서는 김형렬(1997: 84-117)
을 참고할 것.

는 행위의 표준 유형에 따라서 기능하는 커다란 조직체들의 행위의 결과로서 이해될 수 있다(Allison and Zelikow, 1999: 143).

문제들의 폭넓은 범위에 대응하기 위해, 정부기관들은 조직체들을 구성한다. 조직들 가운데서 특별한 임무에 대한 우선적인 책임감은 분리된다. 각각의 조직은 특별한 일련의 문제들에 주의를 기울이고 이러한 문제들에 대해 준독립체로 활동한다. 그러나 소수의 중요한 문제들은 한 개 조직체 영역 내로 들어올 때 배타적으로 들어오지는 않는다. 따라서 어떤 중요한 문제에 관련된 정부행위는 여러 개의 조직들의 독립적 결과를 반영하여 정부 지도자들에 의해 부분적으로 통합된 것이다. 정부 지도자들은 이러한 조직들의 특별한 행동을 대체로 방해하지만 면밀히 통제하지는 않는다.

복잡한 업무들을 처리하기 위해 대다수 개인들의 행동은 조정되어야 한다. 조정이라고 하는 것은 일들이 처리되도록 하는 규칙들인 표준 운영절차를 필요로 한다. 수백 명의 개개인들의 행위에 의해 이루어지는 행동이 믿을 만한 성과가 나오기 위해서는 사전 설정되어진 "프로그램들"이 필요하다. 확실히, 만약 11명의 미식축구팀의 선수들이 어떤 특별한 경기에서 이기고자 한다면, 선수 각자는 "그가 생각하기에 행해질 필요가 있는 것"이나 "쿼터백이 그에게 하라고 말하는 것"을 하지 말고 사전에 확립된 행동절차에 의해 움직여야 한다.

정부는 현존하는 조직들로 구성되고 있으며 조직들은 각기 고정된 일련의 운영절차와 프로그램을 가지고 있다. 그러므로 어떤 특별한 경우에 있는 문제에 관련된 이러한 조직의 행위-그리고 결국 정부의 행위-는 앞서 확립된 관행에 의해 우선 결정된다. 정부행동의 설명은 이러한 기준선으로부터 시작된다. 그러나 조직체는 변화한다. 학습은 시간에 걸쳐 점차적으로 일어난다. 극적인 조직적 변화는 중요한 큰 실패에 대한 반응으로부터 발생한다. 조직의 학습과 변화는 현존하는 조직의 능력과 절차에 의해 영향을 받는다(Allison and Zelikow, 1999: 143-144).

조직의 행위로서의 정부행동의 특성은 모형 Ⅰ과 다르다. 모형 Ⅱ의 틀로서 대외문제들을 이해하려는 의도는 모형 Ⅰ과 상이한 설명들을 이끌어 내어야 한다. 미사일 위기에 대하여, 모형 Ⅰ 분석가는 흐루시초프가 왜 미사일을 쿠바에 배치했는가 혹은 미국은 왜 봉쇄와 최후통첩으로 반응했는가를 묻는다. 정부기관들은 그들이 특별한 목적으로 활성화되고, 개별적인 사람인 것처럼 의인화된다. 모형 Ⅱ 설명에서, 주제들은 개인이나 완전한 정부기관으로 결코 명명되지 않는다. 오히려 모형 Ⅱ 설명에서의 주제들은 조직이다. 그리고 그들의 행위는 한 두 명의 개인에 의한 독특한 것들이 아닌, 조직의 구성원들에 의한 공통된 조직의 목적과 수단이라는 의미로 설명된다(Allison and Zelikow, 1999: 144).

조직이론은 조직연구라는 측면에서 발전하여, 다수의 중요한 연구들이 무기 획득, 군사 독트린, 예산편성, 억제, 안정, 그리고 전쟁의 위험들에 대한 문제들을 조직과 관련하여 연구되어졌다. 이러한 발전에 힘입어 모형 Ⅱ는 다섯 개의 추가적 요점들을 강조한다.

첫째로, 왜 조직인가? 왜 조직화되는가? 사전적 용어로, 조직들은 조화롭거나 일치된 행동을 위하여 체계적으로 정렬된 인간의 집합체이다. 다시 말해서 조직은 전체와 집합적인 기능에 공헌하는 다양한 기능들로 구성된 요소들로 구성된 집합체이다. 공식 조직체는 임무를 수행하거나 목표를 성취하기 위해, 노동을 전문화와 분업화의 절차와 규칙적인 방식으로 확립된 구조로 집약된 개별적인 인간 구성원들의 집단, 즉 유기체이다. 따라서 이러한 조직의 정의는 일시적 목적을 위해 일시적으로 함께 모여진 사람들을 포함하지 않는다. 오케스트라와 즉흥 연주, 정식 축구게임과 동네 축구게임, 군대와 폭동의 차이점을 비교하는 것과 같다.

둘째로, 더욱 중요하게, 조직은 만약 조직되지 않으면 불가능할 수 있는 임무들을 수행하고 인간이 선택한 목적들을 성취하기 위한 역량을 창조한다. 아담 스미스가 못 공장에 대한 그의 분석에서 통찰력 있게 지적한 것과 같이 조직체의 구성원들을 훈련시키고 기능에 따라서 전문화하고 분업화하여 독립적으로 일하는 개개인에 의해 생산될 수 있는 것보다 상상할 수 없을 정도로 더 많은 동일한 제품을 생산하기 위해 조직은 수십 수백 수천의 개인적 행동을 활용할 수 있다. 스미스는 분업과 전문화를 못 공장에 적용하여 분석한 것이다. 10명의 노동자를 고용한 조그만 사업장에서 분업과 전문화에 대한 교육받지 않은 노동자는 일인당 하루에 하나의 못을 만들 수 있었다. 따라서 아무리 협업의 효과가 생산성을 올린다 해도 하루에 20개 이상을 만들 수가 없었다. 그러나 적당한 분업과 전문화로 조직화되고 그들 스스로 노력할 때 하루에 4만 8천 개의 못을 만들 수 있다는 결과를 산출해 내었다.

셋째로, 현존하는 조직과 조직의 현존하는 프로그램과 관행은 다음과 같은 경우에 조직의 행위를 구속한다. 무엇을 하던지 간에 이미 행위를 향한 지향 방향이 결정되어 있다는 것이다. 중국 식당을 사례로 들어보면, 식당이 음식을 준비할 때 요리책을 근거로 메뉴를 만들지 않았다면, 손님은 메뉴를 보고 그 음식이 어떤 음식인지 알 수 없다. 또한 사람들은 중국 식당에서 메뉴에 없는 항목들, 예를 들어 햄버거나 피자를 먹을 수 없다.

넷째로, 조직문화는 공식적인 기준뿐만 아니라 비공식적인 기준을 가지고 조직 안에 있는 개개인의 행위를 형성한다. 그 결과는 조직 자체의 정체성과 힘이 있는 독특한 실체가 된다.

마지막으로, 조직은 개개인의 경우보다 기술 또는 기술집단에서 유사하게 나타난다. 중국 식당의 중국 냄비, 난로, 접시와 젓가락, 또는 항공사의 항공기, 안내 시스템 그리고 특별한 디자인과 빠른 속도를 낼 수 있는 특별한 추진력이 있는 엔진 등은 한 위치에서 다른 위치로 승객을 수송하거나, 특별한 음식을 제공하려는 능력을 창조하는 하드웨어들이다. 특별한 음식을 준비할 때의 주방장 또는 항공사를 운영할 때의 조종사, 정비사, 관제사, 그리고 그 외의 사람들에 의해 지켜진 표준 운영절차는 수행을 위한 중요한 기술들로 구성되어 있다(Allison and Zelikow, 1999: 144-146).

마치(James March)와 사이먼(Herbert Simon)은 조직에 대한 고전적인 연구를 검토할 때, '결과의 논리'와 '행동의 논리' 사이의 차이점에 대해 관심을 가지고 분석하였다. 그 차이점의 첫 번째는 '분석적 합리성'은 '결과의 논리'라는 것이다. 행동들은 행위자가 선호를 가지고 가능성 있는 결과들을 평가함으로서 선택된다. 결과의 논리는 기대, 분석, 그리고 계산의 개념에 연결되어 있다. 두 번째는 행동의 논리는 상황에 대해 규칙을 일치시키는 '적합성의 논리'에 의존한다. 행동들은 친숙한 존재로 인식되거나, 빈번하게 접촉되고, 유형이 있고, 일련의 규칙들로 인식된 상황에 일치됨으로서 선택되어진다. 적합성의 논리는 경험, 역할, 직관 그리고 전문가 지식의 인식에 연결되어 있다. 그것은 조직의 문서나 개개인의 기억에 저장된 경험을 수단으로 평가한다.

항공사, 병원, 또는 핵발전소를 운영하는 조직의 지도자들은 만약 모형 Ⅰ의 설명이 정상적인 운영을 위한 조직 구성원들의 성공적인 수행을 위해 요구되었다면 매우 놀랐을 것이다. 조직화의 중요한 목적은 어떤 작동자에게 있어서 그들의 독특한 선호와 재능이 무엇이든 간에 어떤 주어진 날에, 정상적으로 임무를 교체할 수도 있고, 성공적으로 수행할 수 있다는 것을 확신하게 하는 것이다. 만약 항공사의 지도자로서 비행이 안전하게 될지 어떨지를 결정하기 위해서 조종사의 이름을 알 필요가 있다면 그 항공사는 망할 것이다 (Allison and Zelikow, 1999: 146-147).

현대 사회에서는 더욱더 복잡한 조직의 창조물이 뒤따르며, 같은 조직 내에서 관행이 상호작용 한다. 관행은 때로는 과다하게, 때로는 다른 관할권에서 서비스를 제공하기 위하여 더욱더 복잡한 환경에서 작용하는 서로 다른 조직들 사이에서도 상호작용 한다. 복잡한 조직들은 인간 생활에 거대하게 내재된 위험을 가지고 있는 활동들을 하거나 매우 위험한 자료들을 종종 다루고 있다. 그 자체가 매우 정교한 기본적인 작동 시스템들은 고유의 프로그램을 갖고 있는 안전 시스템에 의해 보강된다. 이러한 시스템들과 프로그램들은 때로는 놀라운 - 그래서 중대한 - 결과들을 다룬다(Allison and Zelikow, 1999: 147).

1) 분석의 기본단위(Basic Unit of Analysis)

　분석의 기본단위는 조직의 산출로서의 정부행동이다. 이는 국제정치에서 발생하는 정부의 행위로서, 다음 3가지의 비판적인 의미에서 정책결정을 조직과정의 산물이라고 할 수 있다. 첫째, 조직의 산출은 실제로 발생한다. 예로서 걸프전 시 미국의 군사적 침공을 보면, 전투를 수행하는 군인들의 행동은 조직의 행동으로서 정부의 지도자에 의해 결정이 되지만 사실은 이미 사전에 설정된 절차에 의해서 결정되어져 있다는 것이다. 둘째, 물질적인 자산을 운용할 수 있는 현존하는 조직의 능력은 어떤 문제에 직면한 정부 지도자에게 효과적인 선택의 범위를 제공한다. 즉 수천 마일 떨어진 걸프만에 전투요원으로 훈련된 남녀 군인을 수송해서 투입하는 것만이 미국의 지도자에게는 유효한 하나의 선택이었다. 지도자는 선택할 수 있는 범위가 제한되어 있다는 사실을 항상 인지하지는 못한다. 그러나 모든 경우에 있어서 무엇이 실질적으로 실행되어야 하는지를 이해하기 위해서는 중요한 것이다. 셋째, 조직의 산출을 지도자가 결정하게끔 제약을 가한다. 산출은 문제를 야기시키고, 정보를 제공하며, 논점의 표면에 조직의 의도를 포함하는 초기 단계를 밟아서 지도자에게 돌아간다. 소렌슨(Theodore Sorensen)이 언급한 바와 같이 '특히 대외문제에 있어서의 결정은 대통령이 거의 하지 않는다. 대통령의 선택을 제한하는 기본적인 결정은 이미 이전에 모두 결정되어져 있다'는 것이다 (Allison and Zelikow, 1999: 165에서 재인용). 지도자의 공식적인 선택은 이미 조직의 산출에 의해 결정되어 있기 때문에 의미가 없다 (Allison and Zelikow, 1999: 164-166).

2) 구성개념들(Organizing Concepts)

1) 조직의 행위자(Organizational Actors)

행위자는 완전히 통제된 국가나 정부가 아니고 느슨하게 구성된 조직들의 집합체이며 그 상층부에 지도자가 앉아 있다. 이러한 집합체는 구성조직들이 관행적인 일들을 수행할 때만 행동한다. 미국정부의 경우 공군이나 국무성이나 무역대표부 등과 같은 성이 전형적인 주요 기관이다. 혹은 행위자가 거대한 조직의 하위단위가 될 수도 있다. 예를 들면 해군에 있어서 잠수함이나 조직에 있어서 엘리트집단 등이다(Allison and Zelikow, 1999: 166).

2) 분할된 문제와 분산된 권력(Factored Problems and Fractionated Power)

대외문제의 수많은 국면을 감독하기 위해서는 그 문제들을 잘라서 다양한 조직들에게 나누어 주는 것이 필요하다. 미국정부 내에서는 국무성이 외교에 우선적인 책임이 있고, 군사적 안보는 국방성이, 경제문제는 재무부, 정보평가는 CIA가 그 책임이 있다. 마비상태를 피하기 위해서 우선적인 권력은 우선적인 책임과 동반되어야 한다. 국방성은 국가안보를 위해서 요구되는 무기를 구매한다. CIA는 적절히 은밀한 정보를 수집한다. 조직이 어떠한 것을 할 수 있게 허락된 곳에는 그들이 하려고 하는 것들 대부분이 조직 내에서 결정이 되어져 있다. 그래서 각 조직은 문제를 인식하고, 정보를 처리하여, 상당히 자율적으로 행동의 범위를 형성한다. 대형조직에 관한 지배적인 사실은 조직의 크기가 모든 중요한 결정이나 모든 중요한 활동의 지침에 대해 중앙집권을 막는다는 것이다. 분할된 문제와 분산된 권력은 칼의 양 날과 같다. 분할은 지도자의 입장에서 문제의 특별한 국면에 전문화된 관심을 가질 수 있으나 조직 전체가 무엇을 해야 하고 어떻게 해야 하는가에 대해서도 관심을 가져야 한다는 것을 의미한다(Allison and Zelikow, 1999: 166-167).

3) 조직의 임무(Organizational Missions)

임무가 보다 구체적이거나 애매한 경우에도 많은 조직들은 명확하고 분명한 임무명세서를 가지고 있다. 임무명세서라는 것은 포함되어 있는 사업이 무엇인지, 성취하고자 하는 것이 무엇인지 구성원과 고객을 위하여 규정지어 놓은 것이다. 많은 정부조직들은 자신들의 권위를 명시하고, 지시대로 운영되는 활동 지역, 그리고 금지된 행위 등에 대한 공식적인 강령을 가지고 있다. 조직들은 자신들의 용어로 명령들을 해석한다. 이러한 사실은 광범위한 목표들이 대립될 때, 혹은 운영상의 지시가 거의 없을 때 특히 사실로 나타난다(Allison and Zelikow, 1999: 167).

4) 운영상의 목표, 특별한 능력 그리고 문화 (Operational Objectives, Special Capacities, and Culture)

조직은 주어진 한정된 문제들에 대해 우선적인 책임을 가지고 그 문제들을 과감하게 결합한다. 임무가 어떻게 충족되어지는지 그리고 임무를 수행하기 위하여 요구되거나 필요한 능력들이 어떤 것인지에 관한 신념들이 요구되며 이러한 신념이 조직문화를 창조한다. 이러한 신념은 다음에 의해 강조되고 특징 지워진다. (1) 조작적

용어로 조직이 성공했다고 규정하는 방법, (2) 조직에 유용한 선택적인 정보, (3) 조직의 임무를 수행하기 위해 조직에 의해 운용되는 특수한 체계 혹은 기술, (4) 조직 내에 있는 인원의 임기와 보충에 대한 전문적 기준, (5) 거리 수준(street-level)의 결정을 할 수 있는 경험, 그리고 (6) 조직에 의한 보상의 분배 등이다. 고객(이익집단), 정부연합세력(의회 위원회), 국가 외의 상대역(영국 국방성 혹은 국무성)은 이러한 조직의 신념과 문화를 적극적으로 받아들인다. 그래서 조직은 우선순위, 조작적 목표, 인지, 그리고 논점에 관하여 상대적으로 안정된 경향을 발전시킨다(Allison and Zelikow, 1999: 167-168).

5) 조직의 산출로서의 행위(Action as Organizational Output)

조직활동의 뚜렷한 형태는 어떤 특별한 경우에 있어서 행위가 관행으로 미리 예정되어 있는 법규의 확장이라는 측면에서 사전에 계획된 특성을 가진다. 산출을 생산해 내는 데 있어서, 각 조직의 활동은 다음에 의해 특징 지워진다(Allison and Zelikow, 1999: 168-172).

(1) 목표(Objectives): 받아들일 수 있는 한정된 역할수행에 순능

조직의 운영상의 목표는 공식적인 명령에 의해서 거의 드러나지 않는다. 각 조직의 운영상의 목표는 무리하게 우회된 일련의 목표들로 나타나고 이것은 중요한 임무의 수행으로 한정된다. 운영자는 목표들과 제약에 따르도록 강요된다. 그들에게 있어서 성공적인 순응이 성공적인 수행이다. 이것들은 수적으로 한정될 수 있다. 즉 면접할 고객의 수, 한 시간 안에 비행할 준비가 되었거나 사고 없이

44

한 시간 동안 비행할 비율 등이다. 이것들은 야외교육 계획이나 획
득절차 같은 절차상의 것일 수 있다. 그러나 조직은 운영자로 하여
금 특유의 인공두뇌 논리를 따르도록 허락하는 경향이 있다. 순응
에 대한 요구는 정부, 법에 따른 권위, 시민이나 특수 이익집단의
요구, 조직 내부의 교섭, 해당 분야 등의 전문가들과 다른 조직들의
요구와 기대가 혼합되어 나타난다. 목표들과 제약은 그 요구가 상
대적으로 안정되어 있고, 그래서 어느 정도 분쟁의 해결책이 되는
표면상의 해결책으로 나타난다. 그러나 그 해결책들은 기간 내내
항상 조화되는 것은 아니다. 그래서 그것은 어디까지나 표면상의
해결책이다. 제약은 개략적으로 열거된 불안과 큰 실패를 피하기
위한 규칙으로서 공식화되어진다. 예를 들면 미국의 군대(육군, 해
군, 공군)는 각 조직의 행위가 다음 사항들을 피하기 위해 효과적
인 규칙들을 갖는 것과 같다. ① 현금예산의 감소, ② 인력의 감소,
③ 조종사와 같은 주요 전문가의 감소, ④ 군에 할당된 군사예산의
비율감소, ⑤ 각 군의 역할과 임무에 대한 다른 군의 잠식, ⑥ 어떤
등급에 있어서 적의 무기에 대한 열세 등이다.

(2) 목표에 대한 연속적 관심(Sequential Attention to Objectives)

운영상의 목표들과 제약 사이에 존재하는 갈등은 연속된 관심을
통하여 해결된다. 문제가 야기되면, 그 문제와 가장 관련이 많은 조
직의 하위단위에서 가장 중요한 것을 택하여 목표와 제약 사이에서
그 문제를 취급하고, 다음 문제가 야기되면 하위단위의 다른 조직
에서 목표와 제약에 초점을 두고 다룬다.

(3) 표준운영절차(Standard Operating Procedures)

목표들과 제약 사이의 순응과 관련된 중요한 일을 신뢰성 있게 수행하기 위하여서 표준운영절차가 요구된다. 경험에서 얻은 일반 원리는 각자의 기본적 역할에 반응하는 수많은 개인들에 의해 예정된 행동을 가능하게 한다. 그 규칙들은 통상 쉽게 배울 수 있고 명백하게 적용할 수 있을 정도로 단순하다. 절차가 '표준'이기 때문에 그들은 빨리 혹은 쉽게 변하지 않는다. 표준운영절차 없이 어떤 관련된 업무를 수행한다는 것은 불가능할 것이다. 그러나 표준운영절차 때문에 특수한 사례에 있어서 조직의 행위는 과도하게 형식화되고, 나태하고, 혹은 온당치 않게 나타난다. 몇 개의 표준운영절차들은 단지 표준 혹은 대등한 활동을 가능하게 하는 관례이다. 그러나 대부분의 중요한 표준운영절차는 조직의 자극적인 구조 혹은 조직의 기준 혹은 조직 구성원들의 기본적인 태도, 전문화된 문화, 운영 방식에 기초를 두고 있다. 표준운영절차의 기초토대가 깊을수록 쉽게 변화하지 않는다.

(4) 프로그램과 레퍼토리(Programs and Repertoire)

조직은 조직 내 수백 명의 개인 행위자들을 정확하게 조화시킬 수 있는 능력이 있어야 한다. 이를 위해서 특정 행위에 필요한 미리 준비된 표준운영절차가 필요하다. 조직이 상황을 유용하게 다룰 수 있는 한 묶음의 표준운영절차를 프로그램이라고 한다. 활동의 형태와 관련된 프로그램의 목록이 조직의 레퍼토리를 구성한다. 레퍼토리 안에 있는 프로그램의 수는 항상 매우 제한되어 있다. 적절한 계기가 되었을 때, 조직은 프로그램을 실행한다. 프로그램은 특수한 상황에서 대체로 변화하지 않는다. 행동이 복잡할수록 그리고 포함된 개인의 수가 많을수록 조직의 행위를 결정하는 프로그램과 레퍼토리는 더 중요하다.

(5) 불확실성의 회피(Uncertainty Avoidance)

조직은 미래에 발생할 일에 대한 확률적인 평가를 시도하지 않는다. 오히려 조직은 불확실성을 회피한다. '협상된 환경'을 만들어 놓고, 조직은 그들이 거래를 해야만 하는 행위자의 반응을 조정하고 자율성을 최대화하기 위해 노력한다. 협상될 수 없는 국제적 환경의 경우, 조직은 그들이 미리 준비한 우연성들을 포함하는 '표준 시나리오'를 준비함으로써 남아있는 불확실성에 대처한다.

(6) 문제 지향적 탐색(Problem-directed Search)

표준적인 상황을 구성할 수 없을 경우에 조직은 탐색을 시작한다. 탐색의 형태와 탐색 중지 시점은 기존의 관행에 크게 영향을 받는다. 조직의 행동 대안 탐색행위는 문제 지향적이다. 그 탐색은 반드시 피해야만 하는 불규칙한 불편에 초점을 맞춘다. 먼저 징후의 주변을 탐색하고, 현재의 대안 주변을 탐색한다. 탐색의 형태는 특별훈련, 조직의 다양한 분야에서의 경험, 조직 내 의사소통의 형태 등에서 비롯되는 편견들을 드러낸다.

(7) 조직의 학습과 변화(Organizational Learning and Change)

조직행위의 매개변수는 대부분 계속 존재한다. 비표준적인 문제에 대한 반응은 조직의 탐색과 관행의 변화가 새로운 상황에 기술적으로 조화됨으로써 이루어지기 때문에 조직의 학습과 변화는 기존 절차에 대부분 따르게 된다. 그러나 조직에 있어서 가끔 눈에

띄는 변화가 일어나기도 한다. 그 같은 극적인 변화가 일어나는 상황은 다음의 경우이다. ① 예산이 풍족해지고 지도자가 새로운 조직으로 변화를 추구하는 경우 조직은 변화된다. ② 계속되는 예산의 부족은 단기간의 경우 조직의 구조나 절차의 변화가 거의 없으나 장기간의 경우는 중요한 조직축소로 나타난다. ③ 극적인 변화는 큰 실패에 대한 반응으로 통상 나타난다.

6) 중앙의 조정과 통제(Central Coordination and Control)

정부의 행동은 권력과 책임의 분산을 요구한다. 그러나 단순하게 영역을 분리하기는 쉽지 않다. 각 조직들의 직무 수행은 다른 조직에 지속적으로 영향을 주고, 중요한 문제들은 여러 개의 조직에 걸쳐져 있다. 그래서 분권화의 필요성이 조화를 위한 요구 때문에 경솔하게 이루어진다. 국가복지를 위한 대외정책의 중앙집권과 협조의 필요성은 조직 운영절차의 문제에 정부 지도자의 개입을 보장하는 것이다. 그러나 지속적인 조직활동의 통제나 운영의 중앙통제는 불가능하다. 그 결과는 고정된 목표들에 대한 새로운 강조 혹은 강제의 법제화이다. 그런 경우는 거의 없지만, 정부 지도자의 개입은 가끔 조직의 의도된 방향을 변화시킨다(Allison and Zelikow, 1999: 172-174).

7) 정부 지도자의 결정(Decision of Government Leaders)

조직의 과거 행위를 그대로 답습하는 것이 정부행위의 변화를 방해하는 것은 아니다. 정부 지도자는 조직들의 집합체 정상에 앉아 있다. 정부 지도자가 특정조직이 가지고 있는 목표나 표준운영절차를 변화시키는 데는 그 지도자의 능력에 따라 달라질 수도 있다. 그러나 많은 문제들에 있어서 어느 프로그램의 어떤 부분을 어느 조직에서 맡을 것인가 하는 결론은 지도자가 결정한다. 그래서 정부행위의 중요한 전환의 몇 가지 종류가 특별한 조직의 편협성과 표준운영절차가 거의 변화하지 않으면서 나타날 수 있다. 이 같은 전환의 정도는 기존 조직의 프로그램에 의해 한정된다. 정부행위의 전환을 위한 지도자의 선택은 (1) 레퍼토리 내에 있는 프로그램 B보다 프로그램 A를 자극하는 것, (2) 새로운 상황에 있는 기존 조직의 관행을 자극하는 것, (3) 몇 개의 다른 조직들의 프로그램을 연속적으로 자극하는 것이다. 이렇게 지속적으로 조직을 자극하는 경우 지도자는 새로운 조직들을 창조할 수 있다. 비록 다양한 선택들이 있더라도 지도자들은 대부분 조직의 프로그램에 의해 평가되고 제기된 정보에 의존한다(Allison and Zelikow, 1999: 174-175).

3) 지배적인 추론 경향(Dominant Inference Pattern)

만약 국가가 오늘 어떤 형태의 행위를 했다면 그것은 조직 구성요소들이 이와 유사한 행위를 어제 수행했다는 것이다. 어떤 특정한 시점 t가 있다. 정부는 수많은 기존 조직의 집합체이고 각 조직은 각각의 중요한 임무와 특별한 능력과 프로그램과 레퍼토리를 가지고 있다. 어떤 경우에 있어 정부행동의 특성은 설정되어 있는 관행에 따르고, 설정되어진 프로그램 가운데서 기존 관행에 의해 제공된 평가와 정보에 근거한 지도자의 선택에 따른다. t 시점의 정부행위에 대한 설명은 t-1에 있고 t+1에 어떤 일이 일어날 것인가는 t에 의해 예측된다. 모형 Ⅱ의 설명력은 복잡한 결과를 구성하는 산출물을 생산해내는 특별한 능력, 레퍼토리, 조직의 관행을 밝힘으로서 이루어진다. 그러나 특별한 상황에서 조직의 행동을 분석하는 경우, 그 구성원들의 행위를 조직의 설정된 관행에 따라 행동한 것으로 분석한다면 지도자가 가지고 있는 어떤 특별한 의도에 대해서는 파악할 수 없다(Allison and Zelikow, 1999: 175-176).

4) 일반적인 명제(General Propositions)

1) 현존하는 조직화된 능력은 정부의 선택에 영향을 준다(Existing Organized Capabilities Influence Government Choice)

어떤 것을 할 수 있는 특별한 능력을 지닌 조직의 존재는 그 조직의 산출, 행동, 대안이 정부나 조직의 리더에 의해 선택되어질 확률을 증가시킨다. 그 같은 대안은 그러한 자격을 만들기 위한 비용이 이미 지불되었기 때문에 적은 비용으로 가능하고 가치가 있다. 그러한 대안은 가정되거나 상상되는 것과는 대조적으로 현실적이고 실행할 수 있는 어떤 것으로 존재하기 때문에 정치적으로 선택되어질 것이라는 것을 발견하기란 쉽다. 대안을 제공한 조직은 대안을 더욱 그럴듯하게 실행시킬 수 있게 맞추어진 평가와 정보를 형성한다. 이렇게 하는 경우 조직들은, 혹은 하부조직들은 그들의 관점을 주장함으로서 그들의 대안을 관찰한다. 그들은 다른 조직들도 결정권을 가진 정책결정자에게 기대되는 하나의 활동 분야로 간주한다(Allison and Zelikow, 1999: 176-177).

2) 조직의 우선순위가 조직의 집행을 구체화한다(Organizational Priorities Shape Organizational Implementation)

조직은 대립되는 목표나 명령에 직면할 때 그것들의 우선순위를 설정하여 정리한다.

(1) 조직들은 실제로 그들의 특별한 능력과 조직문화에 의한 신념체계에 가장 적합한 목표들을 강조하려는 경향이 있다.

(2) 대립되는 목표들이 조직의 능력과 문화에 일치하는 경우라면 그 모순된 목표들을 하나하나 순차적으로 처리한다(Allison and Zelikow, 1999: 177-178).

3) 집행은 사전에 설정된 관행을 반영한다(Implementation Reflects Previously Established Routines)

표준운영절차와 프로그램에 따르는 활동은 그 문제에 대하여 장기적 안목에 의해 이루어진 것도 아니고, 융통성이 적용된 것도 아니다. 조직에 의해 이루어지는 세부적이고 미묘한 행동은 정부 지도자의 지시가 아니라 조직관행에 의해 주로 결정된다. 지도자의 미묘한 계획들에 대한 대안적 가설들 사이의 구별을 하기 위하여 이 같은 세부사항을 사용하려는 모형 Ⅱ의 시도는 그래서 오도된다(Allison and Zelikow, 1999: 178-179).

(1) 표준운영절차들(SOPs)

표준운영절차는 표준적인 상황을 취급하기 위한 관행으로 이루어진다. 관행은 조직 내의 많은 일반적인 구성원들로 하여금 매일 일어나는 많은 수의 일들을 깊이 생각하지 않고 처리할 수 있게 해준다. 만약 표준운영절차가 적절하다면, 표준적인 임무수행은 개별적으로 상황에 접근하는 것보다 더 효과적이다. 그러나 표준적인 성질을 가지지 않는 특수한 상황의 경우 가끔 나태하게 그리고 부적당하게 다루어진다.

(2) 프로그램(Programs)

표준운영절차의 복잡한 덩어리인 프로그램이 그것이 실행되는 특수한 상황에 맞추어지는 경우는 거의 없다. 오히려 현존하는 레퍼토리 중에서 가장 적절한 프로그램을 고르는 것이다.

(3) 레퍼토리(Repertories)

레퍼토리는 조직이 정의를 내린 표준 시나리오를 위한 조직에 의해 개발된 것이기 때문에 그 프로그램이 특수한 상황의 경우에 가끔 부적절하게 적용될 수가 있다.

4) 지도자들은 문제들의 위험에 대한 관리의 가능성 계산을 경시한다(Leaders Neglect Calculations of Administrative Feasibility at their Peril)

행동을 위한 청사진은 한 묶음의 기회들과 압박감늘을 세공한다. 청사진의 실제 수행은 여전히 다른 하나의 묶음을 제공한다. 적절한 설명, 분석 그리고 예측은 하나의 주요한 양상으로서 관리의 가능성을 제출해야 한다. 지도자가 선택하는 것과 조직의 수행 간에 상당한 간격이 벌어진다. 관리의 가능성에 있어서, 지도자들은 다음을 상기해야만 한다. (1) 조직은 둔감한 수단이다. (2) 현존의 조직체들은 사전에 프로그램 되어있지 않은 임무는 수행하지 않는다.

52

(3) 몇 개 조직들의 프로그램의 조정을 요구하는 기획은 거의 계획대로 이루어지지 않는다. (4) 몇 개 조직들에게 같은 프로그램을 요구하는 기획은 관행의 상호작용을 초래하여 예기치 않은, 그래서 위험할 수 있는 결과를 산출할 수 있다. (5)문제의 할당된 조각이 있는 곳에 현존 조직의 목표에 대한 모순이 있고, 저항에 조우될 것이다. (6) 정부의 지도자는 각 조직이 맡은 것으로 간주한 문제와 실제 조직이 담당하는 분야 사이에 차이가 있다는 것을 기대할 수 있다. (7) 정부의 지도자는 각 조직들로부터 문제의 한 부분에 대해 왜곡되고 불완전한 정보를 기대할 수 있다(Allison and Zelikow, 1999: 179-180).

5) 제한된 융통성과 점증하는 변화(Limited Flexibility and Incremental Change)

조직행동의 주된 선은 직선이다. 즉, 한 시점 t에서의 행위는 $t-1$에서의 행위와 약간의 차이밖에 없다. $t+1$에서의 행위는 현재의 행위와 약간의 차이밖에 없다.

(1) 조직의 예산은 점진적으로 변한다.

예산의 총량의 관점과 조직 내부에 분배하는 관점 두 가지 모두 점진적으로 변한다. 조직은 환경의 변화나 목표의 변화에 따라 약간 새롭게 분할함으로서 각각의 해에 유용한 예산을 할당한다. 그러나 사실 조직은 기준을 지난해의 예산으로 잡고 증가분을 조정한다. 조직들 간의 혹은 조직 내부의 커다란 예산전환의 가정은 제한된다.

(2) 조직의 문화, 우선순위, 그리고 인지는 비교적 안정적이다.

(3) 조직의 발전과 레퍼토리도 점진적으로 변화한다.

(4) 새로운 활동들은 기존 프로그램과 활동들을 약간 수정하는 것이다.

(5) 일단 시행이 된 프로그램은 비용이 효과를 초과하는 그 시점까지 중지되지 않는다(Allison and Zelikow, 1999: 180).

6) 장기 기획(Long-range Planning)

미 국무성의 PPS(Policy Planning Staff)와 같은 미국정부의 대외정책 장기기획부서는 모형 Ⅰ의 결론을 지지하는 것처럼 보일지 모른다. 그러나 모형 Ⅱ의 제안이 그러한 정책을 산출해내는 단위에게 효과적으로 공헌하는 데 관계된다. 장기 기획은 관행화되어 가는 경향이 있고 그리고 경시되어 진다(Allison and Zelikow, 1999: 180-181).

7) 제국주의(Imperialism)

대부분의 조직들은 조직의 중심목표를 '조직의 번영'으로 설정한다. 그래서 조직들은 예산, 인력 그리고 매력적인 새로운 영역의 증가를 추구한다. 애매하고 변화하는 경계선이 있는 영역에서 제기되는 문제, 혹은 유익한 새로운 영역들이 구성되는 데 관한 문제는 식민지화하는 것과 동일한 형태의 활동에 의해 이루어진다(Allison and Zelikow, 1999: 181).

8) 지시된 변화(Directed Change)

현존하는 조직의 지향 방향이나 관행은 지시된 변화에 대해 무감각 한 것은 아니다. 관행을 지지하고 있는 인원, 보상, 정보, 예산 등과 같은 주요 요소에 대한 조심스러운 접근은 장기적으로 중요한 변화를 초래할 수도 있다. 그러나 대부분의 정치적 지도자의 짧은 재직 기간과 심각한 현안문제에 대해 반응해야 하기 때문에 지시된 변화를 효과적으로 만들기가 쉽지 않다(Allison and Zelikow, 1999: 181-182).

5) 증거(Evidence)

조직 경향에 대한 내용의 뚜렷한 서술은 관점의 전환이라는 특징으로 나타난다. 개략적으로 형성되어진 개념과 제안의 용어로 정부 행동을 설명하는 것은 효과적일 수 있다. 예를 들면 관행이나 표준운영절차 등, 조직에 대한 최소한의 정보를 가지고 분석가들은 합리적 행위자모형에 의해 설명하지 못하는 어떤 문제에 대한 설명을 뚜렷하게 할 수 있다. 그러나 특수한 경우를 확실하게 설명하기 위한 내용을 요구하는 경우, 이러한 일반화된 진술들이 조직의 특성에 관한 풍부한 정보를 보유해야 한다(Allison and Zelikow, 1999: 185).

6) 기존 연구와의 연계성

엘리슨의 모형 Ⅱ는 회사모형과 직접적인 관련을 맺고 있으며 그외에 만족모형, 점증모형 및 혼합주사모형과도 개념상의 유사점을 가지고 있다. 회사모형의 네 가지 기본개념인 갈등의 준해결, 불확실성의 회피, 문제성 있는 대안탐색, 그리고 조직체의 학습 등은 앨리슨의 모형 Ⅱ의 개념들과 동일하다(박성복·이종열 공저, 1993. 377-383). 또한 사이먼(Simon)의 만족모형(박성복·이종열 공저, 1993. 349-351)은 합리모형의 전제들이 가지고 있던 비현실적인 가정들을 제한함으로써 좀 더 구체적인 현실상황에서의 의사결정 행태를 올바르게 분석해 보려는 의도에서 만들어진 모형이라는 점에서 모형 Ⅱ와 비슷하다 하겠다.

점증모형과 모형 Ⅱ의 관계는 비록 직접적인 것은 아니지만 점증모형이 하나의 조직이 해결해야 될 새로운 문제에 당면했을 때 그들이 고려하는 대안의 범위가 지금까지 시행하였던 방안들에 한두 가지의 새로운 요소들을 추가하는 경우가 대부분이고, 의사결정 주체가 인지하는 문제도 자체의 범위를 급격하게 변화하는 것이 아니라 현 수준과 관련해서 점증적으로 변화한다는 점에서 모형 Ⅱ의 기본개념과 같다고 할 수 있다. 그 외에 조직의 목표를 결정하는 데 있어서도 과거의 목표나 비슷한 업무에 종사하는 다른 조직의 목표들을 고려하면시 점증적으로 결정하며, 목표나 대안을 평가하는 방법에 있어서도 과거의 틀을 크게 벗어나지 못하고 한 가지씩 새로운 요소들을 추가하는 데 그친다는 사고방식은 점증모형과 모형 Ⅱ가 동일하다.

혼합주사모형에 있어서 점증적인 의사결정은 주로 조직의 중·하층부에서 행해지는 사소한 결정들이 적용될 수 있겠는데 이러한 사소한 결정이 반복되면서 기술적 측면이 강하게 부각되어 기능적 분화에 따른 권위가 강화되면 의사결정에 있어서 사실판단의 비중이

커지기 때문에 모형 Ⅱ에서 나타나는 의사결정 상황과 유사한 점이 있다고 볼 수 있다(이광수, 1982. 27).

또한 재니스(Irving Janis)의 집단사고 가설과 집단역학은 조직의 특성을 이해하는 데 도움을 준다. 재니스의 집단사고라는 것은 어떤 개인이 특정한 정책결정 집단에 포함되어 정책을 결정할 때, 그 개인은 집단에 대한 충성과 동조를 나타내는 성향을 가진다는 것이다. 즉 어떤 정책결정이 이루어지는 과정에서 모든 구성원들이 동조한 결론이 사실상 잘못된 것이라고 생각하더라도 그 결정에 동조한다는 것이다(Janis, 1972: 8-9). 재니스는 한국전쟁 참전결정이 잘못된 적과 싸운 잘못된 전쟁이라고 언급하면서 한국전쟁 참전결정 과정에서도 집단사고가 작용했다고 주장하고 있다(Janis, 1972: 50-74). 이러한 성향은 정부기구 내에 고정되어 있는 일련의 표준운영절차와 관행에 거의 일치하는 것이다.

3. 모형 Ⅲ : 정치모형
(Model Ⅲ : Governmental Politics)

모형 Ⅱ는 정부행위를 조직의 산출로서 파악하여 행위가 부분적으로 지도자들에 의해 조정될 수 있음을 밝혔다. 모형 Ⅱ는 정부의 행위를 단일한 의사결정자의 선택으로 이해하는 고전적인 모형의 노력을 확장한다. 그러나 모형 Ⅱ의 분석을 넘어서 훨씬 더 정련된 조사의 수준이 존재한다. 조직의 꼭대기에 앉아 있는 지도자들은 완전한 통일체가 절대 아니다. 오히려 이 집단의 각 개인들은 게임에서 중심적이며 경쟁적인 행위자이다. 그 게임의 이름은 정치로 정부 내에 계층적으로 위치해 있는 행위자들 가운데 있는 규칙적인 회로들을 따라 협상하는 것을 지칭한다. 정부의 행위가 세 번째 모형에 의해 이해될 수 있는 근거로 정부행위가 조직의 산출이 아니라 게임의 협상 결과로 이해될 수 있다는 것이다. 산출은 경쟁적인 선호의 상호작용에 의해 형성되고 변형된다. 모형 Ⅰ과 비교해 보면, 정부의 정치모형은 단일한 행위자가 없고, 많은 행위자들이 존재한다. 이 행위자들은 단일한 전략문제에 초점을 맞추는 것이 아니라 다양한 국내적인 문제에 초점을 맞춘다. 행위자들은 전략적인 목적에 일관하여 행동하지 않고, 다양한 개념의 국가적, 조직적, 개인적 목적에 따라서 행동한다. 정부의 결정을 내리는 행위자들은 단일하고, 합리적 선택이라기보다 정치적인 게임에 의존하게 된다.

각 국가의 정부기구는 국내 게임을 위한 복잡한 투기장을 구성한다. 그 기구의 꼭대기에 있는 정치지도자는 분석가가 설명하려고 애쓰는 산출이나 특별한 의사결정에 관계가 있는 투기장의 중심에 있는 행위자로서 투기장을 이루는 주된 조직의 꼭대기에 있는 자리를 차지하는 관료와 연합한다. 어떤 참가자는 의무적이며, 다른 참가자들은 초대받았거나 밀어 제치고 들어왔다. 중앙의 투기장을 넘어서면 계속적이고 집중적인 투기장들이 행정 관료층에서, 출판계에서, 비정부조직들과 대중에서, 낮은 수준의 관료들을 둘러싼다. 외부의 투기장에서 진행 중인 투쟁은 문제되고 있는 사건에 대한 정부의 선택과 행위에 영향을 끼칠 수 있는 행위자들 사이에서 의사결정을 하는 상황에 도움이 된다. 그래서 모형 Ⅲ은 이러한 상호

작용에 실제로 참여하는 사람들에게 초점을 맞춘다(Allison and Zelikow, 1999: 255-256).

대외정책문제의 본성은 그 문제들을 해결하는 방법에 대하여 이성이 있는 사람들 사이의 근본적인 의견불일치를 허용한다. 왜냐하면 대부분의 행위자들은 자신들의 역할에 따라 정책을 만드는 데 참여한다. 예를 들면, 연합국가의 대사나 재무성 장관 같은 것이다. 각자가 국제적인 재정이나 세계여론 등 자신의 영역에 특별한 책임감을 느낀다는 것은 지극히 당연하다. 대부분의 행위자들은 그들의 조직이 기여하는 관심사와 선거구에 따라 기관을 대표한다. 그들의 선호와 신념이 그들이 대표하는 다른 조직에 관련되어 있기 때문에 그들의 분석은 충돌된다. 구별되는 개인들에 부과된 분리된 책임은 각자 중요한 것을 상이하게 판단하도록 만든다. 국가의 행동은 실제로 중요하다. 잘못된 선택은 돌이킬 수 없는 손실을 의미할 수 있다. 그러므로 책임감 있는 시민들은 옳다고 확신하는 것을 위해 투쟁해야 한다(Allison and Zelikow, 1999: 256).

개인들은 힘을 공유하나 반드시 해야 할 일에 대하여 서로 다를 수 있다. 이러한 환경이 정치적인 과정에서 유래하는 정부의 의사결정과 행위를 필요로 한다. 대외정책도 종종 다른 영역(때때로 다른 수단)에 대한 정책의 확장으로 하나의 집단이 다른 대안을 제시하는 다른 집단과의 싸움에서 승리를 거두는 행동과정으로 이루어진다. 그러나 자주 다른 방향의 상이한 집단들이 하나의 결과를 도출해내는 경우가 있고, 두드러진 결과가 특정 개인이나 집단의 의도에서 산출될 수 있다. 상기의 두 가지 경우는 대안이 법령화되어 있는 조직의 관행보다 대안을 지지하는 측과 반대하는 측이 어떻게 행동하고 어떤 힘을 가지고 있느냐가 주효하게 작용한 사례들이라 하겠다.

이러한 현상은 많은 정부들에서 쉽게 찾아볼 수 있다. 이러한 행위는 국내정치의 소란이나 협상에 의해 설명될 수 있으며, 그 결론은 민주주의뿐만 아니라 독재권에서도 유효하다. 예를 들어서 독일의 나치는 히틀러에 의해 좌우되는 정부조직이었다. 독일은 군대의 배치, 지적인 노력, 무기의 조달 같은 문제들을 히틀러의 관심 중심으로 결정하였다는 기록이 남아있다.

이 특징은 정부 정책의 방향성에 대한 신뢰를 나타낸다. 만일 대외정책이 분리된 문제로 발생하고, 의사결정이 한 번에 한 게임으로 결정된다면 설명력이 있다. 그러나 대부분의 문제가 – 예를 들면 아시아 경제의 하락이나 핵무기의 확산 혹은 중국과의 교역 – 시간에 따라 하나씩 드러나고 하나의 문맥 안에서 하나의 덩어리로 형성되지만, 때로는 다른 맥락에서 중첩되어 형성되기도 한다. 수백 가지의 문제들이 행위자들의 주목을 받기 위해 매일매일 경쟁하므로 각 행위자는 그날의 자기 문제에 고착될 수밖에 없고, 그들 자신의 용어로 그것들을 다루고, 다음 문제로 돌진해간다. 게임의 진행단계와 문제들에서 나타나는 특성이 미술에서의 콜라쥬처럼 정부의 '의사결정'과 '행동'으로 집중된다. 한 명의 행위자에 의한 선택(예를 들면, 소속 부서에 의해 행동에 권위가 부여되는 것, 연설하는 것 또는 어떤 정보의 획득을 억제하는 것)과 소수자 게임의 결과물(예를 들면, 낮은 수준의 행위자들에 의해 결정되어진 행동)과 중심게임의 결과물(예를 들면, 중심의 행위자들 사이에서 흥정된 의사결정, 행동 그리고 대화)과 엉망이 된 것(예를 들면, 인식되지 않았기 때문에 또는 너무 늦게, 잘못 이해되어 이루어지지 않은 선택)들이 한곳에 모여 정리될 때, 문제에 대한 정부의 적절한 행위가 가능하다. 그러므로 특정한 유형의 정부결정이 이루어지고, 정부행위의 특정유형이 나타난 것을 설명하려면 게임과 행위자를 규명하는 것이 필요하고 연합, 흥정, 타협을 나열하는 것이 요구된다(Allison and Zelikow, 1999: 256-257).

대외정책 결정과정에 대한 개념은 불편하다. "관리들이 국가안보를 사리에 이용한다"는 비난은 심각한 책임이다. 국민들이 이를 사실이라고 믿게 되어 정부에 대한 냉소주의를 강화시키기 때문이다. 복잡한 세부적인 사항들은 조사와 의사소통의 실질적인 장애이다.

최종적으로 거래한 참가자들과 세부사항들을 파악할 시간을 가진 전문가들은 거의 없다. 소수의 독자들만이 단일한 사건에 대해 알기를 원한다. 일간신문과 Foreign Affairs 같은 잡지에 나타난 의견들은 기술하는 행위와 딜레마를 설명하는 기저의 정치과정에 대해 거의 논의하지 않는다. 지적인 일관성에 대한 학술적 경향이 일반적인 기대가 요구하는 것을 강화시킨다. 내부의 정치는 혼란스럽다. 특수한 세부사항으로 선험적인 일반화를 이루기는 어렵다. 어떤 학자들은 대통령, 의회, 대법원같이 내재적인 큰 권력을 가진 주요한 기관들의 중복되는 중요성을 간과하는 혼란스러운 묘사를 종종 그리고 정당하게 거부한다(Allison and Zelikow, 1999: 257).

학술적인 문헌과 정부 참여자들의 경험 사이에 존재하는 간극은 매우 크다. 정부에 참여하는 사람들에게는 매일 고용에 관한 용어가 무시될 수 없다. 정부 지도자들은 폭넓은 가치의 틀과 공유된 이해관계 사이에서 경쟁한다. 운영상의 목표도 동일하지 않은데, 이는 우선권과 인식이 직위에 의하여 형성되어 지기 때문이다. 그러므로 문제는 당면한 전략문제보다 훨씬 더 다양하다. 의사결정의 관리가 조금씩 이루어진다는 것은 일정한 상태에서의 선택보다 더 중요하며, 정부가 무엇을 결정하고 있다는 것을 확신시키는 것은 선호되는 해결책을 선택하는 것보다 훨씬 더 어렵다. 연합은 원하는 행동을 산출하기 위해 관련된 외부자들, 입법가, 이익집단을 위한 로비스트, 또는 외국의 관리들을 포함할 수 있다. 이것은 국내 권력가의 또 다른 파편과 유사하다. 간단히 말해서, 국방성 장관인 제임스 포레스텔이 진술한 대로 "나는 항상 정부에 기꺼이 들어갈 것이라고 말하는 사람들을 보고 즐거워하였다. 그러나 그들은 정치 속으로 기꺼이 들어가지 않는다. 내 대답은 …… 여러분이 태어날 때부터 성을 분리할 수 있는 것보다 정치로부터 정부를 갈라놓는 것이 더 어렵다"는 것이다(Allison and Zelikow, 1999: 257-258에서 재인용).

1) 분석의 기본단위(Basic Unit of Analysis)

분석의 기본단위는 정치적 결과로서 정부의 행동이다. 정부의 결정과 행동을 국내정치의 결과로 간주하여 타협과 대립 그리고 다양한 이익들의 혼합된 산물로 규정한다. 정치라는 것은 정부 내의 개별적인 구성원들이 규칙화된 경로를 따라서 행하는 협상으로서 의사결정과 행동이 이루어진다. 국제문제에 관한 국가의 행위는 정부 내의 어떤 자리에 있는 행위자들 사이의 복잡하고, 미묘하고, 일시에, 중복되고, 가끔은 치명적인 게임으로 나타나는 것으로 인식되어

질 수 있다. 행위자의 계층적 배열은 정부를 구성한다. 게임들은 산발적이거나 한가하게 진행되는 것이 아니라 규칙적인 경로들이 게임을 구성한다. 행동들은 분리되어 있고 서로 다른 힘을 가지고 있는 행위자들 사이의 협상이라는 용어로 설명되어진다.

정부의 행동들은 비교적 독립적인 개인이나 집단에 의한 행위, 혹은 게임의 중앙에 있는 행위자의 선호나 영향력을 반영하는 정부의 공식적인 결정이나 행위로 나타난다. 특정한 경우에도 행위자의 하부집단의 선호나 영향력을 반영하는 정부의 공식적인 결정이나 행위로 나타날 수 있다는 것을 인식하는 것이 중요하다(Allison and Zelikow, 1999: 294-296).

2) 구성개념들(Organizing Concepts)

구성개념들은 다음에 오는 4가지의 서로 관련된 질문들에 대한 해답으로 기술될 수 있다.

1) 행위자가 누구인가? (Who Plays?)

누구의 이익과 행동이 정부 결정과 행위에 중요한 영향을 미치는가에 관한 것이다. 정부의 행위는 한 개의 기관이나 조직의 덩어리에 의해서라기보다 다수의 개인적인 행위자들에 의해 성립된다. 행위자들의 집단들은 특별한 정부의 결정과 행동을 위한 특정한 기관을 구성한다. 행위자들은 직무와는 별개이다.

개인들은 국가의 안전에 관한 논쟁을 생산하기 위한 중요한 경로상의 직위를 점유함으로서 국가안전보장 정책 게임의 행위자가 된다. 직위는 행위자가 할 수 있는 것과 해야만 하는 일을 규정한다. 각각의 행위자가 다양한 게임에 들어가서 행위를 할 수 있는 장점과 불리한 조건은 그의 직위로부터 나온다(Allison and Zelikow, 1999: 296-298).

2) 어떠한 요소들이 현재의 쟁점에 대한 행위자들의 인식과 선호, 그리고 입장을 형성하는가? (What factors shape players' perceptions, preferences, and stands on the issue at hand)

(1) 편협한 우선순위와 인지(Parochial Priorities and Perceptions)

"문제가 무엇인가?" 하는 질문에 대한 답은 그 질문이 고려되어지는 직위에 의해 결정된다. 직위에 내재되어 있는 성향들은 무엇이 실행되어져야 하는가 하는 질문에 대한 대답에서 만장일치를 어렵게 만든다. 조직의 편협성을 조장하는 요소들은 조직 내 최고 위치를 점유하고 있는 행위자들에게 지속적으로 압박을 가하기 때문이다. 집단의사결정을 하는 조직의 대표자는 조직의 지향방향에 대해 민감해야 할 것이다. 이런 요인은 게임의 행위자로서 조직의 대표자에게 이점을 제공한다. 많은 경우, 직위로부터 나오는 성향들과 우선순위들은 행위자의 직책에 대한 신뢰할 수 있는 예측의 근거로서 기능한다.

(2) 목표와 이해관계(Goals and Interests)

국가의 안보 이익이라는 것은 널리 받아들여지는 목표이지만 합리적인 공무원들이라는 방대한 국가목표가 특정한 문제에 어떻게 관련되는지에 대해서는 가끔씩 의견의 불일치를 보일 수 있다. 개인의 이해관계, 국내정치적 이해관계, 조직의 이해관계 등이 작용하기 때문이다. 고위 공무원은 그들 조직의 번영이 절대로 필요하다고 믿기 쉽다. 대통령과 고위 공직자들은 그들이 선택한 국내정치적 결과가 결코 실패했다고 생각하지 않는다.

(3) 관심과 입장(Stakes and Stands)

게임은 의사결정과 행동을 결정하기 위한 행위이다. 의사결정과 행동은 각 행위자들의 국가이익, 조직의 이익, 운영상의 목표, 그리고 다른 개인적 관심에 대한 개념을 촉진시키기도 하고 저지하기도 한다. 중복된 이해관계는 게임을 진행하기 위한 관심으로 구성된다. 관심은 개인의 이해관계의 혼합물이며 이 같은 관심 속에서 행위자는 문제에 대한 입장을 결정한다.

(4) 마감시간과 쟁점들의 국면들(Deadlines and Faces of Issues)

전략적 쟁점에 대한 해결책은 편견이 없는 냉정한 분석가들에 의해 만들어지는 것이 아니다. 시간의 촉박함은 결정자에게 입장을 분명히 하게끔 제약을 가하므로 정책참여자가 고려할 수 있는 변수의 범위를 제한하게 되어 참여자의 입장에 영향을 미친다. 또한 문제가 제기되었을 때 행위자는 문제의 다른 국면들을 보게 된다. 행위자가 보는 논쟁의 국면은 행위자의 목적과 이해관계에 의해서만 결정되어지지는 않는다는 것이다. 결정의 마감시한과 문제의 경로는 그 문제의 국면에 영향을 받는다(Allison and Zelikow, 1999: 298-300).

3) 무엇이 결과에 미치는 각 행위자의 영향력을 결정하는가?
(What determines each player's impact on results?)

정부의 결정과 행동에 효과적인 영향을 미치는 힘은 적어도 다음 3가지의 요소가 혼합된 것으로 파악하기가 쉽지 않다. 그것들은 협상의 이점과 협상의 이점을 이용하려는 기술과 의지, 그리고 이 두 가지 요소에 대한 상대방의 인지이다. 협상의 이점은 직위에서 나오는 공식적인 권위와 책임, 행동으로 옮기기 위해 필요로 하는 자원에 대한 실질적인 통제, 문제를 규정하고 대안을 규명하며 그리고 위험평가를 할 수 있는 정보에 대한 통제와 전문성, 국내정치적 게임을 포함한 다른 게임에서 다른 행위자의 목표에 영향을 미칠 수 있는 능력, 다른 행위자에게 대한 개인적인 설득능력, 위로부터 협상 이점을 부여받은 행위자들에게 대한 접근과 설득능력 등에서 나타난다. 현명하게 투자된 권력은 효율성에 대한 평판을 증가시킨다. 성공적이지 못한 투자는 자본과 평판 모두를 고갈시킨다. 이와 같이 각 참가자는 성공의 확률이 높은 쟁점들을 선택해야 한다(Allison and Zelikow, 1999: 300).

4) 게임은 무엇인가? (What is the game?)

행위자의 입장과 영향, 그리고 움직임이 어떻게 구성되어서 정부의 결정과 행위를 어떻게 강요하는가에 대한 것이다.

(1) 행동경로(Action-channels)

게임의 교섭은 무작위적인 것도 우연적인 것도 아니다. 개인들은 자신들의 직위에 따라 행동경로 상에서 자신들의 입장과 행동을 취하는 참가자들이다. 하나의 행동경로는 특별한 종류의 쟁점에 대해 정부의 행위를 취하는 규정화된 수단이다. 행동경로는 게임의 주요 행위자를 미리 선정하고, 게임에 참여하려는 통상적인 시점을 결정하며, 각 게임의 특별한 이점과 불리한 점들을 분배하는 등의 과정을 통하여 게임구조를 결정한다. 가장 중요한 것은 행동경로는 누가 행동을 취하느냐를 결정한다는 것이다.

(2) 게임의 규칙(Rules of the Game)

게임의 규칙 혹은 선택의 규칙은 헌법, 법령, 법원의 판례, 행정명령, 관례, 그리고 문화 등에 의해 정해진다. 어떤 규칙은 명시적이고, 다른 것들은 암묵적이다. 어떤 규칙은 명료하고 어떤 것은 혼란스럽다. 어떤 규칙은 안정적이고 다른 규칙은 변화한다. 그러나 규칙의 집합체는 효과적으로 게임을 규정한다. 첫째, 규칙은 각 행위자의 직위와 직위에 접근하는 경로 및 각 직위의 권력, 행동의 경로 등을 규정하고, 둘째, 규칙은 수용할 수 있는 정부의 결정과 행동의 범위를 한정시켜 준다. 헌법은 제한의 범위를 넘어서는 행동의 어떤 형태를 분명히 밝힌다. 셋째, 규칙은 협상, 연합, 설득, 책략, 허세, 위협 등은 인정하지만 반면에 다른 것들은 불법, 부도덕, 불명예 혹은 부적당한 것으로 취급한다.

(3) 정치적 결과로서의 행동(Action as Political Resultant)

정부의 결정은 이루어지고, 정부의 행동은 수행된다. 이는 통합된 집단의 단순한 선택으로서도 아니고, 지도자의 선호가 공식적으로 요약된 것도 아니다. 분산된 권력과 별개의 판단에 기초하여 정치적 과정을 통하여 선택된 것이다. 각 참여자는 스스로가 생각하는 국가, 조직, 집단, 그리고 개인적 이해관계를 향상시키기 위해 권력을 이용하여 정치적 게임을 수행한다. 행위자들은 환경을 불확실한 것으로 인식하므로 적극적으로 환경을 자신에게 유리한 형태로 만들어 다른 행위자로 하여금 자신의 의견을 받아들이도록 노력한다. 게임의 법칙으로서 주저하다가 행위를 할 수 있는 기회를 상실해서도 안 되며, 게임의 보상을 위해 끝까지 최대한의 노력을 경주해야 한다. 일단 정책이 결정된 후라도 그 게임은 종결된 것이 아니라 진행 중인 것이다. 정책은 수정되거나 무시되어질 수 있기 때문이다. 결정사항이 올바르게 집행되고 있는지를 지속적으로 주시해야 한다. 정책결정에 반대했거나, 행동에 반대했던 행위자들은 집행을 지연시키고, 집행을 제한할 수 있는 다른 경로의 다른 국면을 야기시키려고 한다(Allison and Zelikow, 1999: 300-304).

3) 지배적인 추론 경향(Dominant Inference Pattern)

한 국가가 어떤 행동을 결정한다면 그것은 정부 내 개인과 집단 사이에 이루어진 협상의 결과라고 할 수 있다. 모형 Ⅲ의 설명력은 이러한 과정을 행동경로, 직위, 행위자들, 그들의 선호, 그리고 양보하도록 밀고 당기는 것 등을 게임으로 기술하는 것에 존재한다. 하나의 결과는 대통령과 같은 개인 혹은 대통령의 팀, 외무위원회와 같은 집단의 승리이다. 이 모형은 승리가능성을 만들어내는 게임을 자세하게 규명하기 위해 시도한다. 모형 Ⅲ은 실제로 실행된 것들이 혼란되고, 오해되며, 다르게 형성되는 것을 막기 위해 노력한다(Allison and Zelikow, 1999: 304-305).

4) 일반적인 명제(General Propositions)

모형 Ⅲ에서 일반적인 명제를 형성하는 것은 어렵지만 다음과 같은 몇 가지를 나열할 수 있다.

1) 정치적 결과(Political Resultants)

정부의 게임을 구성하는 수많은 요소들이 문제와 결과 사이에 개입한다.

(1) 개인행위자의 독특한 선호와 입장은 정부행동에 중요한 영향을 미칠 수 있다.

(2) 각 행위자의 유리함과 불리함은 행동경로가 달라짐에 따라 실제로 다르다.

(3) 각 행위자와 각 행위자들의 유리함의 조합은 행동경로들의 사이에서도 변화될 뿐만 아니라 같은 행동경로일지라도 진행에 따라 변화한다(Allison and Zelikow, 1999: 305-306).

2) 행동과 의도(Action and Intention)

정부의 행동이 정부의 의도를 전제하는 것은 아니다. 문제와 관련된 정부 대표자의 행위의 결과라는 것이 단일 조직이나 어떤 한 개인의 의도에 의한 경우는 거의 없다. 전형적으로 다른 의도들을 가진 분리된 개인들이 결과에 기여한다. 그래서 행동의 세부사항은 어떤 한 개인에 의해 선택된 것이 아니다. 결과는 통상 정치적 게임 내에 포함되어 있는 어떤 조직들의 선호로 구성되어질 수 있다.

(1) 대부분의 결과는 문제의 국면을 서로 다르게 인식하는 행위

자들과 선호하는 행동이 현저하게 다른 행위자들 사이의 게임에서 나온다.

(2) 행동이 모든 행위자가 동의하는 원칙에 따라 이루어지는 경우는 거의 없다. 대신에 동의는 동기들이 혼합된 일시적이고 조작적으로 수렴된 것을 반영한다.

(3) 수많은 게임에서 나온 많은 조각들로 구성된 행동은 조정되어진 정부의 전략을 반영하는 것이 아니다. 그래서 그 행동을 지각 있는 신호로 판단하기 힘들다(Allison and Zelikow, 1999: 306).

3) 문제와 해결책(Problems and Solutions)

전략적 문제에 대한 해결책은 그 문제를 냉정하게 바라보는 분석가에 의해 발견되는 것이 아니다. 행위자들에게 있어서 문제는 그 전략적 문제보다 더 좁기도 하고 더 넓기도 하다. 각 행위자들은 전체 전략적문제가 아니라 오늘 혹은 내일 중에 결정되어져야 하는 문제에 초점을 맞춘다. 각 결정은 전략적 문제로서가 아니라 행위자의 관심 때문에 중요한 결과를 가져온다. 때문에 행위자의 문제에 대한 초점과 분석가의 초점 사이에 있는 간극은 가끔 매우 넓다.

전형적으로 정부행동에 실질적인 변화를 요구하는 결정은 해결책을 탐색하는 부서장과 문제를 탐색하는 부하들의 일치된 견해의 반영이다. 마감시한에 직면하면 부서장은 문제에 초점을 맞추고 해결책을 찾는다(Allison and Zelikow, 1999: 307).

4) 행위자의 입장은 직책에 따른다(Where You Stand Depends on Where You Sit)

행위자의 다양한 요구들은 우선순위, 인지, 그리고 입장의 영향을 받는다. 특히 예산과 정부조달과 같은 구조적 문제에 있어서 특별한 행위자의 자세를 보면 그 행위자의 직책을 예측할 수 있다. 행위자가 조직의 요구에 대해 저항하거나 무시하는 경우가 있기도 하지만 명제는 행위자가 앉아 있는 자리가 어디냐에 따라 어떤 경우에는 강력하게 영향을 받는다고 단언한다(Allison and Zelikow, 1999: 307).

5) 부서장과 부서원(Chiefs and Indians)

대통령, 부서의 장, 참모, 그리고 부서원들의 요구는 정책결정과 실행에 있어서 확실히 구별된다.

대통령이 다룰 수 있는 대외정책문제는 그의 바쁜 일정에 의해 일차적으로 제한되어 있다. 당연히 대통령은 현재 직면한 문제를 먼저 처리해야 한다. 그에게 있어서 문제는 그가 주목해왔던 문제의 약화된 특별한 국면을 조사하고, 불확실한 것이 해명되는 시간까지 그의 자유재량의 여지를 유지하고, 당면한 문제에 관련된 적절한 위험성을 평가하는 것이다.

대외정책을 담당하는 부서의 장들은 중요하게 다루어져야 하는 대부분의 문제에 대통령이나 정부의 다른 구성원들이 주목을 하고 있다는 사실을 인식한다. 그들이 보증할 수 없는 것은 '대통령이 그 가격을 지불할 것이다(the president will pay the price)'라거나 혹은 '다른 사람들이 올라 탈 것이다(the others will get on board)'라는 것이다. 그들은 적절한 권력의 연합을 구축해야 한다. 그들은 바른 행동과정을 선택하였다는 확신을 대통령에게 주어야 한다.

대부분의 문제들은 부서원들에 의해 틀이 짜여져 대안들이 열거되며 제안들이 제시된다. 다른 부서의 부서원들과의 싸움은 높은 차원에서 이루어지는 싸움의 축소판이다. 그러나 부서원들의 주요 문제는 어떻게 부서장의 주목을 받는가, 행동경로에 있는 문제를 어떻게 획득하는가 하는 것이다. 이러한 자극은 부서원들이 적극적인 대변자가 되도록 만든다.

정책결정에 있어서 문제를 아래로 보는 것은 선택으로 불확실한 것이 명확해질 때까지 여유를 가지는 것이다. 문제를 옆에서 보는 것은 의무이다. 나의 연합에 대해 다른 사람들이 무엇이라고 하는가를 보는 것이다. 문제를 위로 보는 것은 확신으로 무엇이 수행되어져야 하는지에 대한 확신을 부서장에게 제공하는 것이다(Allison and Zelikow, 1999: 307-309).

6) 51대 49의 원칙(The 51-49 Principle)

게임의 기간과 조건은 행위자가 정책선택에 대해 생각하는 시간에 영향을 미친다. 그들은 수많은 중요한 마감시간에 의해 고정된 의제들에 직면하게 되므로, 분별 있는 참가자들은 다른 분석가들이나 관찰자보다 시간을 훨씬 적게 사용하고 덜 고민하면서 어려운 정책적 선택을 취해야 한다. 그들은 다른 사람들과 경쟁해야 하므로, 혼자 판단할 경우보다 훨씬 확신 있게 논박해야 한다. 그들이 항상 가장하는 것은 아니다. 종종 무의식적으로 게임에 의해 부과된 결정들을 내면화한다(Allison and Zelikow, 1999: 309).

7) 국제관계와 국내관계(International and Intranational Relations)

한 국가의 행동은 다른 국가의 행위자에게 우세 혹은 열세의 결과를 초래하여 영향을 미친다. 국가의 행위자는 자기 국내의 게임에서 이득을 얻기 위해 국제적 목표를 설정하기도 한다. 어떤 국가들은 다른 국가의 국내적 게임에 직접적으로 참여함으로서 국제문제화 하려고 시도한다. 만약 행동경로에 한 국가 이상 혹은 여러 국가의 시민들로 구성된 조직이 참여한다면 국제목표와 국내목표 사이의 구분은 양쪽 모두를 목적으로 하는 단 하나의 게임으로 희미해지게 된다(Allison and Zelikow, 1999: 309).

8) 자리가 바뀌면 문제에 대한 인식도 달라진다(The Face of the Issue Differs from Seat to Seat)

자리는 입장뿐만 아니라 관점에 영향을 미친다. 두 가지 시각에서 동일한 쟁점을 바라보지 않는다. 모형 Ⅲ에서 분석된 집단 선택 과정 기능은 쟁점에 직면하여 제한된 합의를 얻는 것이다(Allison and Zelikow, 1999: 309-310).

9) 잘못된 기대(Misexpectation)

수많은 게임들이 진행되는 데 있어서 진행 속도는 각 게임에 대하여 단지 제한된 주의력만 허락하고 우선적인 게임에 집중하는 것을 요구한다. 그래서 행위자는 다른 행위자의 게임과 문제에 대한 세부적인 정보가 자주 부족하다. 우선순위가 낮은 게임에서는 "내 문제를 그가 도와 줄 것이다"라고 하는 방식으로 누군가가 행동을 할 것이라고 기대하는 경향을 피할 수 없다(Allison and Zelikow,

1999: 310).

10) 잘못된 의사소통(Miscommunication)

진행 속도와 소음 정도는 정확한 의사소통을 어렵게 만드는 지각 능력의 특성을 나타나게 한다. 의사소통은 빨라야 하기 때문에 그것은 생략되는 경향이 있다. 소음이 있는 환경에서, 각 행위자들은 다른 사람들이 실제로 들을 수 있는 것보다 더 크고 명확하게 말해야 한다고 생각한다(Allison and Zelikow, 1999: 310).

11) 과묵함(Reticence)

각각 행위자들은 다수의 게임에 참가되기 때문에 과묵함의 이점은 압도적인 것처럼 보인다. 하나의 게임에 있어서 과묵함은 다른 높은 우선순위의 게임에 해가 될 수 있는 손실을 줄여준다. 과묵함은 다른 행위자들이 편협한 방식으로 결과를 해석하는 것을 용납한다. 부서장과 참모, 혹은 부서장과 부서원 사이의 과묵함은 각 부서원이 결과에 대해 관대한 해석을 제공하는 것을 용납한다. 그것은 저어도 부서장과 그의 부하들 사이의 명백한 마찰을 감소시킨다(Allison and Zelikow, 1999: 310).

12) 행위의 유형(Styles of Play)

행위자가 (1) 관료출신인가, 민간인 혹은 군인 출신인가? (2) 외부에서 유입된 것인가? (3) 정치적 지명자인가에 따라 행위에 중요한 차이가 있다. 그러한 차이는 오랜 기대의 산물이다. 관료는 행정부와 인물들의 불가피한 변화에서 살아남으려면 단결해야 한다. 반면에, 외부 참여자와 정치적 지명자들은 자주 일시적으로 고용되므로 보다 적은 기간의 개인적 성취에 관심을 둔다. 정치적 지명자는 매우 제한된 기간 봉직하므로 특정 쟁점에 대해 좁은 시야를 갖는다. 관료들은 부서장들이 교체된다는 사실을 안다.

행위의 유형도 또한 행위자가 그의 행동을 착상하는 것과 관련된 용어에 영향을 받는다. 어떤 행위자는 정부의 정치게임에서 자기의 주장을 분명하게 말할 수 없다. 왜냐하면 그들의 직무와 관련된 착상이 그 같은 활동에 합법적이지 않기 때문이다(Allison and Zelikow, 1999: 310-311).

5) 증거(Evidence)

특별한 문제에 있어서 정부의 인지와 우선순위 사이의 미세한 차이에 관한 정보는 그 문제와 관련된 기간이 짧은 경우는 거의 유용성이 없으며 신중한 연구에 의해서만 발견될 수 있다. 문제에 대한 해결책으로 이끌어내는 정확한 협상방법을 설명하는 것은 여전히 쉽지 않다. 공식문서는 이러한 종류의 정보로서 거의 나타나지 않는다. 왜냐하면 그들 스스로가 결과이기 때문이다. 많은 정보들은 참가자들 자신들로부터 수집되어야 한다. 그러나 이전의 가설은 각 참여자는 전체의 작은 부분만을 알고 있다는 것이다. 아무리 좋은 의도라도 기억은 재빠르게 채색되고 복잡한 이야기들도 완화되고 단순화된다. 이상적으로 요구되는 것은 참가자들에게 맞춰져 있고, 참가자들의 기억이 퇴색되거나 심하게 변형되기 전에 결정에 참여한 다수의 참가자들의 정부 정치과정에 관심이 있는 분석가들의 접근이다. 그 같은 접근은 흔하지 않다. 이 정보가 없이 분석가가 어떻게 진행하겠는가? 이러한 분석의 대가인 노슈타트(Neustadt)는 '만약 내가 한 손에 공식문서를 들고 있고 다른 손에 늦고, 제한되고, 부분적인 인터뷰를 할 수 있는 것을 들고 있다면 공식문서를 파기할 것이다'라고 진술했다. 공식서류나 신문, 면접, 토의 등의 자료를 사용하는 것은 예술이다. 모든 예술작품과 같이, 이것도 기술과 훈련으로부터 이루어진 숙련의 기초란 것이 있다. 과정의 질과 절차의 측량에 의존하여 많은 것들이 결과를 생산해내는 게임을 재구성할 수 있다. 일단 재구성되어지면, 서류는 문제에 직면한 참여자들이 문제가 어떻게 형성되어 있는지, 결과가 어떻게 이해되는지를 명확하게 이해할 수 있게 해 준다. 가끔 비범한 증거가 유용할 수도 있다. 정부의 모든 복잡한 행동에 대해 모형 Ⅲ은 격차를 관측하고 증거를 분류하기 위해 사용되어지는 도구를 제공한다. 비록 다른 종류의 정보나 상상력이 제공되어야만 할 때에도 문서들은 종종 전체 구상의 윤곽을 묘사할 수 있다(Allison and Zelikow, 1999: 312-313).

6) 기존 연구와의 연계성

앨리슨의 모형 Ⅲ과 가장 관련이 깊은 기존의 정책결정모형은 쓰레기통모형(박성복·이종열 공저, 1993. 384-390)이다. 쓰레기통모형이 '조직화된 무정부상태'에 해당되는 이론모형이다. 즉 행정부 사법부, 입법부, 이익집단, 개인들이 뒤죽박죽 얽히고설킨 조직화된 무정부 상태인 것이다. 이러한 형태는 모형 Ⅲ에서의 행위자와 동일하다. 또한 쓰레기통모형에서의 일시적 정책결정 참여자의 형태는 동일한 개인이 시간이 변함에 따라 어떤 경우에는 참여했다가 어떤 경우에는 참여하지 않는 방식으로 나타난다. 자신의 이해관계에 따라서 행동한다는 것이다(박성복·이종열 공저, 1993. 384-385). 이는 모형 Ⅲ에서 의사결정이 다루는 문제의 내용에 따라 참여자가 달라질 수 있다는 것을 설명해주고 있다.

또 쓰레기통모형의 의사결정에 있어서의 '진빼기 작전'이나 '날치기 작전'(박성복·이종열 공저, 1993. 388-389), '서열적 의사결정의 중요한 지위에 있는 자', 또는 '에너지 배분 면에 있어서 더 많은 에너지를 가진 자' 등의 개념은 의사결정에 있어서 자원의 역할 내지는 역학관계를 설명해 주는 개념인데, 모형 Ⅲ의 정치적 게임에 있어서 이해관계의 변화, 권력의 변화, 참여자들의 변화로 인한 정책의 변화를 전반적으로 보다 폭넓게 이해시켜주는 역할을 할 수 있다(이광수, 1982. 31-32).

4. 연구의 분석틀

본 연구에서 위기 시 상황에 맞게 적용할 수 있는 합리적인 정책결정의 모형을 제안하기 위하여 다음과 같이 연구를 진행하였다.

〈그림 2-1〉 연구의 분석틀

앨리슨의 모형	·합리적 행위자 모형 ·조직의 행위 모형 ·정치모형	사례 연구 --〉	한국전쟁시 미국의 대한반도 정책 분석	적용 --〉	앨리슨의 모형 분석	--〉	위기상황시 합리적인 정책결정모형 제안
			제1기		제1기의 모형 분석		
내용	·분석의 기본단위 ·구성개념들 ·지배적인 추론 경향 ·일반적인 명제 ·증거		제2기		제2기의 모형 분석		
			제3기		제3기의 모형 분석		

정책결정모형은 많은 학자들에 의해서 다양하게 제시되고 있다. 인간이 이성과 합리성에 입각하여 정책을 결정한다는 합리모형, 인간의 제한된 합리성에 기초하여 최적수준에 의한 최적대안보다는 현실적으로 만족할 만한 대안의 선택에 타당성을 두고 있다는 만족모형, 합리모형을 전면적으로 부정하면서 정책결정자가 기존의 정책이나 결정을 점진적으로 개선해 나가는 것에 주목하여 정책결정을 부분적·순차적으로 진행되고 기존의 정책에 약간의 수정을 가하는 것으로 간주하는 점증모형, 합리모형과 점증모형을 혼합 절충한 제3의 모형인 혼합주사모형, 정책 결정과정을 하나의 체제이론적 관점에서 파악하고, 그러한 정책결정 체제의 성과를 최적화하려는 최적모형 등이 있으며, 이외에도 회사모형, 쓰레기통모형 등의 여러 가지의 이론모형들이 있다.

그러나 군사정책의 특성상 일반 이론들을 적용하기에는 문제가 있다. 군사정책결정은 위기 시의 정책결정이다. 위기 시와 비위기

시의 정책결정의 차이점은 위기는 항상 최고정책결정자들이 위협과 위기를 최대로 인지해야 한다는 점에 있다. 위기의 인지가 증대된다고 하는 것은 예산편성과 같은 통상 의사결정과는 다른 면이다(국방대학원, 1984: 695).

위에서 언급한 여러 가지의 정책결정모형들은 안정적이고, 시간의 긴박감이나 위기상황이 없으며, 여러 가지 대안이나 고려요소들을 나열하고, 기존의 정책을 약간 수정하거나 환류에 의해 재설정하거나 하는 등의 일반적인 정책결정에 적용할 수 있는 모형들이다. 더구나 어느 한 가지 모형만으로는 실제 일어나는 복잡한 정책결정과정을 모두 설명할 수 없다(이종철, 1998: 19-20). 그러나 본 연구에서 다루고자 하는 모형은 위기상황하에서의 정책결정을 분석할 수 있는 모형이어야 하기 때문에 위에서 언급한 여러 가지 모형들 중 어느 하나의 모형만으로 적용하기가 곤란하다. 앨리슨의 모형은 쿠바 미사일 위기 시의 정책 결정과정을 설명하기 위해서 개발된 모형이며, 위기상황에서의 정책결정을 분석하기에 가장 적절한 모형이다. 이광수(1982: 18-32)에 의하면 합리모형은 합리적 행위자모형에 영향을 미쳤고, 만족모형과 회사모형은 조직의 행위모형에 영향을 미쳤으며, 조직적 혼란상태 속에서 조직의 의사 결정과정을 분석하려는 회사모형이 정치모형에 영향을 미쳤다고 분석하고 있다. 동일하게 박성복(1993: 375)도 앨리슨의 합리적 행위자모형은 미시경제학, 전략이론, 통계이론에 입각한 의사결정론 등의 기본적 가정과 개념 및 이론을 재정리하였고, 조직의 행위모형은 조직을 의사결정이라는 측면에서 연구한 사이먼 등의 기본적 가정, 개념 및 이론들을 재정리하였으며, 정치모형은 의회, 행정부, 정당,

노조, 언론, 이익집단 등 사회 내 여러 정치세력 간에 나타나는 협상, 타협, 설득, 연합형성, 경쟁, 지배 등을 분석한 최초의 의사결정론 및 다원주의적 정책 형성과정의 기본적 개념 및 논리를 행정부 내의 조직들 간의 정책 형성과정에 도입하여 체계화시켰다고 분석하고 있다. 이러한 측면에서 앨리슨의 정책결정모형이 기존의 정책결정모형들을 종합하여 재정리하였고, 정책 결정과정을 좀 더 입체적이고 동태적으로 설명, 예측할 수 있는 이론이라고 할 수 있다.

앨리슨의 모형은 당초 국제정치 분야나 외교에서의 의사결정을 설명할 목적으로 개발되었다. 이 모형은 처음 제시된 당시에도 핵심 행정부의 의사결정을 분석하는 데 있어 인식의 폭을 확대시키고, 여러 시각들 간의 균형 있는 적용가능성을 제시하는 데 크게 공헌하였다고 평가받는다(이종철, 1998: 20). 쿠바 미사일 위기 시에 개발된 모형이 그 이전에 발발한 한국전쟁에도 적용하여 설명력을 가지는지를 분석함으로써 또 다른 위기 시에도 앨리슨의 모형이 적용가능한지를 파악하는 것도 의미가 있다.

이러한 여러 가지 측면에서 볼 때, 앨리슨의 모형이 정책결정을 분석하는 데 포괄적인 적용가능성이 있다고 판단되어 본 연구의 분석틀로써 선정하였다.

앨리슨이 주장하는 합리적 행위자모형(모형 Ⅰ)은 정부를 잘 조정된 유기체로 가정하고, 조직의 행위모형(모형 Ⅱ)은 정부를 느슨하게 묶어진 반독립적인 하위조직들의 결합체로, 정치모형(모형 Ⅲ)은 상호 독립적인 정치행위자들의 집합체로 가정하고 있다.

앨리슨의 세 가지 모형이 동일하게 제시하고 있는 내용은 분석의 기본단위, 구성개념들, 지배적인 추론 경향, 일반적인 명제, 증거의 다섯 가지이다. 이러한 내용을 표로 구성해 보면 〈표 2-2〉와 같다.

〈표 2-2〉 앨리슨 모형의 내용과 개념

내 용	모형 Ⅰ	모형 Ⅱ	모형 Ⅲ
분석의 기본 단위	선택으로서의 정부행동	조직의 산출로서의 정부행동	정치적 결과로서의 정부행동
구성 개념들	- 행위자는 합리적이고 통합된 정부 - 문제 - 합리적 선택으로서의 행동 - 목표 - 선택권 - 결과 - 선택	- 조직의 행위자 - 분할된 문제와 분산된 권력 - 조직의 임무 - 운영상의 목표, 독특한 능력 그리고 문화 - 조직의 산출로서의 행위 　· 목표 　· 목표에 대한 연속되는 관심 　· 표준운영절차 　· 프로그램과 레퍼토리 　· 불확실성의 회피 　· 문제를 규제하는 탐색 　· 조직의 학습과 변화 - 중앙의 조정과 통제 - 정부 지도자의 결정	- 행위자가 누구인가? - 어떠한 요소들이 현재 문제에 있어서 행위자의 인지, 선호, 그리고 입장을 형성하는가? 　· 편협한 우선순위와 인지 　· 목표와 이해관계 　· 관심과 입장 　· 마감시간과 문제의 국면 - 무엇이 결과에 미치는 각 행위자의 영향력을 결정하는가? - 게임은 무엇인가? 　· 행동경로 　· 게임의 규칙 　· 정치적 결과로서의 행동
지배적인 추론 경향	- 행동＝국가목표를 향한 가치극대화의 수단	- 행동(단기)＝현재 산출과 유사한 산출 - 행동(장기)＝조직의 능력, 관행 등에 의한 산출	- 정부행동＝협상의 결과

내 용	모형 Ⅰ	모형 Ⅱ	모형 Ⅲ

일반적인
명제
	-인지된 비
	용증가=행
	위의 감소
	-인지된 비
	용감소=행
	위의 증가
		-현존하는 조직화된 능력
		은 정부의 선택에 영향
		을 준다.
		-조직의 우선순위가 조직
		의 집행을 구체화 한다.
		 ·특별한 능력과 조직
		  신념
		 ·지속적으로 제시되는
		  갈등하는 목표
		-집행은 사전에 설정되어
		진 관행, 표준운영절차,
		프로그램, 레퍼토리를 반
		영한다.
		-지도자들은 문제들의 위
		험에 대한 관리의 가능
		성 계산을 경시한다.
		-제한된 융통성과 점증하
		는 변화
		-장기 기획
		-제국주의
		-지시된 변화
			-정치적 결과
			-행동과 의도
			-문제와 해결책
			-행위자의 입장은 직
			책에 따른다.
			-부서장과 부서원
			-51대 49의 원칙
			-국제관계와 국내관계
			-자리가 바뀌면 문제
			에 대한 인식도 달
			라진다.
			-잘못된 기대
			-잘못된 통신
			-과묵함
			-행위의 유형

자료: Allison and Zelikow(1999: 391) 재구성

이러한 분석기준을 가지고 위기 시의 정책결정사례를 분식하고지
한다. 위기란 (1) 어떤 사건의 과정에서의 중요한 시점 또는 상황,
(2) 어떤 전환점, (3) 어떤 불안정한 조건, (4) 돌발적인 변화, (5)
대립의 긴장상태라고 정의할 수 있다. 로빈슨(James Robinson)은
위기의 세 가지 구성요소로 내적 혹은 외적 근원, 반응에 대한 결
정시간, 가치의 상대적 중요성을 제시하였고(이용필, 1992: 15에서
재인용), 허만(Charles F. Hermann)은 위기상황 속에서의 결정의

특징을 세 가지로 정리하였다. 첫째, 결정 단위체가 가지고 있는 최우선 목표가 크게 위협을 받고 있는 상태, 둘째, 반응을 취하는 데 소요되는 시간이 제한되어 있는 상태, 셋째, 정책결정자들이 전혀 예기치 못한 기습의 경우가 그것이다(이용필, 1992: 15에서 재인용). 파프(D. Papp)는 ① 일국의 우선순위 목표들이 위협을 당하는 상황, ② 행위를 취할 때까지 제한된 시간만이 주어진 상황, ③ 대체로 예측하지 못한 일이 발생한 상황, ④ 무력충돌로 확대되지 않은 상황의 네 가지가 확인될 때 국제위기가 존재한다고 본다(전인영, 1992: 71-72에서 재인용). 한편 홀스티(K. J. Holsti)는 위기를 갈등의 한 단계로서 파악한다(전인영, 1992: 72에서 재인용). 즉, 위기는 이미 존재해 오던 갈등에서 야기되고 예상치 못한 일이 돌연히 발생하는 것을 말한다. 갈등상태가 지속될 때, 어느 한 쪽이 돌연히 적대적 행위를 감행하게 되면 긴장도가 높아지고 대응하는 국가는 극단적으로 표현해서 전쟁이나 굴복 중에서 택일하도록 강요받게 된다는 것이다. 일단 위기상황이 발생하면 정책결정자들은 시간제약 때문에 일상적인 관료적 절차를 무시하고 위기에 관한 정보의 수집에 심혈을 기울이게 되며, 이미 경험한 유사한 위기사례나 위기의 근원에 대한 기존의 우호적이냐 혹은 적대적이냐 하는 이미지 등을 근거로 삼기도 한다. 그 예로서 한국전쟁의 발발에 대한 미국 대통령이나 국무장관은 뮤니히에서의 히틀러에 대한 유화정책이 제2차세계대전을 촉발시켰음을 상기하면서 소련에 대해 강경 대응을 하기로 결정하였다(전인영, 1992: 72-73). 페이지(1968: 24)도 한국전쟁이 허만이 내린 위기상황 속에서의 결정의 세 가지 특색인 기습, 짧은 결정시간, 고도의 가치위협감에 꼭 들어맞는 예로 보고 있다.

이러한 위기에 대한 여러 가지의 정의를 고려해 볼 때 한국전쟁이 위기 시의 정책 결정과정을 다루기에 가장 적절한 사례로 판단되어 미국의 한국전쟁 참전결정과정을 분석대상으로 선정하였다.

이러한 논리하에서 한국전쟁을 세 개의 시기로 구분하여 분석한다. 시기를 나누는 기준은 위기의 정도를 중심으로 한다.

제1기는 한국전쟁 발발 이전인 한국정부 수립 시기로 사실상 위기가 내재하고 있으나 표면적으로 떠오르지 않은 상태이다. 당시 주한미군의 철수는 한반도에서의 전쟁상황을 야기할 것이며 동시에 공산화가 될 것이라는 관점과 전략적으로 무가치하다는 관점 사이에서 미국은 결국 주한미군의 철수를 단행하였다. 이것은 한반도에서의 위기상황을 상정하면서도 미국정부의 자체적인 논리에 의해 대한반도 군사정책이 결정된 시기이다.

제2기는 한국전쟁의 발발부터 중공의 개입 시기까지로 상당히 고조된 위기상황을 말한다. 한국전쟁이 발발하자 미국은 대소봉쇄정책과 관련하여 한반도를 판단하였다. 전쟁이 급박하게 전개되고 한반도의 붕괴기 곧 도래할 것 같은 위급한 상황하에서 미국의 군사정책결정은 이루어졌다. 계속되는 전쟁상황과 예측하지 못했던 중공의 개입은 한반도의 상황을 극도의 위기상태로 상정하게 했고 이에 따라 대한반도 군사정책도 변화되어 갔다.

제3기는 전선이 교착되고 전투가 소강상태에 이르러 전시상황이기는 하지만 비교적 안정된 위기상황을 말한다. 전선의 교착은 미국의 정책결정자로 하여금 더 이상 한반도에서 전쟁을 수행할 필요가 없다고 판단하게 만들었고 남한정부의 유지는 소련의 남하정책을 충분히 막을 수 있다는 판단을 하게 했다. 이러한 미국정부의 판단은 종전을 위한 군사정책으로 연결된다.

이러한 기준으로 한반도의 위기상황에 따른 전쟁 시기별로 미국이 수행한 대한반도 군사정책을 앞에서 제시한 분석의 기준을 적용하여 앨리슨의 어느 모형이 설명력을 가지는지를 분석하였다. 이러한 분석을 통하여 위기상황하에서 결정된 군사정책의 타당성을 검토하여 위기상황별로 적합하고 합리적인 정책결정모형을 추출하여 제안하려는 것이 본 연구의 목적이다.

Ⅲ. 한국전쟁의 시기별 비교분석

1. 한국전쟁 발발 이전 시기의
미국의 대한반도 군사정책

1) 한반도의 독립과 대한민국정부 수립

제2차대전이 발발하기 이전까지 미국과 한국의 관계는 대부분이 무역과 선교활동이었다. 그러나 태평양전쟁은 미국으로 하여금 대한정책을 재고하게 만들었다. 중경의 임시정부는 자신들을 한국의 공식적인 정부로 인정해 줄 것을 요구하였으나, 미국은 이러한 요구를 거의 침묵으로 묵살하였다. 대신에 미국은 많은 한국 단체들이 스스로의 통합을 이룰 것을 요구하였다(채근식, 1978: 171-180). 그러나 미국은 이 기간에 한국을 신중히 고려하고 있었으며, 한국 민족주의자들의 활동에 매우 동정적이었다. 그럼에도 불구하고 적극적으로 어느 한 단체, 특히 중경의 임정에게 대표성을 부여하는 데는 주저하고 있었다. 미국이 임정을 승인하는 데 주저한 것은 1) 한국의 독립을 승인하면 한국 국민들이 일본에 대항하여 무장폭동을 일으켜 저항하게 될 것이나, 미국은 태평양전쟁으로 한국인의 이러한 저항을 지원할 수 없다. 2) 인도도 영국에 대항하여 독립운동을 전개하고 있었으므로 임정의 인정은 아시아 다른 국가들에게 영향을 줄 수 있다. 3) 임정의 인정은 미국이 한반도에 괴뢰정부를 수립하려 한다는 의심을 소련으로부터 받을 수 있는 여지가 있다는 것이 그 이유였다. 결국 미국의 임정에 대한 인정 거부는 소련을 자극하지 않기 위해서였다(정용석, 1981: 109-111).

2차세계대전 시 진주만 습격 이후로 미국은 한반도에 대한 전통적 무관심에 종지부를 찍었다(小此木政夫, 현대사연구실 역, 1986: 13). 미국인에게 비친 종래의 한반도, 그것은 '아시아의 한 모퉁이에 붙어 있는 이상한 나라', '전략적으로 무가치한 나라', 그리고 그 땅 위에 사는 한국 사람들은 '더럽고 믿을 수 없는' 사람들이었다. 이러한 나라와 미국은 빠져나가기 어려운 혈맹의 관계를 맺게 되었으니 역사는 참으로 역설적이라고 아니할 수 없을 것 같다. 이 같은 미국인들의 인상과 입장이 한미관계의 역사적 출발을 호혜적이기보다는 일방적인 것으로 만들었으며 미국의 정책이 '본질적 이익'보다는 '상황적 이익'에 입각할 수밖에 없게끔 만들었다(유재갑, 1987: 139-140). 2차세계대전이 거의 막바지에 이르렀을 때, 즉 1943년 12월 1일, 카이로회담에 참가한 미국, 영국, 중국의 3개국은 처음으로 한국의 독립을 지원하겠다는 약속이 포함된 선언문을 공표하였다. 루즈벨트는 "한국인은 아직 독립정부를 행사 혹은 유지할 능력이 없으며 40년간의 후견을 받도록 해야 한다"라고 한 자신의 견해에 스탈린이 역시 동의했다(Cumings, 김자동 역, 1986: 155)고 말하면서 신탁통치를 제의했고 이 루즈벨트의 생각에 대해 영국과 프랑스는 반대로 일관하였다. 영국과 프랑스는 이 구상이 그들 소유의 식민지에 미치는 영향을 싫어했던 것이다. 이처럼 미국은 영국을 비롯한 연합국의 반대 뒤에 편협한 국가이익이 숨어있다고 느꼈으며, 영국을 비롯한 연합국들은 신탁통치의 구상이 미국의 이익 증진을 위한 것이라고 이해하였다(Cumings, 김자동 역, 1986: 150). 이러한 미국의 구상과 영국, 중국 3국의 약속이 포함된 것이 카이로회담(1943. 11. 22-26) 선언이다. 이 카이로 선언의 공식적인 기록은 단지 전후의 한국독립을 희망한다는 견해만을 발표했다. 이 선언의 한국 부분은 수차례의 수정을 거쳤다. 첫 번째는 1943년 11월 24일의 미국 초안으로 한국이 '가능한 한 가장 빠른 시기에' 독립해야 한다고 하였다. 그 다음날 루즈벨트는 문구를 '적절한 순간에'로 수정하였다. 그리고는 뒤이은 영국의 초안이 두드러진 영국식의 미사여구인 '적절한 시기에(in due course)'라는 말을 만들어 냈다. 이 수정은 지엽적인 것이 아니었다. '가능한 한 가장 빠른 시간'의 독립과 '적절한 시간'의 독립 사이에는 차이가 있는 것이다. 첫 번째 표현은 독립이 지상목적임을 뜻하는 것이고, 두 번째는 즉각적 독립에 비해 다른 고려가 앞선다는 뜻을 함축하고 있는 것이다. 루즈벨트가 뜻하고자 했던 점도 바로 후자였던 것이다 (Cumings, 김자동 역, 1986: 153). 이것은 한국을 미국의 정치적, 군사적 및 경제적 영향권하에 종속시키겠다는 의도가 많았던 것으로 판단된다.

그러나 미국은 카이로회담을 시작으로 하여 동아시아에 새로운 세력균형을 구축하고자 하는 의도로 한반도문제를 거론하기 시작한 것이다. 이후 얄타회담(1945. 2. 4-12)을 거치면서 미 국무성은 한국의 장래에 대해 ① 군사점령, ② 단일국에 의한 군정의 실시, ③ 국제기구의 권위하에 과도적인 국제행정 또는 신탁통치(4개국 참여) 등의 제 단계를 구상하고(류재갑, 1987: 146) 미국의 주도하에 연합국의 합동관리를 강조함으로써 중·소와 인접국이고 전통적인 이해관계를 갖고 있는 한국이 어느 특정 국가-소련-에 의한 군사적 점령에 들어가는 것을 저지하여 장차 발생할지도 모를 엄청난 정치적 결과를 방지하고자 했다.

이러한 루즈벨트 행정부의 뒤를 이은 트루만 행정부(1945. 4. 12-1953. 1. 20)는 루즈벨트 당시의 얄타회담에 이어 45년 7월 포츠담회담을 열게 된다. 미국의 계획관들은 '최대한의 목표'로 연합국-특히 소련-의 신탁통치에 관한 공동행동의 합의를 이룩할 것을 추구하였고, '최소의 목표'로 적어도 소련이 카이로 선언을 지지하도록 하자는 것이었다(Cumings, 김자동 역, 1986: 159-160). 이것은 소련의 팽창기회를 저지하려는 트루만이 새로운 대한정책을 모색하기 시작했음을 의미했다. 그러나 트루만은 계속 결정적 타결을 미루었다. 그 이유는 원자탄 하나로 일본을 항복시키고 미국은 한반도를 일방적으로 점령, 소련의 영향력을 완전히 배제할 수 있는 것으로 생각했던 것이다(Bernard Brodie, 1965: 140). 한편 미국은 일본의 원폭 투하 이전에 소련에게 벌써 평화의 제안을 시작하고 있었다. 그러던 중 소련이 일본에 대해 선전포고를 하고 적군을 재빨리 한반도로 파견하자 미국은 38도선을 경계로 한반도를 소련과 미국 점령지대로 분할하자는 협상을 제안, 소련이 이에 수락함으로써 한반도는 분단이 되게 되었던 것이다(Matray, 한국전쟁연구회 편역, 1987: 124). 1945년 8월 15일 일본의 무조건 항복으로 해방이 된 한반도에 미국과 소련의 양국 군대가 진주해 들어왔다. 1945년 9월 8일 미군이 남한에 진주했을 당시에는, 한반도에 소련과 공동으로 주둔하는 것은 잠정적인 기간에 국한되리라고 예상했다. 즉,

미군을 영구 주둔시킬 의도가 없었으므로 적절한 시기에 미·소 양국군이 철수할 것이라고 예상했던 것이다(김철범, 1990: 33). 당시 하지 중장은 물론, 군정요원들도 한국에 대한 구체적인 지침이나 정보도 거의 없이 남한에 진주했었기 때문에 미국은 물론, 예하 참모 중에서도 좋은 의견을 제출하거나 조언을 하는 사람은 하나도 없었으며, 현지 정치고문들은 일본문제에 관해서는 전문적 지식을 갖고 있었으나 한국문제에 대해서 모두가 백지상태였다(국제신문사 편집실 역, 1984: 39). 또한, 미군정의 정책 부재와 미 국방성, 국무성 관리들과의 갈등 속에서 단독정부를 수립하여 분단을 고착시키게 된다(Cumings, 김자동 역, 1986: 102). 38도선을 경계로 남북으로 갈라진 한반도는 미국과 소련이 유럽에서의 관계 악화로 점점 어려운 상황으로 전개되어갔다.

제2차세계대전 이후 세계는 미국과 소련의 두 진영으로 양극화되었다. 소련의 동유럽, 이란, 그리스, 터키에 대한 팽창주의적 정책은 미국으로 하여금 심각한 위기의식을 불러일으켜 이를 자국의 이익에 대한 중대한 위협으로 간주케 하였다. 그 결과 미국은 대소정책을 재검토하고 이에 대한 대비책을 강구하였는데 그 과정에서 나타난 것이 봉쇄정책이다. 봉쇄정책은 소련의 팽창을 소련 주변부 지역에서 철저히 봉쇄한다는 것이 그 핵심이었다. 그러나 소련의 팽창주의 정책과 미국의 이에 대한 대응책은 양국의 첨예한 대립을 야기하였으며 이는 제2차세계대전 이후 세계질서의 변동을 전망하는 것이었다. 미소의 대립은 냉전의 심화와 궤를 같이 하였다.[4]

---

4) 당시 소련은 미국이 생각했던 것처럼 국제사회에 공산주의를 확산시킬 정도로 강력한 군사력과 경제력을 갖추지 못하였으나, 미국이 냉전 기간 내내 이러한 봉쇄정책을 추구하였던 이유는 봉쇄정책이 냉전체

유엔이 한국문제를 고려하고 있는 동안, 하지는 한국문제를 유엔에서 신속하게 해결할 필요성이 있다고 보고하였다. 합동참모본부는 소련이 유엔과 협력하지 않을 것이라고 결론 내렸다. 그래서 남한에서만 유엔 결의안을 시행하기로 결정하였고 미군은 한국정부가 수립된 이후에 철수하기로 하였다. 합동참모본부는 맥아더에게 주한미군이 질서 있는 철수를 할 수 있도록 철군 계획을 수립하라고 명령하였다(Department of State, 1972: 852-856).

당시 미 행정부가 바라는 미 점령군의 기본적인 정책은 북한에 진주한 소련군을 자극하지 않고 가급적 국내 치안유지라는 목적에 그 기능을 한정시킴으로써 소극적인 입장을 견지하는 것이었다. 이러한 정책은 한반도가 미국의 '사활적 이익'이 걸려있는 지역으로보다는 오히려 자신들의 대소, 대중국 정책의 효과적 수행에 부수되는 '파생적 이익(derived interest)' 지역으로 판단된 결과에 기인한 것이다. 즉, 미국의 대한정책의 근본은 한반도가 자신들의 본질적인 이익이 걸린 지역은 아니지만 대소봉쇄 목적상 남한 지역에서 만이라도 자신들의 영향력을 독점함으로써 소련의 영향하에 놓이는 것을 방지하고자 한 의도에서 비롯된 것이었다(류재갑, 1987: 150).

1946년의 미국의 대한군사정책은 좀 더 광범위한 미국의 세계정책의 일환으로 평가될 수 있었고, 또 그러한 미국의 정책은 같은 해 봄부터 여름까지 미국의 대소정책이 현저하게 경화되었던 점에도 반영되어 있었다. 이러한 정책은 1947년 초까지 지속되다가 동년 3월 12일의 트루만 독트린의 선언과 더불어 미국의 대한정책은

제에서 미국으로 하여금 자유체제의 맹주로서의 역할을 수행하는 데 유리한 이론이고, 자신의 영향력을 확장할 수 있는 정당성을 제공하기 때문이라는 주장도 있다(Ronald Steel, 1992: 104-108).

유럽에 우선순위를 두었던 새로운 전략의 틀 안에서 재구성되어야만 했다.

SWNCC[5] 산하의 한국특별위원회와 1947년 7월 9일 중국과 한국에 파견된 웨드마이어(Albert C. Wedemeyer) 사절단 및 합동참모본부(JCS: Joint Chiefs of Staff)의 3개 부서에 의해 대한정책이 재검토되었다. 이 부서들은 미국의 군사적 안전이라는 관점에서 남한의 군사점령에 따른 미국의 이익을 분석하였다(小此木政夫, 현대사연구실 역, 1986: 33).

한국특별위원회와 웨드마이어 사절단의 평가는 중도적이었던 반면에 합동참모본부의 평가는 부정적이었다. 합동참모본부는 "주한미군 및 그 기지의 유지는 전략적 이익이 거의 없다"는 결론을 내렸다(U.S. Department of State, 1972: 817-818). SWNCC 산하의 한국특별위원회는 "공산주의자들이 전 한반도를 지배할 수 있는 상황인 이 시점에서 주한미군을 철수시킬 수 없다. 주한미군의 철수는 극동은 물론 전 세계에 걸쳐 미국의 위신을 심각하게 손상시킬 것이며, 국내외의 공산주의 압력에 저항하고 있으며, 현재 미국의 지원에 의존하고 있는 약소국들을 실망시킬 것이다"라고 평가하였다(U.S. Department of State, 1972: 738). 웨드마이어 사절단도 트루만에게 제출한 보고서[6]에서 "미국의 지원이 전면적으로 철회될

---

5) The State-War-Navy Coordinating Committee(SWNCC). 국무성, 전쟁성, 해군성의 3성으로 구성된 조정위원회이다.
6) 이 보고서는 소련이 한반도에 강력한 공군 및 해군기지를 건설할 기회를 갖지 않는 한 미국은 남한에 군대를 주둔하거나 기지를 유지할 만한 군사적 이익이 적다는 전제하에 다음과 같은 세 가지 방안을 제시하였다.
① 한국으로부터의 즉시 철수: 이는 전략적 관점에서 수락할 수 없는

경우에 아시아인들 사이에서 미국의 도덕적 위신은 크게 손상될 것이다"라고 주장하였다(U.S. Department of State, 1972: 803). 그러나 전쟁성[7] 장관 패터슨(Robert Patterson)은 다른 주장을 하였다. 그는 한국 상황이 미군 철수를 갑작스럽게 강요할 수 있을 정도로 잠재적인 힘을 지니고 있다고 보았다. 이것은 미국의 위신에 큰 치명타를 가할 것으로 판단하였고, 미군이 한국에 남아있는 한, 어떠한 계획도 한국인들의 독립에 대한 강한 욕구를 만족시킬 수 없다고 주장하였다. 패터슨은 미국의 대한정책 최우선 목표를 조기 철군에 두어야만 한다고 판단하였다. 그는 미국의 정책 수행 실패가 일본과 극동에서의 미국 안보 이익에 부정적인 영향을 끼친다는 것도 인식하고 있었다. 패터슨은 다음과 같이 주장하였다.

① 38도선 분단으로부터 야기되는 경제적 악영향을 해결하기 위하여 국제적 수준에서 모든 노력이 이루어져야 한다. ② 미국은 빠른 시간 내에 한국 개입의 비용감소를 위한 프로그램을 결정해야 한다. ③ 만약 한국에 관하여 소련과 합의에 도달할 수 없다면 유엔으로 이관이나 단정 수립과 같은 대안을 개발한다(U.S. Department of State, 1972: 627). 이 문제의 해결을 위해 당시의 정책결정자들은 한국문제를 유엔에 이관시키기로 결정하였다.

이러한 의도하에 UN 총회의 대한 결의안 - 국제기구 감시하의 자유총선 - 에 의거 남한만의 총선거를 실시하는 데 만족하려 했고,

---

　것임.
　　② 주둔의 불확실한 계속: 소련군 철수 후면 미 국민이 용납하지 않을 것임.
　　③ 소련군과의 동시철수와 남한 경비대의 창설.
　　이상 세 가지 방안 중 이 보고서는 ③안을 건의했음.
　7) 전쟁성은 국방성의 전신임.

일단 분단해결의 책임을 UN에 이관시킴으로써 '위신의 추락 없이' 철군할 수 있는 근거를 마련했던 것이다(류재갑, 1987: 153-155). 결국 UN 총회에서 캐나다와 호주 등이 한반도의 분단을 영구화한다는 이유로 반대를 하였음에도 불구하고 남한만의 총선거를 실시한다는 미국의 결의안이 31 대 2(기권 11)로 가결되었고(김학준, 1989a: 57) 이에 따라 1948년 8월 15일 대한민국의 수립이 선포되었다.

결국 미국은 한반도를 전략적 가치가 없는 지역으로 생각했었고, 유럽을 대소 전면전쟁 가능 지역으로 판단하여 한반도에서 유럽으로 배치를 하기 위한 미군의 철수를 체면을 손상하지 않는 범위 내에서 가능한 빨리 실시하는 데 주력하게 되었던 것이다.

2차세계대전 이래 처음으로 미국은 한국의 통일정책을 포기했으며, 한국의 전략적 가치를 아시아 대륙 전체와 관련시킨 관점에서 평가하는 것을 중지하였다(小此木政夫, 현대사연구실 역, 1986: 333).

한국으로부터의 주한미군 철수는 한국의 독립과 통일을 사실상 포기하는 것을 의미하였고, 또 아시아 대륙 연안의 도서를 연결하는 알류산 열도, 일본, 오끼나와 제도, 필리핀 제도 지역이 미국의 극동방위의 제1선이라는 점을 시사했던 것이다(小此木政夫, 현대사연구실 역, 1986: 350).

1947년 2월 21일 영국은 미국에게 그리스와 터키에 대한 군사·경제적 원조를 끝내기로 결정했다고 통보하였다. 영국이 이러한 발표를 할 당시, 미국의 외교정책을 담당하고 있던 국무성 관료들은 소련의 행위의 본질과 목표에 대해 충분히 고려되지 않은 것이라고 결론 내렸다. 이러한 관료 중의 하나가 미 국무성의 베테랑 학자이며 외교관인 케난이었다. 미국 외무부서(the United States Foreign Service)에서 21년 근무한 배경을 가진 케난은 소련문제 전문가로 간주되고 있었고, 제2차세계대전이 종료될 즈음 주소 미대사관 직원 중에 가장 뛰어난 사람이었다.

그리스와 터키에 대한 원조를 포기한다는 영국의 성명이 있던 바로 1947년 2월 21일 저녁에, 케난은 그리스-터키 위기에 관한 토의인 국무성 회의의 의장을 맡아 달라는 요구를 받았다. 그 후 그는 그리스-터키 위기에 대한 트루만 독트린의 기준이 되는 관측, 예측 그리고 가설에 대한 최고의 전문가가 되었다(Lippmann, 1947: 53). 더구나 번즈의 후임으로 국무장관이 된 마샬(George C. Marshall)은 케난에게 향후 10-25년을 반영하는 외교정책을 수립하는 임무를 수행할 새로이 창설되는 소규모 그룹인 국무성 정책기획국(State of Department Policy Planning Staff)의 부장을 맡아 달라고 요구하였다. 1947년 4월 29일, 마샬은 케난과 그의 참모에게 2주일 이내에 곧장 유럽에서 취할 조치에 관한 정책을 자신에게 제안하는 임무를 부여하였다. 따라서 케난은 1947년 봄에 정책결정 면에서 영향력 있는 위치에 있었다.

봉쇄정책은 미국의 소련 전문가인 케난(George Kennan)이 'Mr. X'라는 익명으로 Foreign Affairs에 기고한 "소련 행위의 원천(The Sources of Soviet Conduct)"에 나타난 소련의 팽창 야욕의 위험성을 경고하고 이에 적극 대처할 것을 제안하면서 형성된 것이다. 봉쇄정책은 제2차세계대전 이후 미국 대외정책을 적극적 방향으로 전환시킨 계기가 되었었다. 1947년경, 봉쇄의 개념이 몇 개의 미국 정책에서 구체화되고 있었다. 이것은 국제공산주의 팽창과 침투로부터 자유세계 국가들을 방어할 결의를 표방한 '트루만 독트린(Truman Doctrine)'과 유럽 제국에 대한 경제부흥원조 프로그램인 '마샬플랜(Marshall Plan)'에 의한 서방경제원조라는 2가지 정책이다(Gaddis, 1982: 25-88).

1947년의 국가안보법에 의해 설치된 NSC는 고위 정부 관료들로 구성되었고, 국가안보에 영향을 미치는 문제에 대해 대통령에게 권고를 제공하는 임무를 담당하고 있었다. 1948년 7월 미 국방장관은 소련에 대한 미국 국가안보에 관한 포괄적인 개념을 개발해 달라고, NSC 참모들에게 요청하였다(U.S. Department of State, 1976a: 589-592). 보고서는 국무성 정책기획국(Policy Planning Staff)에 의해 마련되어 8월에 정부 부처에 회람되었다.

미국이 봉쇄정책을 본격적으로 적용한 것은 1950년이었고, 그 이전에는 소련에 대해 정치적 타결책을 추구했다는 것이다. 즉, 미국이 봉쇄정책을 본격적으로 적용한 것은 1950년부터 "상호 안보(mutual security)" 프로그램에 대한 강조 형태로 본격화되었다. 즉, 자유 진영을 견고한 군사적 및 정치적 동맹체로 조직하고, 미국의 재부상을 가속화하였던 것이다.[8] 미국정부가 전 세계에 대한 위협이 공산주의자들의 팽창 위험이라는 정책 선언을 하였음에도 불구하고, 1950년까지 봉쇄정책은 주로 유럽에 초점이 맞춰져 있었다.

이러한 미국의 의도와는 달리 미·소의 관계는 유럽과 한반도에서 점차 악화되어갔다. 당시 미국의 입장은 유럽 쪽이 전면전의 주

---

8) 일부 학자들은 미 행정부가 NSC의 권고에 따라 미국 재무장을 가속화하기로 결정한 것은 1950년 4월이라고 설명하고 있다. 이는 중국 공산화와 소련 핵실험에 따라 미국의 정책을 분석한 NSC 68의 권고사항이었다(David Horowitz, 1965: 259).

전선이 될 것이라는 전제하에 타 지역을 희생하더라도 미국의 전력을 유럽 쪽으로 집중시켜야 한다는 것이었다. 이처럼 세계전략적 맥락과 전력 부족으로 인하여 합동참모본부는 한국에서의 미군을 철수하기로 결정하였고 주한미군의 철수가 결과적으로 소련이 일본에 대한 침략을 감행하기 위해 군사력을 남한 내에 건설하지 않는 한미 극동사령부의 군사적 지위를 손상하지는 않을 것이라고 결론지었다.

미국의 봉쇄정책은 맥킨더의 '심장부이론'과 스파이크만의 '주변부이론'을 이론적 근거로 하고 있었다(권용립, 1997: 536). 심장부이론에서 주장하는 것은 심장 지역을 차지하는 국가가 전 세계를 지배한다는 것이었고, 주변부 이론은 심장부보다 주변부를 차지하는 국가가 결국 심장부도 차지하게 되어 전 세계를 지배한다는 것이었다. 또한 주변부이론은 미국이 주변부 국가들과 강력한 결속력을 구축하여 심장부세력에 대항할 경우에만 세계 제패를 할 수 있으므로, 미국은 심장부세력이 주변부로 팽창하는 것을 봉쇄 내지는 억제해야 한다는 것이었다. 이러한 이론적 주장에 따라 미국의 정책결정자들은 미국의 국가안보 목표를 소련의 팽창을 봉쇄하는 것에 초점을 두는 정책을 추구하게 되었고, 이러한 정책의 근간이 된 것이 NSC 68이다. NSC 68의 주요 내용을 요약하면 다음과 같다.

① 이제는 미국과 소련이 세계의 양대 축을 이루는 강대국이다.

② 소련의 팽창 성향은 세계적이다.

③ 소련과 미국과의 갈등은 불가피하다.

④ 소련을 막는 방법은 미국의 군사력이다.

⑤ 소련을 군사력으로 위축시킬 수 있다면, 공포 때문에 소련정

부를 지지하는 소련 국민들에게 자신감을 주어 소련 체제를 내부에서 붕괴시킬 수 있다는 것이었다(권용립, 1997: 536).

미국의 대외정책은 1949년 말 50년 초에 들어와 한층 더 강화된 봉쇄정책인 '반격(roll-back)'정책으로 전환하게 된다. 그것은 결정적으로 1949년 8월에 소련이 핵실험에 성공하여 원자폭탄을 보유하게 되었다는 사실과 동년 10월 중화인민공화국의 탄생에 기인한다. 특히 소련이 핵실험에 성공하였다는 사실은 미국의 핵독점을 붕괴시킴으로써 힘의 우위에 입각한 미국의 세계전략이 전환을 모색하지 않을 수 없게 되었음을 의미하는 것이었다.

2) 주한미군의 철수

주한미군의 철수는 앞에서 서술한 바와 같이 미 행정부의 지상과제였다. 당시 대 한반도 정책의 핵심이었던 주한미군 철수정책이 수립된 과정을 살펴보면 다음과 같다.

제2차세계대선 이후 미국과 소련의 관계는 점점 더 악화되어갔고 1946년에 이어 1947년 3월 12일 "트루만 독트린" 선언으로 정점에 달하였다. 그러나 1947년 9월에는 미국이 비록 원하지는 않지만 한국이 결국 소련의 지배하에 들어갈 수 있다는 것을 인식하고 있었다(U.S. Department of State, 1972: 817-819).

1945년부터 1947년 2년간에 걸친 소련과의 한국문제에 관한 지루하고도 무익한 토의는 드디어 미국으로 하여금 다른 접근방법이 필요하다는 확신을 갖게 하였다. 1947년 8월에 3성 조정위원회는 한반도를 공산당에게 포기함이 없이 한국으로부터 점령군을 철수할 어떤 방법을 강구할 시기가 도래하였다는 결정을 내렸다. 그 위원들은 소련, 영국, 중국과 더불어 4대 강국 회담을 통해 UN 감시하에 한국 임시정부수립을 위한 합의를 이룩하기 위하여 최종적으로 노력을 해야 한다고 건의하였다

이 회담 제의는 영국과 중국정부는 승인하였으나, 예상한 대로 소련은 수락할 수 없다고 천명하였다. 그러므로 다음 단계는 UN으로 접근하는 것이었다. UN 총회가 열리기 직전에 국무성은 합동참모본부에 미국이 남한을 군사적으로 계속 점령할 경우 미국의 국가이익에 관한 의견제시를 요구하였다.

합동참모본부는 "군사적인 관점에서 볼 때, 미국은 한국에 현재의 병력과 기지를 유지할 만한 전략적 가치를 거의 갖고 있지 않다"고 파악하고 있었다(Chang-Il Ohnn, 1983: 68). 웨드마이어 (Albert C. Wedmeyer) 육군 중장은 보고서에서 "소련군이 북한을 계속 점령하고 있는 한 미국은 남한에서 군대를 유지하거나 세계 앞에서 이데올로기상의 퇴각을 인정하지 않으면 안 됩니다. 가상적국으로 하여금 부동항을 사용하거나 한반도에 강력한 공군 및 해군의 기지를 설치할 기회를 막는다는 사실을 제외하면, 미국이 한국에 군대 또는 기지를 유지하더라도 군사상의 이익은 거의 없습니다. 극동에 큰 적대행위가 발생하는 경우 한국에 있는 현재의 병력은 지금의 미국 군사능력으로 유지할 수 없기 때문에 하나의 군사적 부담이 되지 않을 수 없을 것 같습니다"라고 보고하고 있다 (Truman, 1955: 371). 결국 1947년 합동참모본부는 한반도에 대한 전략적 가치가 없다는 데 의견을 모았고 국무, 국방 양성 정책 입

안 관계자들 간에도 한국으로부터의 철수에 합의를 하게 되었다
(Cumings(ed.), 박의경 역, 1987: 86). 미국은 38도선을 분기점으로
공산주의를 봉쇄하는 것으로 만족하며 미국이 이 지역에서의 개입
을 자제함으로써, 소련의 팽창주의 정책을 자제시킬 수 있다고 하
는 안일한 발상이었다(Cumings(ed.), 박의경 역, 1987: 94-95). 이
러한 생각들은 결국 국가안보회의(National Security Council)의 토
의를 거쳐서 NSC 8[9]로 구체화되었고, 12월 31일까지 한반도에서의
미군 철수를 위한 모든 노력을 경주해야 한다는 것을 강조하고 있
었다(U.S. Department of State, 1974: 1163-1169). 국무성과 육군
성 사이에 벌여졌던 미군 철수를 둘러싼 논쟁의 시작은 한반도의
전략적 평가에 대한 차별적인 인식에 근거하고 있음을 알 수 있다.

　이러한 내부의 의견분열에도 불구하고 미국은 위험이 내포되어
있다는 사실을 분명히 인식하면서 주한미군 철수를 결정하였던 것
이다. 이러한 위험에는 남한 내부의 전복활동의 가능성도 포함되어
있었다. 또한 세계 도처에서 공산주의자들의 활동이 강화되고 있었
고, 소련의 팽창주의적 야욕도 여러 곳에서 확인되고 있었다. 그러
나 미국은 중국이 공산화될 위험에 있고, 소련이 서베를린을 봉쇄
했음에도 불구하고 주한미군의 철수를 결정하고 말았다. NSC 8/2
는 NSC 8과 마찬가지로 한국으로부터의 주한미군 철수를 재확인하
고 있었다.

　주한미군의 철수는 최초 1948년 8월 15일에 시작하는 것으로 계
획되었다. 그렇지만 후에 육군성은 그 이동의 시작을 1개월 연기하

---

9) NSC 8은 원래 국무성 - 육군성 - 해군성 - 공군성 조정위원회(SANACC)
　의 문서 SANACC176/39를 약간 수정한 것이다.

고 1949년 1월 15일까지 종료하는 데 동의하였다. 그 연기는 신생 한국정부가 그 체제를 확립하는 데 필요한 시간을 더 많이 갖도록 하려는 국무성의 요청에 의하여 이루어 진 것이었다. 한국정부를 배려하는 국무성의 논리는 이후 1950년 6월 25일 한반도에서 전쟁이 일단 발발하자 미국이 적극적으로 개입하게 되는 이론적인 바탕을 이루게 된다.

1948년 8월 15일에 대한민국의 수립을 선포한 이승만 대통령은 8월 24일, 하지 사령관과 한국군대의 조직, 훈련 및 장비의 계속적 지원과 지휘권의 점진적인 이양에 관한 협정을 체결하고, 9월 5일에 국방경비대를 육군으로, 그리고 해안경비대를 해군으로 개칭(국방부 전사편찬위원회, 1990a: 32-36)하면서 군사력을 건설해 나간 반면, 미국은 주한미군을 가능하면 빨리 철수해야 한다는 데 중점을 두고 정책을 추진해 나갔다.

1949년 6월 7일, 트루만은 의회에 보낸 메시지를 통해 한국원조법안을 통과시켜 한국에 대한 추가 지원을 할 수 있도록 해 달라고 요구하였다. 그는 한반도가 민주주의 이념과 원칙의 타당성이 공산주의와 대립하고 있는 시험장이기 때문에, 미국의 외교정책목표를 성공적으로 달성하기 위해서는 한국에 대한 지속적인 원조가 매우 중요하다는 것을 강조하였다(Paige, 1968: 28). 트루만은 만약 민주주의와 공산주의의 이념 대결장인 한국에서 미국이 패배하여 한반도가 공산화될 경우, 그 영향은 전 세계에 파급될 것이고, 특히 극동 아시아에서 미국이 외교목표를 달성하기가 매우 어렵게 된다고 주장하였다.

1949년 6월 27일 국무성에 제출된 육군성의 보고서에서 "남한에서의 주한미군 철수와 관련해서 북한으로부터 전면적 침공가능성의 의미"라는 제목으로 한국이 침공을 받을 경우 미국이 취할 수 있는 가능한 행동을 5가지로 요약하고 있었다(U.S. Department of State, 1976b: 1046-1048).

한국이 외부의 침공을 받았을 경우, 미국이 취할 수 있는 첫 번째는 현재 한국정부에 파견되어 있는 미국인 및 군사고문단 요원들을 탈출시키는 계획이다. 두 번째는 이 문제를 세계평화에 대한 위협으로 간주하고 이 문제를 유엔의 안전보장이사회에 제출하는 것이다. 세 번째는 38도선 회복과 법과 질서의 복구를 목표로 유엔 참여국들을 중심으로 유엔의 제재와 함께 유엔군의 유입을 통하여 경찰활동을 시작하는 것이었다. 네 번째는 비상상황의 관점에서 한국정부의 요청에 의해 미군과 한국군으로 합동특수임무부대를 구성하는 것이었다. 마지막은 트루만 독트린을 한반도에 연장 적용하는 것이었다. 이 문서에서는 남한에 대해 북한으로부터의 전면적인 군사적 침공이 있고, 한국이 성공적으로 이를 대처하지 못할 경우, 미국은 미국인을 한국으로부터 철수시키고 유엔안보리에 이 문제를 제출하는 처음의 2개 대안을 선택해야만 한다고 추천하고 있다.

이에 대하여 합동참모본부는 육군참모부가 남한에서의 주한미군 철수와 관련해서 북한으로부터 전면적 침공가능성의 의미에 대한 연구와 미군의 행동방향에 대해 연구를 계속하는 것을 이해한다는 전제하에, 다음과 같은 내용의 답변을 하였다(U.S. Department of State, 1976b: 1056-1057). ① 전략적 관점에서, 간단히 말해서 합동참모본부는 한국이 미국에게 거의 가치가 없으며, 미국이 한국에서 군사력을 사용하겠다는 어떠한 공약도 잘못된 것이고, 세계 전반의 상황과 현재 우리의 군사능력에 비해 과중한 국제적 부담을 질 가능성이 있다는 점에서 실행할 수 없다고 판단한다. ② 이 연구의 결론은 계속 유지된다. ③ 합동참모본부는 이 결론을 강조하고자 한다. 미군과 한국군으로 합동특수임무부대를 구성하는 것은 유엔 안전보장이사회가 유엔헌장 제43조에 근거하여 유엔군을 조직할 경우에만 가능하다. 가능한 행동방향의 두 번째는 남한의 재점령과 거의 유사할 것이다. 이것은 어떠한 뚜렷한 이익도 제공하지 않으면서 중대한 결과를 가져올 것이며, 더욱이 이 두 가지의 행동방향은 모두 중요한 군사적 개입을 가져올 것이다.

결국 트루만은 1948년 말까지 한국으로부터의 철수를 끝낼 준비를 하도록 합동참모본부에 지시했고 국가안보위원회 문서 NSC 8에 의거 미군 철수를 1948년 12월 31일까지로 시한을 정했다. 트루만이 NSC 8을 허가한 것은 한반도에서 미국의 체면을 지키고 철군을 하면서, 대신에 한국이 자위할 수 있도록 한국의 경제력과 정치적 안정을 육성함으로써 미국의 목표를 달성하려는 생각이었다. 결국 7월 말까지 육군성은 군인가족들을 전원 한국으로부터 철수시켰다 (Matray, 한국전쟁연구회 편역, 1987: 133-137). 그러나 이러한 미군의 철수는 곧 지연되고 말았다. 그 이유는 남한의 새 합법정부인 대한민국의 초대 대통령인 이승만이 대한민국이 자위에 필요한 군사능력을 갖출 때까지 철군을 연기해 줄 것을 요청했다. 또한 한국의 외무장관과 국방장관은 공동성명을 통해 "미국은 철군에 앞서 한국에 적합한 방위능력을 제공하라. 미국이 38도선을 만들었으므로 소련이 지원하는 북한괴뢰정권과 한국이 군사적 균형을 유지하도록 할 도덕적 의무를 지니고 있다."라고 했다(Matray, 구대열 역,

1989: 231). '조선민주주의 인민공화국(DPRK)'의 수립과 스탈린의 DPRK 공식승인 및 지지 다짐, 북한에 비해 남한의 군사적 열세에 따른 대한민국의 존립 위협, 이에 더하여 여순반란사건(1948. 10. 19)의 발생 등은 서울에 있는 미국인들의 눈에 대한민국이 와해직전에 있다고 생각하게끔 했다. 특히 여순반란사건에서 공산주의자들의 책동이 얼마나 위험한 것인가를 보여주었고 이러한 소요사태를 틈타 북한이 38도선 이남으로 군사남침을 감행할 가능성이 증대했다(Matray, 1987: 137-141). 이러한 이유 등으로 인해 주한미군 철수는 계속 지연되어 갔다.

1948년 12월 12일에 있었던 제3차 UN 총회에서 결의된 '한국독립문제'는 미·소 양국에 대하여 '그 주둔군을 될 수 있는 대로 빨리 한국으로부터 철수시킬 것'을 권고했다. 그 뒤 1949년 1월 1일 미국정부는 UN 결의를 존중하는 형식으로 대한민국 정부의 완전한 승인을 발표했다(小此木政夫, 현대사연구실 역, 1986: 34). 이어 1949년 3월 16일 국무성에 의해 제시된 NSC 8/1과 3월 22일에 합동참모본부에 의해 제시된 NSC 8/2에 의해 주한미군의 철수는 '1949년 6월 30일 또는 그 이전'으로 철수 시기가 결정되었고, 5월 28일 1개 연대 전투단의 철수부대 약 1,500명이 인천을 떠나 하와이로, 5월 30일 약 1,000명이 샌프란시스코로 향했다. 마지막 주둔군 부대가 인천을 떠난 것은 6월 21일과 29일이었다. 이튿날 심야에 미군사령부는 해산되어 7월 1일에 500명을 한도로 하는 군사고문단이 주한 미국사절단(AMIK)의 일부로서 정식으로 발족되었다(小此木政夫, 현대사연구실 역, 1986: 38-49). 이로써 미국은 그들 나름대로의 체면을 유지하면서 그들 소기의 목표를 성공적으로 완수하였다. 즉, 한국에 대한 미군의 직접적인 군사관여는 완전히 철회한 것이다.

1949년 6월 29일을 기해 주한미군의 완전 철수가 이루어졌고 장차 극동에서 공산주의 침략이 발생하는 경우에 대처할 상호 방위조약이나 계획도 없고, 장차 한국군에 대한 적절한 군사원조 보장도 없이 단지 소규모 군사훈련계획과 군사장비를 남긴 채 떠나버렸던 것이다. 미 군정당국은 주둔 초기부터 한국군 건설의 필요성을 인식하고 국군창설계획을 수립하였으나, 미 행정부는 대소 교섭에 지장을 주게 되리라는 우려하에 이를 받아들이지 않았다. 그리하여 하지 장군의 한국군 건설 건의를 지연시켰고 웨드마이어 장군이 '방한 결과보고서'에서 "미군은 철수 이전에 한국방위군의 건설과 훈련을 위해 남한을 도와야 한다"는 건의도 지연시켰다. 또한 이승만과 김규식의 창군 제의도 묵살하였다. 미국의 트루만 행정부는 현지의 사령관과 군사고문단의 건의에도 불구하고 소련의 북한군 양성과는 달리 한국 정규군 양성을 기피하고 기본적으로 국내 치안유지 수준으로 한국군의 규모를 한정시켰다. 즉, 한국군을 ① 내부 치안유지 가능 수준에 국한시키면서, ② 38도선 이북으로부터의 국경습격과 잠입을 방지할 수 있는 수준, ③ 북한군에 의한 소규모 무장공격이나 기타 침략을 억제할 정도의 수준에 국한시켰던 것이다.

이처럼 미국이 한국군의 양성을 노골적으로 거부했던 이유는 그들의 전면전쟁에 대한 선입관 때문이었다. 만일 한국에서 전쟁이 일어난다면 그것은 한반도에만 국한되지 않고 전 아시아로 확전될 것이므로 한국을 끝까지 지키려는 노력은 오히려 자유세계에 부담이 될 것이라고 생각했기 때문이었으며, 소련과 북한의 도발행동이 있다 하더라도 그것은 비정규적인 게릴라전 수준일 것으로 생각했기 때문이었다(류재갑, 1987: 157-160).

1947년 봉쇄정책의 시작에서부터 1950년 한국전쟁 발발까지 극동에서의 봉쇄에 관한 미국의 공식적인 정책은 없었다. 경제원조, 동맹 구축, 군사 지원 등에 관한 다양한 프로그램들이 있었지만, 극동 지역에 대한 미국 외교정책에는 획일화된 패턴을 찾을 수가 없다.[10]

1950년 1월 31일, 소련의 핵무기 성공과 중국 공산화에 자극 받은 트루만은 국무·국방성에 이러한 세계정세의 변화에 따른 미국 정책에 대해 적절한 대안을 제시하라고 지시하였다. 따라서 국무성과 국방성은 합동정책검토단을 결성하고 하나의 정책대안을 완성하였다. 이것이 나중에 NSC 68이라는 명칭으로 나타난다.

결국 미국은 소련의 팽창주의를 대비하는 과정에서 탄생된 것이 NSC 68이었으며, NSC 68은 미국의 대규모 군비확장을 가능하게 하였고 이는 미국과 소련의 군비경쟁을 가속화시켰다. 이 NSC 68은 여러 전문가들이 논평을 하였고, 케난도 이에 대해 논평하였다. 1950년 1월부터 국무성 자문역이 된 케난은 NSC 68의 초안에 대한 논평에서, NSC 68의 분석을 단순하고 부정확한 것이라고 비판하였다. 그는 봉쇄의 개념이 군사독트린으로 변형되는 것을 발견하였고, NATO 결성을 소련에 대한 불필요한 자극으로 보았다(Kennan, 1967: 475).

---

10) 미국은 극동에서 트루만 독트린이나 마샬플랜 그리고 NATO 결성과 같이 외형적으로 식별이 가능한 봉쇄정책을 추구하지는 않았으나, 경제원조 프로그램 등을 살펴보면, 막연하게나마 소련의 세력의 팽창을 막는다는 개념하에서 실시되었다는 것을 알 수 있다(Michael Donelan, 1963: 93).

케난은 소련의 역사적 배경, 소련 권력의 특성 그리고 소련체제의 장점과 단점 등을 날카롭게 분석하여 소련 행동의 의도와 목적을 팽창주의적 속성이 있다고 판단하고 이에 대한 봉쇄를 주장하였다. 그러나 그는 현재의 미국의 능력만으로도 소련의 팽창주의를 막을 수 있다고 보았다. 케난은 군사적으로 소련을 제압해야 한다는 논리를 전개하지 않았다. 대신에 미국 내부의 단결과 서방국가들과의 유대를 강화하는 것이 소련에게 더욱 심리적 영향을 가하는 것이고, 자본주의 체제가 발전하는 것이 곧 소련에 대해 압박을 가하는 것이라고 주장하였다. 이러한 정책들을 수행하면서 소련 공산권에 대해 포위정책을 펴기만 해도, 공산주의 체제는 붕괴될 수 있다는 것이었다(정일화, 1998: 32).

이 NSC 68은 분석을 시작으로 하여 9개의 장으로 편성하고 결론과 권고가 첨부되어 있다. 이를 정리하면 세계 위기의 배경을 설명하고, 미국은 자유세계의 정치, 경제, 군사력의 구축을 통하여 소련으로부터 주도권을 탈취하며, 크레믈린의 세계 지배 의도를 좌절시키기 위해서는 힘의 구축만 유일한 수단이다라는 것이다(U.S. Department of State, 1977: 234-292).

이러한 NSC 68은 한국전쟁이 발발함에 따라 재검토 되었다. NSC 회의가 9월 29일 NSC 68/1을 공식적으로 검토하기 위해 소집되었다. 트루만은 NSC가 프로그램과 비용 평가를 가능한 신속하게 마무리할 것이라는 판단하에 NSC 68의 결론들을 채택해 줄 것을 제안하였다. 또한 트루만은 프로그램 평가가 보다 완벽하게 개발될 때까지 NSC 68/1에 대한 공식적인 조치를 유보할 것을 제안하였다. 그는 의회가 다음 회기를 시작하기 전에 프로그램에 대한 결정을 내릴 수 있도록 11월 15일까지 평가가 완료되기를 희망하였다. 계속된 토의에서 대통령 입장에 대한 만장일치가 이루어졌다. 그 다음날 NSC 68의 "결론" 부분이 NSC 68/2이라는 새로운 문서로 명명되어 회람되었다(Guerrier, 1988: 304-305). 즉 1950년 6월의 북한의 남침은 미국 정책결정자들에게 소련 세력의 팽창 방식의 하나라는 인상을 주었고, 비용문제를 검토 중인 NSC 68의 목표와 결론 부분만을 1950년 9월에 NSC 68/2로 그리고 12월에는 NSC 68의 내용을 NSC 68/4로 채택하게 만들었고, NSC 68이 요구하고 있는 프로그램을 달성하기 위하여 '국가비상사태'를 선포하게 만들었다. 물론 미국이 한국전쟁에 개입한 것도 이러한 인식하에서 결정된 것이었다.

사실상 한국전쟁이 발발하기 이전까지 트루만 행정부는 소련군이 북한에서 철수한 이후 1949년 6월에 미군이 남한에서 철수함으로서 한국에 봉쇄정책을 적용하려는 의도가 없다는 것이 분명해졌다.

이러한 미 행정부의 생각은 1950년 1월 12일 애치슨 선언으로 잘 알려져 있는 내셔널 프레스 클럽 연설에서 잘 나타나 있다. 그가 발표한 대아시아 정책내용을 보면 "태평양 지역에 있어서의 미국의 방위 전초선은 일본본토와 유구를 포함하여 알류산 열도에서 필리핀으로 그어진다"고 발표하였다(Paige, 1968: 67). 또한 미국이 아닌 다른 지역에서의 위기에 대하여 "그러한 공격행위가 일어났다면 …… 일차적인 반격의 책임은 그 공격에 대항하는 즉, 공격을 받는 그 국민들에게 있고 그 이후 UN에 의해 지원되어야 한다. 자신들의 독립을 유지하려는 국민들이 기댈 수 있는 약한 갈대임이 아직 입증되지 않은 UN이지만 UN 헌장을 받아들이는 전체 문화사회가 책임을 져야 한다"라고 하고 있다(Simmons, 1975: 85-86). 이러한 방위선 선언은 북한의 침략을 고무시킨 1차적인 요인이 될 뿐 아니라 군사적 준비의 결여 또한 공산침략을 고무시킨 요인으로 작용했다고 볼 수 있다(류재갑, 1987: 162-163). 애치슨 선언은 그 모호함으로 인해 공산주의 세력의 팽창을 허용한다는 인상을 받아왔지만 이것은 군사적 대응과 정치·경제적 대응이라는 이분법적 대응방식이었다. 즉 애치슨 선언은 당시 미국의 지도자들이 아시아-태평양 지역에서의 공산주의의 위협을 소련군에 의한 '군사적 공격'과 국지적인 '전복과 침투'로 명확히 구별하고 '전복과 침투'에 대해서는 정치·경제적 원조에 의해 저지할 수 있다는 의미였다(小此木政夫, 현대사연구실 역, 1986: 60). 1월 20일, 주미대사 장면은 전날 한국 원조안을 하원이 기각한 것과 1월 12일 프레스 클럽의 애치슨 발언이 한국을 미국이 포기한다는 것을 의미하는지에 관해 의문을 제기하였다(U.S. Department of State, 1976c: 12). 1950년 5월 5일자 U.S. News and World Report지와의 인터뷰에서 커넬리 상원의원은 한국이 미국의 방위전략에 있어서 특별히 민감한 부분인가 하는 질문에 대하여 어떤 전략적 중요성을 가진 그런 위치는 아니며, 절대적으로 필요한 것은 일본, 류큐, 그리고 필리핀을 연결하는 선이라고 대답하였다(U.S. Department of State, 1976c: 64-65).

결국 트루만 행정부는 북한의 남침가능성을 배제하고 단지 국지전 내지 비정규전 가능성만을 인식하였으며 게릴라식 침공이 있더라도 한국군이 충분히 대처할 수 있으리라고 생각하였다. 국무성의 극동담당 차관보인 딘 러스크(Dean Rusk)도 1950년 6월의 무쵸 대사의 적정보고(중무장한 북한군이 38도선 배치)를 남침의 징후라기보다 남한군의 증강을 위한 전차 등 중무기 요청을 위한 구실로 받아들였다(류재갑, 1987: 164). 결국 1950년 6월 25일 북한의 전면남침공격이 시작되었고 한반도에서 손을 빼겠다는 미국의 의지는 변화되었다.

3) 정책결정 분석

2차세계대전이 종료되고 한반도에 대한 미국의 군사정책은 전략적으로 무가치한 나라라는 측면이 강조되었다. 단지 소련의 공산화 정책을 막는다는 봉쇄정책의 일환으로 고려되었을 뿐이다. 때문에 독립과 동시에 소련군의 38도선 이북지역 진주에 대응하여 38도선 이남지역을 점령하고 군정을 실시하게 된 것이다. 그러나 시간이 경과함에 따라 한반도에서의 미군주둔이 부담으로 다가왔고, 철군을 준비하게 된다. 이 과정에서 국방성과 국무성의 견해차이가 정책 결정과정에 영향을 미치게 되었다. 이러한 정책 결정과정을 앨리슨의 이론모형을 적용하여 분석해 보면 다음과 같다.

1) 분석의 기본단위

미국은 한반도에서의 미군을 철수한다는 군사정책을 결정하고 이를 실행에 옮기게 되었다.

1940년대 말 미국의 대한반도 정책은 감소하는 군비예산, 미국 지도자들의 전면전 개념 그리고 한반도 내의 정치불안 등으로부터 영향을 받고 있었다. 전면전 개념과 군비삭감 및 병력감축에 직면하고 있었던 국방성은 대소전쟁에서 보다 중요한 지역을 방어하기 위해 전략적 가치가 없는 한국에서 조기 철군을 해야 한다고 주장하였다. 그리고 궁극적으로 한반도가 소련의 지배하에 놓일 것이라는 점도 상정하고 있었다(김철범, 1990: 1). 이러한 국방성의 주장은 당시 미국이 세계전략으로 추구하고 있던 봉쇄정책과 상충되는 외교정책의 형태였다. 이는 미국이 자원의 제한으로 봉쇄정책을 전 세계로 확대할 수 없다는 것을 전제로 하는 것이었다.

그러나 국무성은 이러한 철군에 반대하였는데 이는 상위정책과 일관성이 있는 것이었다. 미 국무성은 한국이 안정적으로 방위능력을 갖출 때까지 계속 주둔하다가 단계적으로 철수해야 한다는 입장을 고수하였다.

당시 미국 합동참모본부의 대소전쟁 작전계획안에 따르면 한국의 전략적 평가는 상당히 낮았다. 일명 핀처작전(Pincher Operation)에 의하면 이탈리아와 지중해 지역을 포함하여 한국도 전쟁초기의 단계에서 소련에 포기되도록 계획된 것이다(차상철, 1992: 124). 한반도에 대한 합동참모본부의 견해는 다음과 같았다.

군사적인 관점에서 볼 때 한국에 미군이 주둔한다는 것은 전략적으로 이점이 없다. 극동에서의 적대행위 발생 시에는 현재 주한미군은 군사적으로 부담이 되며, 분쟁이 일어나기 전에 대폭적인 군사력 증강이 없이는 계속 주둔할 수 없다. 또한 아시아 지역에서 실시하게 될지 모르는 미국의 공격작전은 한반도를 우회할 수도 있다. 만약 적들이 한반도에 강력한 공군과 해군의 기지를 건설하고 운영한다면, 적들은 아마도 동부 중국·만주·황해·동해와 인접 지역에 있는 미군의 병참선과 작전을 방해할 것이다. 그러한 경우 대규모의 지상군을 투입하는 작전보다는 공군력에 의한 무력화가 더 효과적이고 희생이 적을 것이다(U.S. Department of State, 1972: 817-818)라고 견해를 표현하고 있었다.

만약 남한 지역 내에 미국의 이익을 저해할 만한 가상 적국의 기지가 건설된다면 이때 미국은 그들의 해·공군력으로 이를 무력화시킬 수 있다는 자신감으로 더 이상 미군의 한국주둔은 불필요한 것이었다. 더욱이 대륙으로의 미군이 투입되는 상황이 발생한다면 한반도를 우회함으로서 주한미군은 그 필요성이 거의 없다는 보고였다. 물론 이에 대한 국무성 내의 갈등과 국무성과 국방성 사이의 견해차이는 상당한 것으로 알려져 있다(小此木政夫, 현대사연구실 역, 1986: 13-49; 차상철, 1992: 115-151; Matray, 구대열 역, 1989: 185-210).

사실 미국은 유럽에서의 냉전환경에 몰두한 나머지 한국의 전략적 가치를 인식하지 못하였다. 하지만 당시 미국 내에서는 대한정책을 둘러싸고 지속적으로 의견이 분열되었었다(Stueck, 1981: 78). 이러한 내부의 의견분열에도 불구하고 미국의 정책결정자들은 위험이 내포되어 있다는 사실을 분명히 인식하면서 주한미군 철수를 결정하였던 것이다. 이러한 위험에는 남한 내부의 전복활동의 가능성도 포함되어 있었다. 또한 세계 도처에서 공산주의자들의 활동이 강화되고 있었고, 소련의 팽창주의적 야욕도 여러 곳에서 확인되고 있었다. 그러나 미국은 중국이 공산화될 위험에 있고, 소련이 서베를린을 봉쇄했음에도 불구하고 주한미군의 철수를 결정하고 말았다.

이 당시의 논의과정을 보면 미국의 정책 결정과정에서의 의견분열을 잘 볼 수 있다. 1948년 11월 5일 파리의 국무성 차관 로베트가 미국의 국무장관에게 보내는 전문을 보면 다음과 같다(U.S.

Department of State, 1974: 1319-1320). 육군성에서는 계획대로 철군을 할지, 아니면 연기할지를 11월 15일까지는 알려달라고 하였고, 국무성은 유엔총회에서 한국문제를 결정하지 못한 시점에서 주한미군의 철수를 시작하는 것은 미국의 이익에 시기상조이며 불리한 것으로 판단하기 때문에 연기 되어야 한다고 주장하였다.

이어서 1948년 11월 9일 국무성 점령지역 담당 차관보 살츠만이 육군성 작전계획국장 웨더마이어에게 보내는 전문을 보면 다음과 같다(U.S. Department of State, 1974: 1324). 살츠만은 육군성에서는 1948년 11월 15일까지 한국에서의 철군계획을 계획대로 실시할지 혹은 하지 않을지를 알고자 하고, 이 점에 관한 국무성의 견해는 시기상조이며 미국의 이익에 불리한 것이라는 견해를 이미 밝혔고 있기 때문에 드래퍼가 언급한 것과 같이 한국에서의 성공적인 점령정책이 불가능해질 정도로 병력이 감축되어서는 안 되며 당분간 점령을 종결짓는 날짜를 확인하는 것은 불가능하다고 주장하였다.

또한 1948년 11월12일 주한 미대사인 무초가 국무성장관에게 보내는 전문에서도 철군에 대해 부정적 견해를 보이고 있다. 그 전문내용은 다음과 같다(U.S. Department of State, 1974: 1325-1326). 최근의 군사정보에 의하면, 만일 내란이 일어날 경우, 북한은 충분히 승리할 수 있을 정도로 전력이 우세하다는 결론을 내리고 있으며, 미군의 주둔만이 최소한의 한국의 내적·외적 안전을 보장할 수 있다. 그러므로 현재의 계획대로 미군 철수를 완료하는 것은 극히 열악한 상황을 초래할 수 있다고 믿어지므로 수개월 동안 최종적인 철군을 연기하는 것이 좋을 것이라고 주장하였다.

그러나 육군성의 입장은 달랐다. 1948년 12월 22일 육군성 차관

드래퍼가 국무성 점령지역 담당 차관보 살츠만에게 보내는 전문을 보면 당시의 육군성의 입장이 잘 나타나 있다(U.S. Department of State, 1974: 1341-1343). 드래퍼는 육군성과 국무성 간의 논의에 따라 다음과 같이 맥아더에게 지시하였다. "주한미군의 철수 완료에 대한 최종 결정이 연기되었으니, 귀하가 적당하다고 생각하는 수준으로 한국의 1개 연대 수준의 병력을 보강해서 7500명을 초과하지 않도록 유지하시오." 이와 동시에 육군성은 계속된 정책들을 근거로 국무성이 한국에 남아있는 1개 연대를 1949년 2월 1일부터 철수시키고, 3월 31일을 넘기지 않고, 가급적 빠른 시일 내에 완료하는 데 동의해 줄 것을 요청하였다.

이러한 육군성의 전문에 대해 국무성은 지속적으로 주한미군의 주둔을 요구하고 있다. 1949년 1월 25일 국무성 점령지역 담당 차관보 살츠만이 육군성 차관 드래퍼에게 보내는 전문을 보면 다음과 같다(U.S. Department of State, 1976b: 944-945). 유엔총회에서 1948년 12월 12일에 한국문제에 대한 우호적인 조치를 취했으므로 국무성이 주한미군의 조기철군을 반대했던 이유 중 중요한 부분이 해결되었나고 볼 수도 있으나 다른 몇 가지 정세는 미국이 현재 한국에서 미군을 완전히 철수할 경우 일어날 수 있는 중대한 모험들을 강조하고 있다고 주장하였다. 그 근거로는 무초 대사의 전보와 한국정부로부터의 공식적인 미군주둔 요청이며, 한국에서의 미군 철수결정은 NSC가 한국에 대해 미국의 위치를 재정립할 때까지 기다려야 한다고 강조하였다.

그러나 1949년 1월 25일 육군성 장관 로얄이 국무성장관에게 보내는 전문을 보면 철군이 기정사실화 되어가고 있다는 것을 알 수 있다(U.S. Department of State, 1976b: 945-946). 맥아더는 심리적인 이유로 1949년 5월 10일로 철군을 완료할 것을 추천해 왔으며 육군성은 1948년 12월 22일자 제안을 고려하여 1949년 5월 10일자로 철군을 완료하는 결정이 즉시 내려져야 한다고 추천하였다. 행정적인 이유로 확실한 날짜가 즉시 정해지는 것이 바람직할 것이며, 로얄이 맥아더를 만나러 가기 전에 이 문제가 해결되기를 강력히 희망한다고 주장하였다.

이상에서 분석해 본 바와 같이 한반도에서의 주한미군 철수라는 군사정책은 비록 국무성의 주장이 상당부분 반영이 되기는 하였으나 국방성이라는 조직의 지속적인 행위의 결과로서 나타난 정책결정이다.

이처럼 조직의 산출이 실질적으로 나타났고 이 목적을 달성하기 위해서 국방성이라는 조직은 지속적으로 정부의 지도자에게 선택을 하게끔 정보를 제공하였다. 그 형태가 NSC의 문서로 나타난다. 국가안전보장회의는 주한미군 철수를 확정지은 NSC 8을 1948년 4월 2일에 제출하였다. 그 주요 내용은 다음과 같다.

한국문제를 해결하고, 한국정부의 정착을 도우며, 경제와 교육체계를 정립한다. 또한 남한의 안전을 위해 군사력을 강화한다. 남한 경제의 붕괴를 막기 위해 남한에 대한 경제원조를 실시한다. 주한미군의 철수는 1948년 12월 31까지 실시될 수 있도록 여건을 조성하도록 노력한다. 그리고 "미국은 한국 내의 어떠한 파벌이나 어떠한 세력에 의한 행동이 미국으로서 참전이유가 될 만큼 한국에 깊이 개입해서는 안 된다."(U.S. Department of State, 1974: 1164-1169)라는 것이었다. 이후 지속적인 국무성과 국방성의 대한

정책에 관한 협상의 결과는 NSC 8/2이었다. 국방성의 입장이 강력하게 반영된 NSC 8에서 한국군의 규모를 5만 명으로 규정하고 철군을 1948년 12월 31일로 못박았으나, 한국의 정치적 가치를 인정하고 주한미군의 철수를 늦추고자 하였던 국무성의 주장이 반영된 NSC 8/2에서는 한국군은 6만 5천 명으로 그리고 철군 시한은 1949년 6월 30일로 규정하였고, 결국 트루만은 이를 받아 들여 주한미군의 철수라는 군사정책을 결정하게 된 것이다. 2장 2절에서 분석한 바와 같이 특히 대외문제에 있어서의 결정은 대통령이 거의 하지 않으며, 그들의 선택을 제한하는 기본적인 결정은 이미 이전에 모두 결정되어져 있다. 즉 지도자의 공식적인 선택은 이미 조직의 산출에 의해 결정되어 있기 때문에 의미가 없다라는 앨리슨의 분석대로 이미 국방성과 국무성이라는 조직이 산출한 결과를 대통령인 트루만이 받아들인 것이다. 이러한 정책결정은 어떤 한 개인의 이익추구나 국가목표를 전략적으로 극대화할 수 있는 목표를 선택한 것도 아니라 국방성과 국무성의 조직의 산출로서 나타난 것으로 분석된다. 이는 모형 Ⅱ의 분석의 기본단위와 일치한다.

2) 구성개념들

전술한 바와 같이 분석의 기본단위에서 나타난 결과로 볼 때, 주한미군 철수라는 군사정책이 조직의 산출이라는 것이었으며, 여기서 분석된 정책 결정과정에서 나타나는 행위자는 합리적이고 통합된 정부가 아니며, 개인도 아닌 전형적인 조직들의 집합체인 국방성과 육군성 그리고 국무성이다. 이는 모형 Ⅱ의 행위자로 분석이 된다.

육군성과 맥아더 측은 한국에 군대와 기지를 유지할 만한 전략적 가치가 거의 없고 한국에 큰 공격이 있을 때 그것은 미국에 부담이 되기 때문에 즉각 철군을 주장하였는데, 이는 한반도의 전략적 가치를 극히 낮게 평가하였기 때문에 조기철수론을 주장하였다. 1949년 6월 27일 국무성에 제출된 육군성의 보고서에서 "남한에서의 주한미군 철수와 관련해서 북한으로부터 전면적 침공가능성의 의미"라는 제목의 보고서에서 남한에 대해 북한의 전면적인 군사적 침공이 있고, 한국이 이를 성공적으로 대처하지 못할 경우 미국은 미국인들을 한국으로부터 철수시키고 유엔안전보장이사회에 이 문제를 상정하는 2개 대안을 선택해야만 한다고 주장했으며, 합동참모본부의 견해도 한반도를 전략적 관점에서 볼 때 미국에게 거의 가치가 없으며 군사적 능력에 비해 과중한 국제적 부담을 질 가능성이 있다고 판단하고 있다. 이에 비하여 국무성 측은 장기적인 미군주둔이 해결책은 아니라는 점에 동의하나 한반도에서의 미군 철수는 남한을 안정시킨 이후에 해야 한다는 논리를 가지고, 세계적인 수준에서 큰 전략적 가치가 없다는 데는 동의하더라도 좀 더 신중한 입장을 보이면서 한반도의 전략적 가치를 적극적으로 평가했음을 알 수 있다. 1948년 12월, 국무성의 극동과는 한국의 상황이 안보와 안정이 심각하게 위협을 받고 있다는 평가를 기반으로 주한미군 철수를 중지할 것을 요구하는 각서를 작성하였다. 국무성은 주한미군의 철수는 이루어져야 하지만 동북아시아에서 공산주의의 확산을 막는 범위 내에서 추진되어야 한다고 주장하였다. 한반도가 공산화되면 일본이 위협받게 되고, 일본인들은 공산주의의 공격에 대해 불안을 느끼게 된다는 것이었다. 따라서 미군의 한국 주둔은 부담되는 일이지만 전술한 문제들을 무시할 경우에는 태평양에서의 미국 안보를 위태롭게 할 수도 있고(U.S. Department of State, 1974: 1137-1140) 아시아에서의 미국의 위신에 심각한 타격을 줄 것이라고 경고하였다. 이러한 국방성과 국무성의 입장은 각 성에 분할된 문제, 즉 국방성은 군사적인 측면에서 본 문제이고 국무성은 외교적인 측면에서 본 문제라는 것이다. 뿐만 아니라 국무성과 국방성은 외교와 군사라는 명확하고 분명한 각각의 임무명세서를 가지고 있다는 것이다. 이는 모형 Ⅱ의 구성개념과 일치하는 부분이다.

또한 국무성의 입장에서 볼 때, 주한미군의 철수라는 것이 미국의 위신 추락 없이, 아시아 지역에서의 미국의 위치를 확고히 할 수 있는 범위 내에서 이루어 질 수 있어야 만이 받아들일 수 있는 목표인 것이다. 반면에 한반도는 전략적 가치가 없고, 유럽 지역의 안전보장이 미국에게 치명적이라고 생각하는 국방성의 입장에서 보면 주한미군의 즉각적인 철수가 받아들일 수 있는 목표인 것이다. 더구나 양 성 모두 주한미군 철수라는 목표에 대하여 지속적인 관심을 가지고 표준운영절차에 의해 각 성의 입장을 표명하며, 정책결정을 주도해 나가려고 한다. 특히 불확실한 미래는 회피하려는 행동들이 나타난다. 국무성의 경우, 한국과 일본의 공산화에 의한 불확실한 미래를 회피하려는 것이고, 국방성은 유럽에 대한 소련 침공이라는 불확실한 미래를 회피하려는 것이다. 이러한 분석결과는 모형 Ⅱ의 이론과 일치한다.

3) 지배적인 추론 경향

한반도에서의 미군 철수는 미국의 입장에서 보았을 때 당시 미국의 국가목표를 달성하는 최대한의 행위로 보기는 어렵다. 또한 정부 내의 어떤 개인과 집단 사이의 거래의 결과로 보기도 어렵다. 그것은 유럽에 대한 중요성의 강조결과로써 나타난 일련의 정부행위로 분석되어진다. 즉 미국의 안전보장을 위해 유럽에서의 군사력 증강이 필요하였고, 이를 위해 전략적 가치가 없는 한반도에서 철군하여 유럽 지역으로 보강시킨다는 일련의 계획에 의해서 이루어진 것이다. 즉, 당시의 한반도에서의 철군이 미국의 위신추락과 한반도의 공산화 및 일본에 대한 위협이 상당히 강조되었으며, 미국의 국가목표인 봉쇄전략의 측면에서 볼 때, 그 목표를 달성하기 위한 최대한의 행위는 미군을 지속적으로 한반도에 주둔시키는 것이 된다. 그러한 측면에서 볼 때, 주한미군의 철수라는 군사정책결정은 국가목표달성을 위한 최대한의 행위가 아니라는 것이다. 또한 이러한 정책결정이 정부 내의 어떤 개인, 즉 국무장관이나 국방장관과 같은 개인에 의해 이루어지거나 거래되어진 것이 아니라는 사실이다. 주한미군의 철수문제는 국방성과 국무성이 지속적으로 주장해온 행위로서 비록 국방성 장관과 국무성 장관이 교체가 되었어도 조직의 관행대로 지속적으로 철군과 주둔을 주장한다는 사실이다. 이것은 앨리슨의 이론대로 t 시점의 행위에 대한 설명은 t-1에 있고, t+1에 어떤 일이 일어날 것인가는 t에 의해 예측된다는 것이다. 이것은 모형 II의 설명과 일치한다.

4) 일반적인 명제

현존하는 조직화된 능력이 정부의 선택에 영향을 준다. 즉 특별한 능력을 지닌 조직은 그 조직의 대안이나 행위 등이 정부나 조직의 리더에 의해 선택되어질 확률을 증가시킨다. 이러한 경우 통상 조직의 리더는 이 대안을 받아들이고, 문제들에 의해 발생될 수 있는 위험가능성에 대한 계산을 경시한다. 주한미군의 철수라는 것이 국방성이 선정한 대안이다. 국방성과 같은 영향력 있는 조직의 대안은 NSC 문서의 형태로 그럴듯하게 실행시킬 수 있게 맞추어진 평가와 정보를 형성함으로서 대통령에 의해 받아들여졌고 지도자는 주한미군의 철수가 가져올 수 있는 한반도에서의 위기상황에 대해서는 경시하는 행태를 보이고 있다. 또한 국방성이라는 조직은 조직의 관행대로 한반도에서의 위기를 인식하면서도 주한미군의 철수를 주장하는 관행을 반영하였다. 이는 모형 Ⅱ의 내용으로 설명이 가능하다.

국방성과 국무성의 행동은 직선이다. 즉 한 시점 t에서의 행위인 주한미군의 철수와 주둔에 대한 주장은 t-1에서의 행위인 주한미군의 철수와 주둔에 대한 주장이 별 차이가 없다는 것이다. 결국 병력이 약간 증가하고, 철수 시기가 약간 늦추어 지기는 했지만 결국 그 주장대로 산출은 이루어 진 것이다. t+1에서의 행위도 마찬가지이다. 이것은 조직의 변화가 급진적으로 이루어지지 않는 특성 때문이다. 특히 새로운 활동은 기존의 프로그램을 약간 수정하는 것이며, 일단 시행이 된 프로그램은 비용이 효과를 초과할 때까지 중지되지 않는다는 점에서 국방성의 주한미군 철수는 비록 그에 따른 위험 즉, 비용이 들더라도 목적 즉 효과를 초월하지 않기 때문에 지속된다는 것이다. 이러한 분석들은 앨리슨의 모형 Ⅱ의 일반적인 명제와 일치한다.

5) 증 거

증거로서 관행이나 표준운영절차 등의 최소한의 정보를 가지고 있으면 조직의 행동을 미리 예측할 수 있다. 즉 주한미군의 철수가 단지 조직의 관행이나 표준운영절차에 때문에 이루어졌다고 할 수 있다. 합리적 행위자모형으로 설명하기 힘든 부분을 조직의 행위모형으로 설명할 수 있다는 이론에 의거하면 가능하다. 즉 정부에 의해 수행되어진 어떠한 행동들도 가치극대화의 선택이라는 설명을 구성할 수 있다고 주장한 모형 Ⅰ로 설명하기가 곤란한 부분을 모형 Ⅱ에서 관행이나 표준운영절차와 같은 조직의 특성으로 설명이 가능하다는 것이다. 다시 말해서 주한미군의 철수라는 정부의 군사정책결정이 가치극대화의 선택이라고 설명하기가 곤란하지만 조직의 관행이나 표준운영절차 등과 같은 조직의 특성이 이를 가능하게 한다는 것이다. 이는 모형 Ⅱ의 설명과 일치한다.

2. 한국전쟁 발발과 북진 시기의 미국의 대한반도 군사정책

1) 한국전쟁의 발발과 개입

한국전쟁은 제2세계대전 이후 월남전과 더불어 그 규모나 전쟁의 상처, 그리고 후유증의 측면에서 가장 큰 전쟁으로 기록되고 있다. 한국전쟁의 경우 1950년 6월 25일부터 1953년 7월 27일까지 3년여의 기간에 단일 지역의 전쟁으로서는 가장 많은 병력이 동원되고, 가장 많은 수의 국가가 참전을 했을 뿐만 아니라, 가장 많은 무기와 군비소모, 많은 사상자와 물질적 손실, 그리고 제한전의 경우로서는 가장 심각한 전쟁이었음은 주지의 사실이다.

1950년 6월 25일 새벽 4시를 기해 북한인민군 선두 부대가 38도선 상의 11개 지점에서 38도선을 넘어 남침을 시작하였다. 이들은 열악한 장비로 무장한 국군을 쉽게 압도하고 서울을 향해 공격해 나아갔다. 전쟁의 발발을 알리는 무쵸 대사의 간결하고도 명료한 전보가 워싱턴의 국무성으로 수신된 것은 워싱턴 시간[11]으로 6월 24일 오후 9시 26분(한국시간 25일 오전 11시 26분)이었다. 무쵸는 "군사고문단에 의해 부분적으로 확인된 한국육군의 보고에 의하면 북한이 6시경에 옹진, 춘천, 개성에서 38도선을 돌파하고 강릉 이남의 동부해안에서 상륙을 감행하였다고 한다. ―공격의 성격 및 수법으로 보아 그것이 대한민국에 대한 전면적 공격행위인 것이 분명하다."라고 전문을 보냈다(Paige, 1968: 90-91). 이러한 무쵸 대사의 전문은 미국으로 하여금 즉각적인 조치를 취하도록 만들었다.

곧 국무차관 러스크(Dean Rusk), 육군성 장관 패이스(Frank Pace), 국무성 차관보 매튜스(Freeman Mattews), 순회대사 제섭(Philip Jessup), UN 담당 차관보 히커슨(John Hickerson), 국무성 극동 담당 베이컨(Ruth Bacon), 서유럽 담당 애칠레스(Theodore Achilles) 등이 회의를 하기 위하여 국무성에 도착하였다.

오후 11:00경 이들은 인디펜던스 헤어우드 농장(Harewood Farm)

―――――――――――――

11) 한국과 워싱턴은 시간 차이가 있기 때문에 본 연구에서는 워싱턴 시간으로 기록한다. Eastern Daylight Time in Washington이 한국보다 14시간 늦다.

에서 주말을 보내고 있는 애치슨에게 제안할 내용과 보고서를 최초로 작성하였다. 이 제안들은 유엔안전보장이사회에 제출될 것이었다. 애치슨은 트루만에게 대통령이 동의할 경우, 한국문제를 유엔안전보장이사회에서 처리할 수 있도록 하겠다고 전화로 보고하였다(온창일, 1989: 206-209). 한국사태를 UN 안전보장이사회에 제기하는 것이 한국전쟁 발발 후 미국이 취한 최초의 국제적 조치였다. 애치슨의 지시로 힉커슨(John D. Hickerson) 국무성 차관보가 리(Trygve Lie) UN 사무총장에게 전화로 한국전쟁의 발발을 알리고 이 사건을 안전보장이사회에 제기하겠다는 미국의 의사를 통보했다(U.S. Department of State, 1976c: 127). 애치슨은 한국사태를 UN과 연계시키고, 공산주의의 침략성을 선전해내기 위하여 다음날 아침에 세 가지 문서[12]가 한국전쟁 발발 소식과 같은 지면에 실리는 것을 강력히 원했다. 트루만은 후에 애치슨의 주도면밀한 대처를 칭찬하면서, 그렇지 않았다면 미국은 한국문제에 단독으로 대처하지 않으면 안 되었을 것이라고 말하고 있다. 그러나 '한국에서 위험한 사태가 발생할 경우에는 UN 안전보장이사회에 제소한다'는 원칙은 이미 미국 정책결정자들에게는 기정사실이었다(Cumings(ed.), 박의경 역, 1986: 86-87). 또한 1949년 6월 27일 국무성에 제출된 육군성의 보고서에서 "남한에서의 주한미군 철수와 관련해서 북한으로부터 전면적 침공가능성의 의미"라는 제목의 각서에는 한반도에서 전쟁이 발발할 경우 한국거주 미국인의 긴급철수, UN 안전보장이사회에의 문제제기, 38도선 회복과 법과 질

---

12) 3가지 문서란 ① 안전보장이사회의 소집을 요구하는 UN 주재 미국대표부의 공식성명, ② UN 주재 미국 대리대사인 그로스(Ernest A. Gross)가 제안할 북한의 침략행위를 비난하는 미국의 결의안, ③ 그로스가 발표할 성명서를 말한다.

서의 복구를 목표로 유엔 참여국들을 중심으로 유엔의 제재와 함께 유엔군의 유입을 통하여 경찰활동을 시작하는 것 등을 제시하고 있다 (U.S. Department of State, 1976b: 1046-1047). 당시 무쵸 대사는 '조심스럽고 주의 깊은 관찰자'라고 정평이 나있는 인물이었기에 '전면적 공격행위'라는 말은 심각히 고려해야 할 전투사태라는 데 견해를 일치했다. 또 히커슨 UN 담당 국무차관보와 러스크는 '미국으로서의 기본정책은 UN을 통하여 공격을 물리쳐야 한다'는 데 의견을 통일하고 있었다(Paige, 1968: 92). 당시 미 국무성에 모인 일단의 관리들에게는 현 사태를 처리하거나 단안을 내리는 데 기초가 될 지침문서도 없었다. 세계대전이 발발할 경우 한국이 전면적인 대전이 아닌 소규모 침략의 희생이 될 경우 미국의 반응이 어떠한 것이어야 한다는 문제에 대한 선명한 해답이 없었던 것이다. 결국 이들은 안전보장이사회 소집을 요청하는 문서와 유엔주재대사인 그로스가 제출할 결의문 초안, 그리고 UN에서 행할 연설문 초안작성으로 첫날밤을 지새웠다(Paige, 1968: 98-100). 미국 워싱턴 시간으로 6월 25일 새벽 2시, 애치슨은 미국 결의안을 유엔안전보장이사회에 상정하기로 결정하였다. 비록 애치슨이 유엔 지지자는 아니었지만 그의 결정은 1947년 이래 유엔을 통해 한국문제를 해결한다는 미국의 대한정책의 방향을 계속 유지하는 것이었다(Gaddis, 1972: 383). 베이컨 등은 6월 25일 새벽 2시에 유엔안전보장이사회에 제출할 미국 결의안 초안작성을 마쳤다.

　미국정부가 1950년 6월에 발생한 북한군의 전면적인 남침을 지상군 부대를 투입하여 저지하겠다는 결의를 한 것은 1946년 이래의 대외정책 및 방위정책에서 보였던 신중함과 애매함을 일소하고 새로이 대담하고 명확한 행동방침을 설정한 것이었다(小此木政夫, 현대사연구실 역, 1986: 1).

트루만 대통령의 요청으로 유엔은 북한 행동을 침략으로 규정하고 38도선 이북으로 철수할 것을 요구하며, 모든 회원국들이 이 결의안 실행을 지원할 것을 요구하는 결의안을 채택하였다. 이로부터 이틀 후 트루만은 한국군을 엄호하고 지원하도록 미 해군과 공군에 명령하였다고 발표하였다. 6월 30일 그는 북한군에 대한 해안봉쇄뿐만 아니라 미 해군과 지상군의 한반도 투입을 발표하였다. 그는 봉쇄정책이 유럽에서뿐만 아니라 이제는 한반도에도 적용된다는 것을 공개적으로 밝혔다. 그는 "한국에 대한 공격은 공산주의가 독립국가를 정복하기 위하여 전복 활동을 전개한다는 사실을 넘어 이제는 무력 침공과 전쟁을 공산주의 확산의 도구로 사용한다는 것이 명백해졌다."라고 말했다. 그러나 이 당시 소련과 중공은 한국전쟁에 간섭하지 않겠다는 태도를 보였고, 이러한 불개입 분위기는 서방국가들에서도 유사하여, 영국도 한국에서 발생한 침략행위는 개탄하나 이 전쟁에 말려들지 않으려 했고, 소련의 잠재적 도전이 유럽에 도사리고 있는 상황에서 영국 자신뿐만 아니라 미국도 한국전쟁에 말려들지 않기를 원했다(Lowe, 김시완 역, 1989: 218).

미 국방성과 육군성 관리들이 웹 차관, 러스크 차관보, 기타 인물들과 함께 일요일 아침 11:30에 시작되는 합동회의를 가졌다.

이 회의에서 국무성 대표들은 강한 압박을 받고 있는 한국군에게 어느 정도 미국의 원조를 제공하기 위한 행동계획을 제의하였다. 다른 합동참모들의 자문도 구하면서 상당한 토의를 가진 뒤, 국무성의 제안을 잠정적으로 승인하였다. 그런데 그중 대부분이 극동

군사령관 맥아더 장군에 의해서 취해질 조치를 포함하고 있었기 때문에 육군의 대표들은 그 내용을 즉각 텔레타이프 회담을 통하여 그 사령관에게 전하였으며, 그 내용은 다음과 같다.

1) 극동사령관 맥아더 장군에게 현행계획과는 관계없이, 주한미군사 고문단이 건의하는 어떠한 군사장비라도 한국으로 보내도록 인가해야 한다.

2) 주한미군사 고문단은 한국군이 전투능력을 지니고 있는 한 한국군 부대에 잔류해야 한다.

3) 극동사령관의 책임 지역은 한국에서 미군의 모든 군사활동에 대한 작전통제를 포함하도록 확대되어야 한다.

4) 극동군 사령부의 군사력(주로 해, 공군)은 미국 국민의 안전한 철수를 보장하고 UN에 앞서 지금 정치적 조치에 대한 반응시간을 획득하기 위하여 서울, 김포비행장 및 인천 주위에 방호지대를 설정하도록 운용되어야 한다.

5) UN 안전보장이사회가 회원국에게 한국에서 직접적인 조치를 취하도록 요청할 경우에는 극동군 사령관 맥아더 장군에게 가능하다면 원래의 성계선인 38도선의 회복을 포함하여 전투상황을 안정시킬 수 있도록, 그 휘하의 부대와 제7함대에서 그 지역으로 추진된 부대를 통합하여 운용하도록 인가하고 지시해야 한다(국방부 전사편찬위원회, 1990a: 66).

워싱턴의 현지시각 6월 25일 일요일 오후 2시에 미국이 제의한 안전보장이사회가 레이크 석세스에서 소집되었다. 긴급 소집된 UN 안전보장이사회에서는 미국이 제안한 '남한에 대한 침략의 제소(Complaint of Aggression Against the Republic of Korea)'를 의제

126

로 채택하고 토의를 진행하였다(United Nations, 1950: 221-222).

이 당시 유엔안전보장이사회 제473차 회의는 미국 측 초안에 대해 찬성 9, 기권 1(유고), 불참 1(소련)로 유엔안전보장이사회 결의안을 통과시켰다.

이 결의안은 서두에서 1948년 12월 12일자와 1949년 10월 21자 UN 총회결의를 회고하며 다음과 같이 의결했다.

북한군의 대한민국에 대한 군사공격에 심대한 관심을 표명하면서, 이러한 행동이 평화를 파기하는 행위임을 결정한다.

1) 즉각적인 교전중지를 요구하고, 북한당국이 그들의 군대를 38도선 이북으로 철수할 것을 요구하며,

2) 유엔한국위원회에 다음 사항을 요청한다.

(1) 가장 빠른 시일 내에 상황을 충분히 고려한 추천안들을 통보해 줄 것.

(2) 북한군이 38도선으로 철수하는 것을 감시할 것.

(3) 안전보장이사회가 이 결의안의 실행에 대해 충분히 보고 받을 수 있도록 할 것.

3) 회원 모두가 이 결의안의 실행에 있어서 유엔에 모든 지원을 제공하며 북한당국에 대한 지원을 금해줄 것을 요청함.[13]

그러나 이러한 안전보장이사회의 결의는 북한의 군사행동을 정지시킴에 있어서 아무런 효과를 가져오지 못했다.

---

13) 이 결의안이 채택된 후, 유고대표가 초안한 결의안에 대한 표결이 있었는데 그 결과는 찬성 1, 반대 6, 기권 3으로 부결되었다. 유고 측 결의안의 내용은 "북한정부가 안전보장이사회에서 진술할 기회를 갖는다"라는 점을 제외하고는 미국 측과 대동소이한 것이었다(U.S. Department of State, 1976c: 155-156).

당시 미국의 대한정책에 대하여 덜레스의 평가가 있다. 북한의 침공이 있기 5주 전에 덜레스는 결국 미국이 한국전쟁에 개입하게 될 것으로 판단했었다. 1950년 5월 18일자 각서에서 덜레스는 미국이 유럽, 중동, 아시아 등의 전 세계의 지역들과의 관계에서 새롭고 중요한 시기를 맞고 있다고 지적하였다. 중국의 공산화는 전 세계에 엄청난 영향을 주었고, 세력균형이 소련에게 유리하게 기울어지고 있다는 것이었다. 덜레스는 만약 미국이 소련으로 하여금 다른 지역에 대한 통제를 허락하는 것처럼 세계에 비춰질 경우, 많은 국가들은 미국이 NATO 지역을 제외한 다른 지역에 대해 확고한 방어계획을 수립해 놓고 있지 않다는 인상을 강하게 가지게 될 것이라고 주장하였다. 세계의 많은 국가가 이러한 생각을 하게 될 경우, 미국의 영향력은 지중해, 동북아시아 그리고 태평양 지역에서 필연적으로 급속히 악화된다는 것이었다(U.S. Department of State, 1977: 314-316). 1950년 6월 25일에 준비된 각서에서 그는 미국은 왜 기습을 받았고, 한국은 왜 자신을 방어하는 데 그렇게 취약할 수밖에 없었는가에 대해 요약하였다. 덜레스는 북한이 초기에 큰 성공을 거두는 데는 다음과 같은 이유가 있다고 주장하였다.

1) 미국은 북한군이 양적으로 충분히 그리고 질적으로 훌륭한 장비를 보유하고 있다는 것을 알고 있었음에도 불구하고, 한국군에게 전투기, 전차 그리고 대포 등을 공급하지 않았다.

2) 미국은 38도선 일대에 수주 전부터 점진적으로 적의 병력과 전차 대형이 집결하는 것이 보았으나 적절한 정보 평가를 하는 데 실패하였다.

3) 한국군의 사기와 군기에 대해 지나치게 과신한 결과 주한 군

사고문단 일부에서 자기만족의 분위기가 있었다.

4) 동경 극동군사령부는 전쟁 발발에 대한 즉각적인 보고를 받지 못하였고, 서울이 적의 수중에 떨어진 전쟁 3일째 되는 날까지도 적 공격의 심각성을 제대로 평가하지 못했다(U.S. Department of State, 1976c: 237-238).

당시 미국의 한국에 대한 관여는 극히 정치적인 것이었다. 6월 25일 저녁 블레어하우스 1차 회의 이후 4차에 걸쳐 개최된 정책결정자들의 중요 회의 내용을 상세히 검토하면 한국에 대한 지상군 파견의 이유도 역시 비군사적인 것이 중심을 차지하고 있다. 미국의 정책결정자들이 한국전쟁에 개입할 때에 내건 최대의 목적은 1) 더 큰 침략행위의 억제, 2) 미국의 위신 유지, 3) UN의 권위 유지라는 3개 항이었다(小此木政夫, 현대사연구실 역, 1986: 83). 브래들리의 견해로는 북한의 침략을 소련이 북한을 사주하여 남침을 했지만, 전면적인 세계대전을 일으킬 수준의 태세는 갖추지 못하였고, 미국을 시험하는 하나의 '제한된 도전'으로 보았다(Paige, 한배호 역, 1968: 168). 그들에게 있어서 북한의 침공이 전면적인 것임이 명백했으나 한국군의 붕괴가 현실적인 것이지는 않았던 것이다. 6월 25일 제1차 블레어하우스(Blair House) 회의에서 트루만과 애치슨은 한국사태에 적극적 대응을 취할 의사를 보인 반면 국방성 지도자들은 종전의 대한정책을 변경하려 하지 않았다. 국방장관 존슨(Louis A. Jonson)은 한국보다 대만의 전략적 중요성을 강조하였다. 그리고 한국사태에 대비하기 위한 국방성의 견해를 묻는 대통령의 질문에 존슨은, 국방성은 한국 중심의 전쟁계획을 가져본 적도 없고 또 지금까지 구체적 결론을 내린 바도 없기 때문에 권고할 사항이 없다고 하였다(Paige, 한배호 역, 1968: 127-128). 제1차 블레어하우스 회의에서 논의된 것은 북한의 침략에 대항하기 위하여 가능한 모든 조치를 취해야 한다는 것이었고 이는 대통령의 결심이었다. 전쟁의 발발에도 불구하고 국방성 지도자들은 지상군 투입을 회피하려 했고, 무쵸는 6월 26일 국무성에 임박한 한국의 붕괴가능성을 포함하여 상황이 급속도로 악화되고 있다고 보고하였다. 애치슨은 다른 블레어하우스 회의를 소집해야 한다고 판단하였고(U.S. Department of State, 1976c: 179), 제2차 블레어하우스 회의는 다음날인 26일 오후 9시 30분에 소집되었다. 이 회의를 소집한 것은 전날 밤에 내린 결정을 변화시켜야 될 상황이 발생했었기 때문이다. 즉 북한이 유엔의 결의를 받아들일 가능성이 없고 한국군의 전면적 붕괴와 서울 함락이 임박했다는 것이다. 이 회의에서 애치슨은 대통령에 의해 취해질 수 있는 다섯 가지 권고안을 제시했다. 이들 제안은 다음과 같다.

(1) 해군 및 공군은 한국군에 대해 가능한 한 충분한 지원을 해야 하되, 이와 같은 지원은 38도선 이남의 지역에만 국한되어야 한다.

(2) 제7함대에 대해서는 대만에 대한 중공의 공격을 막도록 명령해야 하며, 자유 중국정부에 대해서는 본토탈환 작전을 단념하도록 권해야 하고, 제7함대에게는 후자의 응낙을 보장받도록 명령해야 한다.

(3) 필리핀에 주둔하는 미군을 강화해야 하며 증가된 군사원조가 필리핀정부에 제공되어야 한다.

(4) 인도차이나에 대한 군사원조는 촉진되어야 하며 군사사절단

을 보내야 한다.

(5) 오스틴 대사에게는 위와 같은 권고안 범위에서 취해진 어떠한 행동도 UN에게 보고하도록 지시해야 한다(Paige, 한배호 역, 1968: 203).

애치슨은 이러한 결의내용은 6월 25일의 유엔안전보장이사회 결의와 일치된 것이라고 주장하였다. 애치슨은 페이스 장군이 이것이 38도선 이남에서의 행위만을 의미하는 것인지를 질문했을 때, "아직까지는(yet)"이란 단서를 붙인 후 그렇다고 응답했다. 트루만은 필리핀 주둔 미군을 증가시키는 것과 인도차이나에 대한 원조 증가 및 군사사절단 파견도 승인하였다. 끝으로 트루만은 미 제7함대를 대만해협에 파견하는 것도 승인하였다(Simmons, 1974: 145). 회의에서 트루만은 '우리는 우리가 할 수 있는 일을 하지 않으면 안 된다. 미국을 위해서 한국사태에 대해서 할 수 있는 일은 다해야 한다'는 말을 하였다. 이 조치를 취한 후 미국은 '미군의 남한군 지원에 관한 트루만 대통령의 성명'을 통해 남한전선에의 해·공군 투입은 제1차 안전보장이사회 결의의 제3항에 입각한 것임을 밝혔다. 해·공군을 38도선 이남으로 제한하는 것은 소련과의 직접대결의 위험을 최소화하고, 미군의 작전이 지상군에 의하지 않고 공격받는 지역에서만 전개된다면 소련이나 중공의 개입가능성은 거의 없다고 판단하였기 때문이다. 지상군 투입 회피의 또 다른 이유는 미국이 여전히 제한적 수단에 의한 봉쇄를 유지하고 한국군은 미 해·공군만의 투입으로 최종적인 승리를 거둘 수 있다고 기대하였기 때문이다.

대통령은 이 모든 애치슨의 제안에 동의했다. 러스크는 러시아인들이 유엔안전보장이사회에 와서 비토(veto)권을 행사할 가능성을 지적하였다. 그러한 경우 우리는 유엔헌장을 지지하는 행동을 할 수 있다는 입장을 취해야 할 것이라고 주장했다(U.S. Department of State, 1976c: 181). 그러나 이러한 워싱턴의 결정이나 전술한 레이크 석세스에서의 결정들이, 한국에서 악화되고 있는 상황을 회복시킬 수는 없었다.

트루만의 특별성명 발표 3시간 후인, 27일 오후 3시경 한국전쟁에 관한 제2차 UN 안전보장이사회(제474차 회의)가 열렸다. 먼저 미국대표 오스틴(Warren R. Austin)은 북한이 UN 결의를 따르지 않고 있음을 지적하며 북한의 계속적인 공격은 UN 자체에 대한 공격이라고 지적하고(외무부 외교연구원, 1967: 44), 국제평화와 안전을 회복하기 위해 군사적 조치의 필요를 강조하고, UN 회원국들이 무력 침략을 격퇴시키고 국제평화와 안정을 회복하는 데 필요한 원조를 제공할 것을 권고하는 내용의 결의초안을 제출하고 '트루만성명'을 낭독하였다. 이와 함께 UN 한국위원단은 전황 보고를 통해 북한의 공격은 잘 계획된 구체적이며 전면적인 공격이고 북한이 안선보장이시회 결의나 UN의 중재를 받아들이지 않을 것이 확실하므로 휴전이나 북한군의 철수문제는 실질적으로 이루어지지 않을 것이라고 경고하였다(United Nations, 1950: 223).

뉴욕에서 안전보장이사회가 UN 회원국이 한국을 도울 것을 요청하는 결의안이 6월 27일 오후 11시 50분에 채택되었다. 이 결의안에 대한 투표결과는 찬성 7(미국 포함), 반대 1(유고슬라비아), 기권 2(이집트, 인디아), 불참 1(소련)이었다.[14] 그 결의안의 내용은

---

14) 미국 측 결의안이 통과된 6월 25일과 27일 소련 대표가 왜 안전보장

다음과 같다.

안전보장이사회는 ① 북한군의 대한민국에 대한 무력공격을 평화의 파괴행위로 규정함. ② 북한당국에게 즉각적인 교전중지를 요구하며 그들의 군대를 즉시 38도선으로 철수시킬 것을 요구함. ③ 북한당국이 교전을 중지하지도 않으며 38도선으로 북한군을 철수하지도 않으므로, 국제평화와 안보를 회복하기 위해 긴급군사조치가 요구된다는 유엔 한국위원회의 보고를 주목함. ④ 평화와 안전을 보장하기 위해 즉각적이고 효율적인 군사적 조치가 필요하다는 대한민국의 유엔에 대한 호소에 주목함. ⑤ 대한민국이 무력침공을 격퇴하고, 그 지역에서 국제적 평화와 안전을 회복하기 위해 대한민국에 필요한 지원을 제공할 것을 유엔 위원단에게 권고함(U.S. Department of State, 1976c: 211).

그러나 이와 같은 시간에 북한의 제3, 제4사단 부대가 서울 시내를 밀고 들어왔다. 오후에 한국군 잔류부대가 철수하고 북한군은 제5열의 도움을 받아 서울을 장악했다(국방부 전사 편찬위원회, 1990a: 84-85).

이러한 서울의 조기함락과 6월 29일 맥아더의 현지사찰은 미국의 개입을 촉진했다. 맥아더의 현지사찰 보고 내용을 보면, 경무장의 한국군이 중무장의 북한 육군과 공군에 대하여 전혀 무력하다는 사실을 의문의 여지가 없는 형태로 묘사하였으며, "이 분쇄된 지역에

이사회에 불참했는지에 관해서는 여러 가지 해석들이 존재해왔다. 최근에 출판된 그로미코 회고록에 따르면 이 결정은 스탈린의 지시에 의한 것이라고 한다(Gromyko, 박형규 역, 1990: 124-128).: 또 다른 해석으로 이날 소련의 안전보장이사회 불참은 중국의 유엔가입을 막기 위한 것이었다는 주장도 있다(Simmons, 1975: 82-101).

서 육·해·공군 부대의 전면적인 사용이 준비되지 않으면 우리의 사명은 최선의 경우라도 인명, 자금, 위신 면에서 불필요하게 비싸지며, 최악의 경우에는 그 사명마저도 실패로 운명되어질지도 모른다"라고 하고 있다(小此木政夫, 현대사연구실 역, 1986: 116-117).

이러한 맥아더의 현지시찰 보고는 백악관 회의 참석자들에게 지체 없는 명확한 결정을 재촉하는 것이었다. 워싱턴 시간 6월 30일 오전 1개 연대 전투단의 투입이 결정되었고, 이는 맥아더에게 즉각 통보되었다. 이어서 동일 오후에는 2개 사단의 사용허가도 내려졌다. 결국 6월 30일의 4차 블레어하우스 회의에서 지상군의 전면 파견이 결정된 것이다. 이와 같은 미국의 대한정책은 1949년 이래 실시하던 '형식적인 봉쇄정책'이 변화하여 대반격(Rollback)의 임무를 부르짖으면서 이루어 졌다(Cumings(ed.), 박의경 역, 1987: 6). 이것은 종래 한국에 대하여 적용하고 있던 제한적인 수단에 의한 봉쇄가 포기되고 직접적인 군사관여의 방침이 확립된 것을 의미하였다.

제2차 안전보장이사회 결의 후 리 사무총장은 6월 29일 모든 UN 회원국에게 '남한에 모든 원조를 제공할 것'을 요청하는 내용의 전문을 발송하고 남한에 대해 어떤 원조를 제공할 것인가에 대하여 파악하였고, 대부분의 회원국(총 59개 회원국 중 53개국)이 안전보장이사회의 결의에 지지를 표하고 군사적 지원 및 기타 형식의 원조를 제공하겠다는 의사를 표명했다.

제3차 블레어하우스 회의는 6월 29일에 열렸다. 소집의 중요한 이유는 현지로부터의 보고가 한국의 전황이 더욱 악화되고 있고 당초의 경계선을 회복하기 위하여 미국의 지상군을 투입하지 않으면 안 된다는 것이었다. 이 회의에서 '38도선 이북으로의 해·공군 군사작전 확대와 부산 - 진해 확보를 위한 제한된 육군전투부대의 투입'을 결정하였다. 38도선 이북에 대한 해·공군작전의 확대조치로써 미군의 개입명분이었던 '38도선의 원상회복'이라는 의미는 사라지게 되었고, 부산 - 진해 확보 명령은 곧 있을 대규모 지상군 투입의 거점을 마련하기 위한 것이었다. 그러나 미 공군은 29일 맥아더의 명령으로 B-26전폭기 18대가 38도선을 넘어 평양비행장을 폭격하여 비행기 25대와 활주로, 격납고 등을 파괴하는 등 이미 모든 전선에 개입하고 있었다(Futrell, 강승기 역, 1982: 39).

지상군의 투입에 대해서는 소련과의 사전 의사소통이 이루어진 상태로 결정되었다. 6월 27일, 미국은 소련에게 정당한 이유가 없는 공격에 대한 책임과 북한군의 즉각적인 철수에 소련이 영향력을 행사할 수 있는지를 묻는 각서를 보냈다. 6월 29일, 소련은 한국이 먼저 공격을 시작하였으므로 현재 발생하고 있는 사건에 대한 책임이 한국정부에 있다고 답변하였다. 또한 소련은 한국으로부터 군대를 철수하였고, 한국 내부 문제에 외국이 간섭하는 것은 허용될 수 없는 원칙이라고 부언하였다(U.S. Department of State, 1976c: 229). NSC는 이에 대해 협의한 결과, 이 답변이 비록 중국도 같은 입장이라고 할 수는 없더라도, 한국전쟁에 소련이 직접 개입하지 않았다는 것을 시사하고 있다고 결론 내렸다(U.S. Department of State, 1977: 327). 한국 상황과는 무관하다는 소련의 답변은 한국전에 소련의 개입이 없을 것이라는 믿음을 고무시켰고, 이는 미 지상군의 투입 결정에 결정적 요소가 되었다.

6월 30일 오전 9시 30분, 대통령은 블레어하우스에서 다시 참모들과 만났다. 이미 파견된 미 지상군에 대한 증강을 승인하는 결정에 대해서는 반대가 없었다. 해군에 의한 봉쇄도 승인되었다(U.S. Department of State, 1976c: 255).

네 차례에 걸친 블레어하우스 회의 결과로 미국의 정책결정자들은 한국에 지상군 전면 파견을 결정하였으며, 이러한 결정은 종래 한국에 적용되었던 제한적 봉쇄전략이 직접적인 군사적 개입을 통한 전면적인 봉쇄전략으로 전환했음을 의미하는 것이다(김철범, 1990: 170-171). 맥아더는 6월 30일 만주와 소련 국경과는 충분한 거리를 두라는 명령과 함께 38도선 이북의 군사 표적에 대한 폭격 권한과 부산 경비를 위해 미군을 활용하는 권한도 부여받았다. 그러나 그는 이러한 조치가 만약 소련이 개입할 경우 소련군과 교전하라는 결정인지에 대해 의문을 가졌으나, 이러한 위험도 포함된다는 인식하에 내려진 것이라고 판단하였다. 따라서 만약 소련이 개입한다면, 맥아더의 부대들은 소련과의 전면전을 전개하게 될 정도로 상황을 악화시키는 작전을 전개하지 않으면서 자신을 방어하기로 하였다. 또한 워싱턴은 맥아더에게 한국 상황에 대해 즉각 보고하도록 하였다(U.S. Department of State, 1976c: 240-241: Whitney, 1956: 326).

한편, 한국전생에서 미국의 최초의 개입명분은 북한군을 38도선 이북으로 격퇴하고 한반도에서 평화를 이룩한다는 것, 즉 '전전의 원상회복'이었고, UN의 결의도 "북한의 무력공격을 격퇴하고, 국제 평화와 안전을 회복한다."(이기탁, 1983: 379)는 다소 모호한 어구였으나 대체로 이와 비슷한 성격을 담고 있다. 또한, 애치슨 국무장관이 6월 29일 미국신문협회연설에서 미국의 군사행동의 목적은 "안전보장이사회의 결의에 따라 오직 한국을 북한이 점령하기 이전의 상태로 복귀시키고 그 침략에 의해 파괴된 평화를 재확립하는 것에 지나지 않는다."고 말한 것이나(小此木政夫, 현대사연구실 역, 1986: 125), 역시 같은 날 국가안전보장 회의에서 트루만 대통령이 "한국에서의 우리의 작전은 그 지역의 평화를 회복하고 경계선을 수복하는 것이 목표"라고 한 것은 이러한 입장을 잘 나타내 주고 있다.

국무성 동아시아과와 국방성은 ①북한군의 격멸, ② 38도선 돌파 및 북한의 점령, ③ 군사적 승리 후 UN 주도하에 한국문제해결 등을 주장한 데 반하여, 정책기획실은 ①소련과 중공의 개입 부재 시에만 UN의 결의로 북진, ② 소련과 중공에 관한 정보를 확인할 때까지 최종 결정을 유보할 것 등을 주장하였다(서주석, 1986: 23).

논쟁의 결과는 1950년 9월 1일에 제출된 NSC 81로 정리되었다(U.S. Department of State, 1976c: 685-693).

그러나 합동참모본부가 NSC 81의 접근방법이 "비현실적이며, 38도선 위에서의 전선의 안정을 기하는 것"이라고 비판함에 따라 NSC 81을 수정한 NSC 81/1을 9월 9일에 제출하였다. NSC 81/1에서는 북진 후 중국과 소련의 접경 지역에서의 비한국군 작전금지 조항이 완화된 내용으로 수정되었다(U.S. Department of State, 1976c: 707-721).

그러나 이 결정은 북한군을 38도선 이북으로 격퇴하겠다는 것을 의미했고 전쟁목적의 확대는 아니었다. 즉, 소련과의 직접적인 충돌을 피하겠다는 미 행정부의 의도였던 것이다. 그러나 이러한 문제는 곧 미 행정부 내에서 논의가 시작된다.

한국전쟁이 발발하자 당대를 지배해온 미국의 정책결정자들은 그것이 단순한 내전이나 한반도에 국한된 위협이 아니라 소련의 대전략하에 이루어진 '봉쇄의 위기'상황으로 묘사하고 적극적인 군사개입을 하였다. 이러한 미국의 인식은 주소대사가 국무장관에게 보낸 다음 전문에 잘 나타나 있다(U.S. Department of State, 1976c: 153). "남한에 대한 북한의 침략적인 군사행동은 명백한 소련의 도전이다. 이는 미국의 지도력에 대한 직접적인 위협이기 때문에 미국은 확고하고도 신속하게 대응해야 한다. 대한민국은 미국정책과 미국이 지도하는 UN 행동의 산물이다. 대한민국의 붕괴는 일본, 동남아 및 다른 지역에서의 미국에 대한 중대하고도 명백한 반격이다. 한국이 희망하는 지원을 제공하겠다는 미국의사의 발표는 한국의 공식발표를 기다릴 필요도 없고 기다려서도 안 된다."

한국전쟁은 발발초기부터 전쟁수행의 주역을 담당하였던 미국이 북한의 남침을 소련이 중심이 된 공산체제의 자유세계에 대한 도전으로 인식하고, 유엔을 통한 기준적 대책을 모색함으로써 국제전적인 성격을 띠게 되었다.

당시 트루만 대통령은 '만일 남한이 붕괴되도록 내버려둔다면 공산주의 지도자들은 거기에 힘입어 우리 자신의 해안에 인접한 국가들도 전복시키려 할 것이다. ─약소국은 보다 강력한 인접 공산국가에 의한 위협과 침략에 저항할 용기를 갖지 못할 것이다'라고 후에 기술했고, 애치슨 장관도 북한의 침략에 대해 '미국이 점령하고 있는 일본의 안보에 대단히 중요한 지역인 한국의 수호자로서 국제적으로 인정된 우리의 지위에 대한 공공연하고 공개적인 도전이었다. 이 도전으로부터 후퇴한다면 우리의 지위를 고려해 볼 때 미국의 힘과 위신에 치명상이 될 것이다.'라고 기술하고 있다(국방부 전사편찬위원회, 1990a: 78-79). 이러한 미 행정부 수뇌들의 생각은 한국 자체가 문제가 되기보다는 한국이 붕괴되었을 시 일본이 받는 위협, 미국 인접 약소국의 공산화 가능성, 미국의 체면이나 위신의 손상 등에 관한 고려가 더 우선했던 것이다. 1950년 12월 19일 열린 고위 미 국방성-국무성 합동회의에서 브래들리 장군은 맥아더 장군이 휘하에 한국인 군대 10개 사단을 포함해서 18개 사단을 갖고 있다고 말했다. 그는 맥아더 장군에게 내려진 모든 지시가 일본의 안전보호가 지상의 목표임을 강조했고 맥아더 장군도 한반도에 병력 증파 시 이 점을 염두에 두고 했다고 말했다(U.S. Department of State, 1976c: 1570-1576).

이를 통해 볼 때 한국전쟁은 동아시아 지역에서 미국의 태평양 안보의 중요성을 다시금 인식시키는 계기가 되었고 이러한 바탕 위에서 일본의 전략적 중요성을 강화시키는 원인이 되었다. 당시 이들에게는 한반도가 전략적으로 무가치한 나라였기 때문이었다.

이러한 미국의 한국전쟁 개입정책의 특징과 그 의미에 대해 살펴보면 다음과 같다(임재동, 1991: 55-57).

첫째는, 미국은 철저하게 UN의 이름으로 개입하였다는 것이다. 이로써 한국에서의 미군의 군사작전이 국제평화와 안정을 유지하기 위한 행동으로 미화되었고, 미국은 명목상으로 미국의 이익이 아니라 세계의 이익을 위해 행동하고 있다는 상징 조작을 할 수 있었다.

둘째는, 미국의 개입정책은 수직 상승적이었지만, 그 수준은 '단계적'이었다는 것이다. 그것은 소련의 개입여부와 소련의 의사에 대한 확인 절차가 필요했고, 북으로부터의 '명백한 침략'이라는 미군 개입의 정당성 확보를 위한 조건 창출의 의미와 공산주의의 침략성을 선전해 내기 위함이었다. 한국전쟁 발발 직후 미국의 조심스런

정책은 그 후 소련이 계속해서(7월 말까지) 안전보장이사회에 불참할 뿐만 아니라 중·소가 한국의 국내문제에 개입하지 않겠다는 의사를 명확히 천명한 이후부터는 전쟁에 자유로이 전면적으로 개입하게 된다.

셋째는, 미국은 소련이 안전보장이사회를 보이코트하고 있는 조건 속에서, 한국문제에 관한 UN 안전보장이사회에서의 토의 및 결의안 채택을 직접 주도하거나 또는 영국·프랑스 등 유력한 동맹국들을 내세워 북한을 '침략자'로 규정하고 UN 회원국들에게 남한에 필요한 모든 원조를 제공하도록 압력을 가하였다. 애초에 영국과 프랑스는 한국전쟁이 발발하자 소련과의 외교적 협상을 통해 사태를 수습하자고 제안했었다. 미국은 이를 유화정책으로 규정하고 '침략자에게 상을 줄 수는 없다'며 적극적인 군사개입으로 사태를 해결하려 했다. 그러나 자신들의 국가이익의 증진과 보호를 위해서는 미국의 핵우산에 의한 보호와 경제원조가 절실했던, 영국과 프랑스는 미국의 의도에 반하는 행동을 하지 못하였고 이에 따라 미국의 입장은 아무 이견 없이 서방세계의 한국전쟁정책으로 승인되었다.

넷째는, 대규모 군사력의 동원 특히 미 지상군의 파견은 미국의 세계전략의 극명한 표출이었다는 점이다. 세계 최강의 군사력을 보유한 미국이 자신의 정예부대 수 개 사단을 일개 신생국과의 전쟁에 파견한다는 것은 이미 그들의 개입 목표가 단지 북한군을 38도선 이북으로 격퇴시키는 것이 아니라 더 나아가 북한군을 섬멸시키고 북한 지역을 접수하겠다는 의도라는 것이다. 즉 미국의 세계전략적인 차원에서 볼 때 미국의 한국전쟁 정책은 단순한 공산주의의 팽창저지가 아니라 적극적인 반격정책으로 이해되어야 한다.

다섯째는, 초기에는 한국의 통일을 위한 내전 또는 혁명전의 성격을 가진 한국전쟁이 미군의 개입으로 국제전화 되었다는 것이다. 미군의 개입으로 한국 내전은 일국의 범위를 넘어서 국제적 차원으로 비화되었다. 미군의 38도선 북진은 중국인민지원군의 참전을 야기하여 급기야 한반도는 동·서 양진영의 대결장으로 변하게 되었다.

2) 북진결정과 중공의 개입

전쟁 초기 트루만과 애치슨 등 미국의 최고지도자들은 소련에 의한 더 큰 침략행위의 억제, UN의 권위 수호, 미국의 위신 회복 등을 명분으로 한국전쟁에 개입하였으며 북한군을 38도선 이북으로 격퇴시키는 것이 미군 군사작전의 최종목표라고 하였다.

미국 정책결정자들은 제한된 방법으로 제한된 목적을 추구했다. 처음에는 38도선 이남으로 작전을 국한시키려 하였고 전쟁 이전 상태로 원상복귀 시키려 했다. 이러한 제한된 개입이 전술한 바와 같이 6월 30일 제4차 블레어하우스 회의에서 전면개입으로 바뀌었다. 이후 미국은 한국의 방어에 자신의 국가위신을 걸었다.

미국의 확전정책에 대한 올바른 이해를 위해서는 무엇보다도 먼저 제2차 UN 안전보장이사회의 결의, "UN 회원국들은 그 지역에서 국제평화와 안전을 회복하기 위해 필요하다고 생각되는 원조를 남한에 제공할 것"에 대한 이해가 선행돼야 한다. 애치슨은 안전보장이사회의 결의에 대해 "새로운 공격의 저지 이상의 무엇인가"를 의미하는 것으로 "그것은 1947년의 UN 총회의 결의의 목표를 포함할지도 모른다"고 주장한 바 있다. 따라서 미국이 사용한 '회복'이라는 문구는 적어도 1945년 이래 존재한 적이 없는 통일한국으로의 복귀를, 다시 말해 미군에 의한 군사적 통일을 의미하는 것이었음을 알 수 있다. 여기에서 38도선의 원상회복에 더하여 한반도의 무력통일이 미국의 한국전쟁정책의 주요한 목표이었음을 알 수 있다.

또한 미국은 소련과의 어떠한 타협도 거부하고 자신들의 계획에 따라 전쟁을 수행하였다. 7월 13일 인도 수상 네루는 미·소 양국에 보낸 각서를 통하여 한국전쟁의 조정을 제의하고 그 조건으로서 북한군의 38도선 철수와 이의 교환조건으로 중공의 UN 가입승인을 제시하였다. 소련은 네루의 조정방식에 찬동하고 중공대표를 포함한 안전보장이사회만이 한국문제를 해결할 수 있다고 회답하였다. 미국은 이에 대하여 중공의 UN 가입승인과 한국문제의 해결과는 전혀 별개문제라고 하고 이를 거부하였던 것이다(외무부 외교연구원, 1967: 47).

미 지상군의 파견이 결정되면서부터 미국의 정책결정자들에게는 미군개입의 정치적 목표가 단지 원상을 회복하는 데 그쳐서는 안 되며 북한 지역이 '해방'되고 '통일'되어야 한다는 견해가 지배적으로 된다(MacDonald, 1986: 48). 이 견해에 의하면 소련이 북한을 지원하려는 적극적 의지를 보이지 않는 상황 속에서 이 전쟁은 한반도를 통일시킬 수 있는 절호의 기회라는 것이다. 맥아더 UN군 총사령관과 미 국무성 동북아 과장인 앨리슨, 러스크, 덜레스 등 국무성 내의 국제주의자들이 38도선 북진을 적극 추진하였으며, 트루만과 애치슨도 미군에 의해 최초의 반격이 시작되고 미 지상군의 전투부대 병력이 북한군의 병력을 상회하게 되는 8월 초순에 들어서면서부터는 그들의 확전정책에 적극 찬성하게 된다.

142

이 당시의 앨리슨의 북진 주장의 핵심은 다음과 같다. 첫째, 북한군을 단지 38도선 이북으로 격퇴시키는 것은 후에 북으로부터의 남침가능성을 여전히 열어놓는 것이고 따라서 어떤 의미에서건 한국통일문제의 실질적 해결로 이어지지 않을 것이다. 둘째, 전 한국 선거는 북한군을 격멸시키거나 무장해제 시킨 다음 UN의 지원하에 실시되어야 한다. 여기서 'UN 감시하의 총선거'는 미국이 1947년에 한국문제를 UN에 이관한 이래로 일관되게 추진해온 정책으로써 앨리슨은 전쟁이라는 호기를 통해 그것을 실현할 것을 주장했던 것이다.

사실 한반도의 가치를 적극적으로 인정하고 있는 사례가 있었다. 당시 미국대통령의 전후배상심의를 맡고 있던 폴리의 전문을 들 수 있다.

1946년 폴리(Edwin W. Pouley)가 동년 5월 29일부터 6월 3일까지 북한의 소련군 점령지역을 여행하고 트루먼에게 보낸 보고서에서 "한국은 작은 나라이며 따라서 우리의 전군사력 중의 작은 책임지역이기는 하지만, 아시아에서는 우리의 성공 전체가 달려 있을지는 모르는 이데올로기의 전쟁터인 것입니다. 민주주의적 경쟁체제가 몰락한 봉건주의의 도전에 직면하여 적응할 수 있을 것인지 혹은 공산주의와 같은 다른 어떤 체제가 더 강화될 것인지를 시험하게 될 곳이 바로 여기인 것입니다."라고 주장하고 있다(Truman, 1955: 365).

이에 대해 트루먼 역시 폴리의 지적을 인정하고 있다. 그는 전문에서 한국이 "우리의 성공 전체가 달려 있을 수 있는 아시아에서의 이데올로기적 전쟁터"라는 데 동의하였다. 그는 한국이 지난 수십년 동안 국제적 경쟁의 초점이 되어 왔고, 미국의 주요 정책 중의 하나가 한국이 또 다시 장래의 분쟁의 원천이 되지 않도록 하는 것이라고 밝히고 있다(U.S. Department of State, 1971: 713). 미국은 한반도를 소련과의 이데올로기 전쟁의 시험장으로 간주하고 있었다.

폴리는 더 나아가 자세한 소련의 팽창의도와 그 목표들을 예시함으로서 미국의 대한정책의 확고한 수립을 촉구하였다. 그는 다음과 같이 주장하였다. ① 한국을 소련이 동남아로부터 공격을 받을 때 충분히 방어를 가능하게 할 괴뢰국으로 육성한다. ② 중공 북부 및 만주에 대한 포위망으로 육성하거나 혹은 이에 대한 압력의 한 방편, 즉 집게의 한쪽 날로써 육성한다. 집게의 다른 한쪽 날은 외몽고 및 시베리아가 될 것이다. ③ 일본이 다른 외국세력에 의해 대소 교두보로 사용되도록 재건될 경우, 이에 대한 유사한 포위망 혹은 집게의 한쪽 날로 육성한다. 집게의 다른 한쪽 날은 연해주 반도·사할린 및 쿠릴열도가 될 것이다. ④ 청진, 흥남 및 원산과 같은 부동항에 유리한 조차권을 확보한다. 여순항 및 대련항에서도 유사한 조차권이 확보된 바 있다. 만일 만주에서 내전이 계속될 경우 소련은 청도에 대한 이권보호와 시베리아·여순항 및 대련 간의 통신망 확보란 논리하에 만주를 점령하려 들지도 모른다.

이러한 폴리의 주장은 2차대전 이후 미·소 간의 냉전상황을 어느 정도 인지한 상태에서 한반도를 전략 거점으로 간주한 것임을 보여준다.

그러나 한편으로 폴리의 견해와 상반되는 주장이 나타났고 이는 주로 국방성을 중심으로 하는 국방성 인사들에 의해 주도되었다.

1년 전 한반도의 전략적 가치를 부인했던 미국은 한국전쟁을 태평양 지역의 안전과 미국에 대한 직접적인 위협이라고 인식하게 되었다. 왜 미국인들은 북한의 남침을 자국의 긴급한 문제로써 인식하였을까? 여기서 주의할 것은 북한의 남침에 대해 미국은 이를 소련의 음모로 파악하였고 한반도의 국내적 갈등요소에 대해서는 거의 언급하고 있지 않았다. 그들은 남한정부에 대한 공산 세계의 침략을 전후 국제정치체제의 안정기구로서 자리를 잡아가고 있는 국제연합에 대한 명백한 도전으로 인식함으로써 사태해결을 해결하고자 하였다.

미 국무성 동북아 과장인 존 앨리슨은 정책기획국 담당자인 니츠에게 보내는 전문에서 한국의 점령이 일본의 정복을 용이하게 하므로 한국이 전략적으로 중요하며, 우리는 일본에서의 미국의 이익을 유지하기 위하여 미국에 적대되는 정권이 한국을 지배하는 것을 허용할 수 없다고 주장했다(U.S. Department of State, 1976c: 460).

결국 미국은 3년 동안 병력을 투입하며 2년 반의 긴 군사적 교착상황과 휴전에 의해 최종적으로 종전이 될 때까지 전쟁을 치렀다. 이러한 개입은 4단계로 이루어졌다. ① 미국 민간인의 철수를 위한 해·공군의 엄호, ② 한국 육군을 돕기 위해 38도선 남쪽에서 북한군 부대에 대한 해·공군 작전, ③ 남한 내의 기지로부터 부분적으로 시작하게 된 38도선 북쪽으로 해·공군 작전의 확대, ④ 미 지상군 부대의 전투지대 투입(국방부 전사편찬위원회, 1990a: 102)이 그 단계이다. 이 4단계를 보면 2단계가 제한적 개입과 전면적 개입의 분기점이라 할 수 있다. 즉, 제한적인 해·공군 작전을 수행함으로써 한국군으로 하여금 침략자들을 충분히 격퇴시킬 수 있다고 판단하였으나 결과는 그렇지 못하였던 것이다. 결국 전술한 바와 같이 1개 연대 전투단과 2개 사단을 투입하게 되었던 것이다.

그것은 몇 년 앞서 이루어진 정책결정을 뒤바꿔 놓았으며 또 그것이 목적을 달성하지 못하였을 때 그 다음 단계로 발전되었다. 그것은 주로 정치적 고려사항으로 북한이 UN과 미국에 공공연하게 도전하였다는 현실과 만일 그 도전을 회피한다면 미래의 세계평화와 질서에 대한 중대한 결과가 뒤따를 것이라는 두려움에 근거를 두었다. 정상적으로 이 결심의 주도권은 국무장관 애치슨으로부터 나왔으며, 그는 위기상황의 최초 2-3일간 정책 입안 기구를 통제하였다. 그는 사고는 분명히 그의 상관인 트루먼 대통령과 일치하였다(Acheson, 1969: 415).

UN에서도 북한의 침공을 격퇴하기 위하여 UN군 파견을 결정하였고 통합군 사령관 지명을 미국에게 요청하였다(국방부 전사편찬위원회, 1990a: 110-111). 7월 7일에 개최된 제3차 안전보장이사회 회의(476차)에서 영국과 프랑스는 남한에 대한 지원의 조정 필요성을 역설하면서 '①모든 회원국의 원조를 미국 주도하의 통합사령부가 사용할 수 있도록 권고할 것, ②통합사령부의 지휘관을 임명토록 미국에게 요청할 것, ③그 사령부의 재량에 의하여 참가국의 국기와 함께 UN기를 북한군에 대한 작전행동에 사용할 권한을 부여하며, ④통합사령부의 활동에 관해 적당한 시기마다 안전보장이사회에 보고할 것을 미국에 요청한다'는 내용의 공동결의안을 제출하였다(U.S. Department of State, 1977: 255). 이 안은 찬성 7, 기권 3(이집트, 인도, 유고), 결석 1의 표결로 채택되었다(United Nations, 1950: 230).

안전보장이사회의 결의에 따라 7월 8일 리 사무총장이 안전보장이사회에서 미국대표에게 팔레스타인에서 사용한 바 있는 UN기를

146

수여하였다. 같은 날 미국은 맥아더를 UN군 총사령관(Commander in Chief of the UN Forces in Korea)으로 임명하였으며 UN기는 7월 14일 동경에서 미 육군참모총장 콜린스(J. Lawton Collins)에 의하여 맥아더에게 전달되었다(United Nations, 1950: 230). UN군 총사령관의 임명문제에 있어서 UN 헌장 제47조[15]에는 안전보장이사회 상임이사국의 총사령관이나 대표들로 군사참모위원회를 구성하도록 되어 있다. 그런데 미국은 소련의 반대가 예상되기 때문에 이것이 불가능해 보이자 각 국가들의 병력의 통합과 UN의 이름으로 행해질 군사작전들의 조직을 미국이 지휘하는 통합사령부에 위임하는 방식을 취했다. UN기의 사용문제에 있어서도 리 사무총장의 적극적인 주장과 영국, 프랑스의 제안에 따라 UN기와 참가국들의 국기를 동시에 사용함으로써 헌장준수상의 하자를 극복하고자 했다. 이러한 유엔의 결정은 한국문제에 전적으로 개입하겠다는 것을 의미했다.

이러한 UN군의 파견결정 이전에, 미국 지상군의 전면적 파견이 결정된 뒤에 가장 빨리, 또 가장 솔직하게 한·미 양군의 '북진'에 의한 한국의 군사적 통일을 주장한 것은 미 국무성 동북아 과장인 존 앨리슨이었다(小此木政夫, 현대사연구실 역, 1986: 126). 그는 '단순히 북한군을 38도선 이북으로 격퇴하는 것만으로는 침략재발의 가능성이 온존되어 한국 독립문제의 진정한 해결이 되지 못한

---

15) 제47조 ①국제평화와 안전의 유지를 위하여 안전보장이사회의 군사적 요구, 이 사회의 재량하에 있는 병력의 사용 및 지휘, 군사참모위원회를 설치한다. ② 군사참모위원회는 안전보장이사회 상임이사국의 참모총장들 또는 그 대표자들로 구성한다. ③ 군사참모위원회는 안전보장이사회의 감독하에 있는 병력의 전략적 지도에 관하여 책임을 진다.

다. 북한군의 격퇴 내지 무장해제 뒤에 UN 감시 아래에 남·북한의 통일 선거가 실시되어야 한다'라고 주장했다(小此木政夫, 현대사연구실 역, 1986: 127). 이러한 주장을 트루만 행정부가 받아들임으로써 한반도에 있어서의 전쟁목표는 변경되었다.

미국이 UN의 지지와 더불어 한국전에 신속하게 참전한 이유는 다음과 같다.

첫째, 한국이 공산화되면 그들은 다음으로 일본을 노릴 것이다.

둘째, 아시아의 여러 나라는 한국이 공산주의자에게 유린당하는 것을 보면 자기 나라를 스스로 지켜야 한다는 의욕을 상실할 것이다. 그렇게 되면 침략의 불길은 요원의 불길처럼 번지고 그것이 제3차세계대전의 도화선이 될 것이다.

셋째, 소련은 미국의 힘과 태도를 시험하고 있다. 소련은 미국이 제3차세계대전의 우발을 두려워하여 한국전에 개입하지 않을 것으로 믿고 있다.

넷째, 북괴군의 공격은 UN이 승인한 나라에 대한 침략이다. 이 침략을 묵인한다면 UN의 기조와 그 이상이 파괴된다. 지금까지는 양보해 왔지만 더 이상은 양보할 수 없다. 양보의 한계선은 바로 여기다'라는 것이었다(육군대학, 1996: 102).

8월부터 소련이 안전보장이사회에 참석하여 거부권을 행사하는 방식으로 미국의 UN 정책(UN의 집단안보조치)에 제동을 걸자 미국은 더 이상 안전보장이사회를 통하여 자국의 의사를 관철시킬 수 없게 되었다.

이에 미국은 제5차 총회에 '평화를 위한 단결된 행동'을 의제로 상정하여 UN의 집단안보기능이 총회에서도 논의되고 결정될 수 있도록 하는 조치를 취하였다. 그것은 첫째 당시 총회의 회원국 60개 국 중 소련진영을 제외한 50여 개국이 대부분의 안건표결에 직·간 접으로 미국의 영향력하에 놓여 있었고, 둘째로 미국은 자국의 헌 법 자체가 해석에 의한 성장과 발전의 경험을 지니고 있기에 UN 헌장이 평화유지와 집단안보의 제1차적 책임을 안전보장이사회에 부여하고 있기는 하지만 그것을 광범위하게 해석하면 집단안보행위 를 총회로 이전하는 데 별 문제가 따르지 않는다는 판단이 있었기 때문이다(구영록, 1983: 289).

이 문제는 10월 9일부터 21일까지 제1위원회에서, 그리고 11월 1 일부터 3일까지 전체회의에서 토론되었다. 제5차 총회의 제1위원회 에 제출된 결의안은 모두 다섯 개였는데, 이 중 하나가 미국을 포 함한 7개국(캐나다, 프랑스, 필리핀, 터키, 영국, 우루과이, 미국)이 제안한 '평화를 위한 단결'이었다.

결국 7개국에 의해 제안된 결의안은 10월 19일 제369차 제1위원 회 회의에서 표결에 부쳐져 50 대 5, 기권 3으로 통과되었고 이것 은 다시 11월 3일 총회의 제302차 전체 회의에서 정식 결의문으로 채택되었다. '평화를 위한 단결'이라는 제목이 붙은 이 결의안의 주 요 내용은 다음과 같다.

1. 국제 평화와 안전 유지의 제1차적인 책임은 안전보장이사회에 있다. 그러나 안전보장이사회가 본 연구임을 제대로 수행하지 못한 다고 해서 회원국이나 UN이 국제평화와 안전유지의 책임에서 벗어 나는 것은 아니다.

2. 안전보장이사회가 평화유지와 집단안보책임을 수행하지 못하 는 경우 총회가 그 문제를 즉시 토론하여 집단조치에 관해 회원국

들에게 적절한 권고를 한다.

3. 1951년도와 1952년도에 활동할 14개국으로 구성되는 평화감시단을 설치한다.

4. 회원국들에게 군대를 즉시 UN에 보낼 수 있도록 훈련, 조직할 것을 권고한다.

5. 14개국의 대표로 '집단조치위원회'를 설치한다(국방부 전사편찬위원회, 1981: 601-603).

'평화를 위한 단결결의'에 의해 미국은 이후 한국휴전협정이 체결될 때까지 즉, 1951년 2월 1일 중공을 침략자로 규정하는 결의 가결, 동년 5월 18일 경제적인 집단제재를 적용하는 결의 채택, 휴전협정의 체결 등 한국전쟁의 중요한 매 계기마다 총회의 '기계적 다수'를 이용해 계속적으로 자국의 정책을 관철시킬 수 있게 되었다.

미국은 한국전쟁에 관한 문제를 세계적인 차원에서 방위 전략계획과 별개로 처리 될 수는 없었다. 따라서 미국 본토에 있는 전략예비로부터 병력과 부대를 차출하여 한국 전선에 투입한다는 것은 당시 현존하는 계획(방위의 중점을 유럽 지역에 둠)과는 상반된 조치였다. 만약에 한국사태기 전면전의 첫 단계라고 본다면, 전략적 가치가 그렇게 많지 않은 지역에 많은 병력을 묶어 둔다는 것은 결코 바람직한 조치가 아니었다. 그러나 미국은 전면전을 방지하면서 남한에 대한 무력 침공을 저지시키려고 전쟁에 개입하였다.

이후 9월 1일 트루만은 '한국인은 그들이 원하는 대로 자유롭고 독립되고 통일될 권리를 가지고 있다고 우리는 믿는다. UN의 지시와 지도 아래 그들이 그 권리를 누리는 것을 돕기 위해서 우리는 다른 나라들과 함께 그 책무를 다할 것이다'라고 언명했다. 또한 애치

150

슨도 '38도선이 경계로서는 어떠한 정치적인 타당성도 갖지 않는다'
라고 언명했다(小此木政夫, 현대사연구실 역, 1986: 143). 또한 '측량
기사가 만들어 놓은 선까지 진격하여 거기서 정지할 것을 기대할 수
없는 것'이라고 기술하였다(국방부 전사편찬위원회, 1987: 171).

1950년 9월 15일에 실시된 인천 상륙작전은 한국전쟁을 새로운
전쟁으로 변화시켰다. 미 1해병사단은 월미도를 점령한 후 한강의
도강에 성공했다. 그러나 인천상륙 뒤에도 낙동강 전선의 북한군은
공세를 유지했고 그것이 전반적으로 후퇴를 개시한 것은 9월 23일
이었다. 낙동강 방어선에서부터 북한군을 추격한 제8군부대와 인천
에 상륙한 제10군부대가 오산부근에서 결합한 것은 9월 26일이었다
(小此木政夫, 현대사연구실 역, 1986: 167).

38도선 돌파에 대한 논의는 일찍부터 시작되었다. 1950년 7월 10
일 미 지상군이 투입되어 후퇴작전이 계속될 때 애치슨 국무장관은
정책기획실에 향후 38도선 돌파문제 연구를 지시하게 되며, 7월 17
일 트루만 대통령이 국가안보회의에 38도선 돌파문제 연구지침을
하달함으로써 38도선 돌파에 대한 찬반 논쟁이 대두되게 된다(육군
대학, 1996: 281).

국무장관 특별자문관인 덜레스(John Foster Dulles)는 국무성 정
책기획국(PPS)이 38도선에서 유엔군의 진격을 중지시키려 한다는
소식을 듣고 이 논쟁에 합세하였다. 덜레스는 이에 대해 전적으로
반대하였다. 38도선을 정치적 선으로 고려하지 않으며, 이 선의 존
속은 분열과 전쟁 위험을 조장한다는 판단이었다. 미국은 "평화와
안보를 위하여 정치적 분단선으로서의 38도선을 없애 버려야만" 한
다는 주장이었다. 덜레스는 니츠에게 보낸 7월 14일자 각서에서,

"38도선은 정치적 선으로 이를 철폐하고 북한군을 격멸함으로써 문제를 해결할 수 있다. 블라디보스톡과 만주에 국경을 접하고 있는 함경북도와 평안북도를 포함하여 한국의 대부분 지역에서 UN의 감시하에 통일되어야 한다"고 주장하였다(U.S. Department of State, 1976c: 386-387). 국무성 내에서 UN 전문가이자 UN의 강력한 지지자였던 러스크[16]는, 한국에서의 침략을 다루는 데 있어 "우리는 UN의 일원으로서 열심히 그리고 성실하게 행동할 것"임을 강조하고 "UN은 지난 3년간 UN 총회결의로 설정한 범위 내에서 자유롭게 통일된 한국을 지지한다는 지속적인 정책을 실천하기 위한 기회를 갖지 않으면 안 된다"는 제안을 하였다(Dean Rusk, 1950: 465-468). 앨리슨·러스크·덜레스 주장의 공통점은 미국과 UN 회원국들의 공동의 힘으로 한국을 군사적으로 통일시키자는 것으로 요약될 수 있다.

일부 국무성 관료들은 38도선 돌파에는 큰 위험이 따른다고 믿었다. 볼렌은 유엔군이 38도선에 접근하는 것은 미 군사력이 소련의 주요 항구나 군사시설에 접근하는 것이 되므로, 소련으로 하여금 북한을 다시 점령하는 대안을 택하게 만들 수도 있기 때문에 이러한 조치에 반대하였다. 국무성 정책기획국(PPS)의 페이스(Herbert Feis)도 북한 영토로의 진격은 연합국에 나쁜 영향을 주게 되고, 소련이나 중공의 개입을 고무시키게 된다고 주장하였다. 그는 소련이 자신들의 국경에 미군이 도달하는 것을 허락하지 않을 것이라고 결

---

16) 러스크는 1947년 3월부터 국무성에서 UN 문제를 관장하던 특별정책실(Office of Special Political Affairs: SPA)의 장으로 근무했다. 1949년 차관보가 될 때까지 러스크는 UN을 유럽의 재건과 핵에너지의 국제적 통제문제 등에 개입시키는 데 노력하였다.

152

론지었다. 이러한 주장에 대해 앨리슨은 38도선을 남겨 두는 것은 평화와 안전을 결코 회복할 수 없게 한다고 반박하였다. 그는 '전쟁 이전의 상태'로의 복귀가 비현실적이라고 주장하였다(U.S. Department of State, 1976c: 393).

국무성 내에서 논쟁이 전개되고 있는 동안, 맥아더 장군은 국방성에 북한군을 38도선 이북으로 격퇴시킬 뿐만 아니라 모든 북한군을 격멸하고 필요할 경우 한반도 전역을 점령하겠다고 보고하였다. 이러한 주장은 국방성 내에서 대논쟁을 불러왔다(한표욱, 1984: 94-95).

이렇게 의견들이 대립되자, 트루만은 7월 17일 NSC에 북한군을 38도선 이북으로 격퇴한 이후 미국이 추구해야 할 정책에 관한 보고서를 준비하라고 지시하였다. 7월 22일 국무성 정책기획국의 버틀러(George Butle)는 이 주제에 관한 보고서를 작성하였다. 그는 유엔군이 38도선으로 접근할 때, 미국과 소련이 한국전쟁을 세계전쟁으로 가속화시킬 것인지 아니면 한반도를 국한시킬 것인지를 결정하고 조치를 취해야 할 문제로 보았다. 한국에서의 군사 작전의 기본목적은 적대행위를 중단시키고 북한군을 남한으로부터 후퇴하게 하는 것이라는 것이었다(U.S. Department of State, 1976c: 449). 따라서 국무성 정책기획국은 다음과 같은 결론을 내렸다. ① 전술적 필요에 의해서보다는 다른 이유에서 38도선 이북지역에서의 군사작전은 소련이나 중공의 개입을 크게 증가시킬 위험이 있다. ② 미국은 적대행위를 종식시키고, 남한에 미국 자원의 투입을 최소화할 수 있는 상황을 만들기 위해서는 지상군 작전을 38도선 이남지역으로 제한해야만 한다. ③ 38도선 이북지역에서의 유엔 작전은 새로운 유엔안전보장이사회의 결의안이 요구되는데 이를 확보하기가 용이하지 않다. ④ 소련이나 중공과의 대규모 분쟁이 초래하는 위험은 38도선 이북지역에서의 군사작전을 통해 얻게 되는 정치적 이익을 상실한다. 따라서 미국은 침략을 격퇴하고 적대행위를 종식시키는 데에만 목표가 있다는 것을 세계에 분명히 밝혀야 한다. 38도선 이북으로의 진격은 유엔의 한국에 관한 새로운 조치들이 필요하게 될 것이다(U.S. Department of State, 1976c: 449-453).

국무성 동북아시아 담당 앨리슨은 이 문서가 미국으로 하여금 유화정책을 추구하라고 권유하고 있고, 소련을 자극하지 않으려는 소심한 정책만을 주장하고 있다고 보았다. 그는 한반도의 질서를 유지하고, 한국의 통일과 독립을 요구하는 유엔 결의안을 실행하기 위해서는 미국이 북한군을 섬멸하는 정책을 채택할 것을 권고하였다(U.S. Department of State, 1976c: 458-461). 러스크도 이러한 앨리슨의 주장을 지원하였다.

1950년 7월 말에 앨리슨과 러스크의 반대가 국무성의 38도선 돌파 불가 의견을 부분적으로나마 수정시켰다고 볼 수 있다. 38도선 돌파냐 아니냐에 내한 솔직한 발표 대시에 유연하고 기회주의적인 경향인 관망과 주시의 태도가 채택된 것이었다(Whiting, 국방부 전사편찬위원회 역, 1989: 109: Schnabel and Watson, 국방부 전사편찬위원회 역, 1987: 173).

확전정책의 수립과정에서 7월 31일 작성된 국방성의 각서초안[17)]

---

17) 그 주요내용은 ① 한국(남한)주도하의 통일·독립이 UN을 통하여 이루어져야 함. ② 38도선은 군사적으로 의미가 없으나 월경 시 소련의 군사·정치적 개입에 대비하여 작전이 수행되어야 함. ③ 한국의 통일은 절차상으로 대통령 성명 → UN 결의 → 북진 → 북한점령 →

은 폭 넓은 영향을 끼쳤다. 그것은 미국의 전쟁정책에 대한 합동참모본부의 견해를 나타내는 최초의 본격적인 문서일 뿐 아니라, 한국의 군사적인 통일이 가져올 미국의 전략적 이익을 매우 높게 평가하고, 그와는 대조적으로 소련이 미군의 신속한 행동에 유효하게 대처할 수 있는 가능성을 극히 낮게 평가하고 있었기 때문이다. 예컨대 이 문서는 한국의 상황을 '소련권의 일부를 탈환할 최초의 기회'라고 표현하고, 군사전략적으로 '소련권에로의 진격은 소련이 그 극동영토와 인접 지역과의 사이에서 조직하고 있는 전략적 복합을 혼란시킬 것이다'라고 판단하고 있었다. 또한 정치전략적으로도 'UN 감시 아래서의 한국통일이 아시아에서 갖는 의의는 지극히 높을 것이다'라고 판단하고 있었다.

1950년 8월 초, 국무성과 국방성은 38도선 돌파에 대해 서로 다른 입장에 있었다. 국무성은 38도선 돌파로 인해 초래되는 극동에서의 소련 위상의 손실을 소련이 용서하지 않을 것이라는 군사적 기반을 들어 두려움을 표명하였고, 가능한 오랫동안 38도선 돌파 결정을 연기하기를 원하였다. 그러나 국방성은 정치적 기반을 들어 자유, 통일, 독립의 한국정부 수립을 지향하는 정책을 선호하였다 (Schnabel and Watson, 국방부 전사편찬위원회 역, 1987: 173).

트루만과 애치슨은 그들의 개인적인 선호에도 불구하고 북진에 대한 명확한 입장표명을 하지 않았었으나, 8월 7일 미군의 첫 번째 반격작전을 계기로 북진을 적극적으로 고려하게 된다. '더 많은 군사적인 노력과 위험이 없이도 독립되고 통일된 한국을 성취한다는 가능

UNCOK 감시하 총선 → 통일한국 원조로 되어야 한다는 것이었다 (U.S. Department of State, 1977: 502-510).

성에의 유혹'이 확전정책을 고무하였던 것이다(Acheson, 1969: 450).

이러한 국무성의 우려는 8월 18일자의 '한반도 전역에 대한 유엔군의 군사점령의 희망에 영향을 주는 요소들'이라는 제목의 CIA의 평가서에서 다시 언급되었다. CIA는 유엔군에 의한 북한 지역 침공이 중요한 이점을 가져다주지만, 거대한 위험도 내포하고 있다고 결론지었다. 모든 비공산 유엔 회원국들의 협조를 보장할 수 없고, 만약 유엔군이 중공군이나 소련군과 전쟁을 하게 될 경우에는 전면전으로 발전할 위험이 높은 것으로 보았다. 통일을 위한 38도선 돌파의 장점은 유엔과 미국의 위신이 크게 향상되고, 일본에 대한 잠재적 위협도 제거된다. 그러나 아시아 국가들에게 미국이 침략적이고 자기 이익만을 추구하는 국가라는 이미지를 형성할 수도 있다고 보았다. 또한 북진하는 부대는 중공군과 교전하게 될 위험이 높을 것으로 보았다. 또한 CIA는 소련이 어느 단계에서는 중공군을 전투에 활용할 것이라고 믿고 있었다(U.S. Department of State, 1976c: 600-603).

1950년 8월 17일 미 국방성에서는 주 UN 미국대사를 통하여 "북괴군 침략을 몰리친 다음에 북한에 있는 나머지 한국인들을 UN 감시하에 자유선거에 참여케 하는 어떤 조치를 취해야 한다"고 발언하므로 38도선 돌파에 대한 국제적 반응을 타진하게 되며, 8월 19일에는 합동참모본부에서 맥아더 장군의 38도선 돌파 주장에 동의를 하게 된다(육군대학, 1996: 282). 과거 한반도에 대한 불개입 정책을 주장했던 국방성이 당시 오히려 적극적 전쟁정책을 주장한 것은 맥아더의 영향력이 작용한 것으로 보인다. 맥아더는 이미 군사적 입장에서 "북한군을 단순히 몰아내는 것이 아니라 완전히 분쇄

해야 하며, 따라서 북한의 점령이 필요할지도 모른다"는 견해를 누차 밝힌 바 있는데, 그의 존재를 의식한 합동참모본부의 지지를 받게 됨으로써 한국전쟁에 대한 국방성의 정책을 반전시킨 계기가 되었다. 8월 24일 NSC 참모회의에서 국무성의 38도선 돌파에 대해 관망하는 태도에 대한 반대 의견이 있었다. 38도선 돌파 결정 지연은 돌파 결정이 내려질 경우, 이에 필요한 군사적 힘의 구축을 연기시키는 것을 의미한다는 것이었다. 그러나 회의 참석자들은 어떠한 결정을 내려야 할지에 대해서는 확고한 견해를 갖고 있지 않았다. 이들은 이북지역에서의 유엔 지상군 작전이 소련군이나 중공군의 직접적인 한국전 개입을 초래할 수 있다는 데 의견을 같이 하였다. 따라서 중요한 문제는 소련이나 중공의 반응을 자극하지 않으면서 유엔이 장악할 수 있는 38도선 이북지역에서 어떻게 완충지대를 구축하느냐 하는 문제였다. 회의 참석자들은 NSC 선임참모부가 한반도 전역을 점령해야 할 지 그리고 북한군을 어느 지역에서 괴멸시켜야 할지를 결정한다는 데 합의하였다(U.S. Department of State, 1976c: 641-643).

유엔군의 공세작전은 38도선에서 갑작스럽게 중지하지 않는다는 데 전반적인 합의가 이루어졌고, 중공군이나 소련군이 개입할 경우 이 문제를 유엔에 이관하고, 유엔군 작전이 이들의 개입으로 인해 방어, 국지화 그리고 안정화가 요구될 경우에는 워싱턴과 레이크 석세스에서 결정되어질 때까지 기다리기로 하였다(U.S. Department of State, 1976c: 652).

8월 30일자 각서는 소련의 개입가능성을 상정하고 이에 따른 위험을 인식하고 있었다. 그러나 맥아더가 최단 기간 내에 최소 비용으로 자신의 임무를 수행할 수 있도록 그에게 전술 및 전략적 결정 시 최대한 재량권을 부여하는 것이 바람직하다고 결론 내렸다. 유엔군사령관은 즉각 38도선 이북에서 작전을 수행할 수 있는 권한을 부여받아야 한다는 것이었다. 그러나 북진의 첨병부대로는 한국군을 운용해야만 한다는 것이었다. 이러한 군사작전의 궁극적인 목표는 한반도 통일이었다(U.S. Department of State, 1976c: 660-664).

앨리슨과 러스크가 국무성안에 대한 반대에서 얻어 낸 것은 유엔군사령관이 매우 분명한 상황하에서 38도선 돌파에 대한 허락을 받을 것으로 예상된다는 타협적인 내용이었다. 미국 관료들은 아마도 38도선 돌파에 대한 반대 입장에서 최상의 타협안인 기다리면서 관망하는 입장을 택하였던 것이다. NSC 81/1에서 도달한 결론에 비추어 볼 때, 앨리슨－러스크의 반대가 38도선에서 진격을 멈추는 것을 선호한 국무성의 주장을 변경하게 만드는 데 큰 영향을 준 것이 분명하였다. 국방성은 앨리슨－러스크의 입장을 지지하였고, 한국에서의 사건들은 북한군을 괴멸시키고 한반도 재통일이라는 정치적 목표를 달성하기 위한 38도선 돌파를 결정적으로 선호하게 만들었다. 38도선 돌파 결정은 안전히 새로운 전쟁으로 이끌어가는 일련의 사건들의 시발점이 되었다. 이어서 9월 15일 합동참모본부는 맥아더로 하여금 38도선 이북의 작전에 관한 정책적 고려내용을 미리 숙지케 하고 작전수행에 차질이 없도록 계획하고 준비하는 데 도움을 주기 위해 NSC 81/1에 입각한 훈령을 하달하였다. 그러나 이 훈령은 38도선 돌파에 불가피하게 수반 될 위험에 대하여 미 정책당국이 당면한 혼란을 여실히 반영하고 있었다. 즉 맥아더에게 그가 가용한 전 역량을 투입하도록 허락한 후에도 만일 중공의 개

입이 있을 경우 북진을 해서는 안 된다는 조건을 붙이고 있기 때문
이다(육군본부 역, 1979: 88). 그러나 이러한 작전은 유엔군의 38도
선 돌파 시까지 중·소의 실재적인 개입 행위 또는 의사표명이 없
고, 유엔군의 작전에 군사적인 위협이 없어야 한다는 기본적인 전
제와 어떤 상황에서도 중소국경을 월경한 작전을 금하며, 정책적
차원에서 접경지대의 작전은 한국군으로 전담하게 해야 한다는 작
전상의 제한하에서 인가되었다. 한편, 미국은 한국전 개입 시와 마
찬가지로 38도선 돌파에 대한 정당성을 획득하기 위하여 UN의 결
의가 필요하였다. 그리하여 9월 27일 트루만은 "38도선 돌파는 UN
이 결정할 문제"(서주석, 1986: 25)라며 내부적으로 이미 결정된
사항에[18] 대해 UN의 명분을 얻으려고 노력했다.

워싱턴 당국의 주 관심사는 한국전에 중공이나 소련이 개입할지
모른다는 사실이었기 때문에, 맥아더 장군이 38도선을 넘어서 북한
으로 진격하기 전에 중공이나 소련의 주력군이 북한 지역에 들어왔
는가를 보고하도록 재촉하였다(국방부 전사편찬위원회 역, 1990a:
249-250).

부분적으로는 군사적인 문제도 있었으나, 주로 고려될 문제점은
바로 정치적인 차원에서 다루어져야 할 것들이었다. 두 번째의 결
정은 "미 제10군단을 또 다른 지역의 상륙작전을 위해 사용할 것인
가"하는 순전히 군사적인 문제에 대한 결정이었다. 두 가지 결정은
모두 서울 탈환이 확실시되었을 때 고려가 되었고, 모두다 미국의
이익과 모든 자유세계의 이익에 가장 합당한 범위 내에서 한국에서

---

18) UN의 결정(10월 7일)이 있기 훨씬 이전인 9월 29일 합동참모본부는
    이미 맥아더의 북진계획을 승인했다.

작전을 실시하고자 하는 과정에서 고려된 것으로서 결국은 그 방향으로 결정되었다(육군본부, 1974: 238).

맥아더와 대통령도 38도선 돌파를 지지하고 있었고, 합동참모본부도 "38도선은 모든 다른 선 이상의 의미는 없다"고 말하면서, 38도선 돌파를 지지하고 있었다(Foot, 1985: 71).

맥아더의 성공과 소련의 무반응은 미국으로 하여금 38도선 돌파 결정을 하도록 만들었다. 미국은 영국에게 한반도 통일을 요구하는 유엔 결의안을 채택하게 하는 주도권을 맡겼고, 중공이나 소련의 행동이나 논평에 관계없이 유엔군에게 북진을 명령한 것이었다. 그럼에도 불구하고 이 결정은 신속하게 내려지지 않고 있었다. 9월 26일까지도 맥아더는 새로운 명령을 받지 못했다. 미 육군 작전참모부장 볼트 장군은 이러한 상황에 경악하였다. 볼트 장군은 맥아더에게 명령을 하달하지 않을 경우, 유엔군은 주도권이나 동력을 잃게 되고, 적에게는 매우 유익하고 가치 있는 휴식시간을 주게 될 것으로 판단하였다.

볼트가 각서를 보낸 바로 그날, 마샬 장군은 국무성과 협의하여 작성한 새로운 명령을 맥아더에게 보낼 것을 대통령으로부터 승인을 받았다. 이른바 '9.27훈령'[19]이라는 이 명령서는 맥아더의 군사목

---

19) 9월 27일 맥아더에게 지시된 작전훈령의 내용 요지는 다음과 같다. ① 작전목표는 북한군의 격멸에 있다. ② 만주와 소련영토에 대한 군사작전을 일체 금지한다. ③ 소련이나 중공이 북한 지역에 개입하였을 경우 이를 공격하지 않는다. ④ 중공군이 남한 지역에 진출하였을 경우는 이를 격퇴한다. ⑤ 북한군의 무장해제와 작전소탕은 한국군에 일임한다. ⑥ 통일을 위한 UN의 조치가 있을 때까지 북한 지역에 대한 한국정부의 주권을 인정치 않는다(U.S. Department of State, 1977: 781-782, 785, 792-793: Schnabel and Watson, 1978: 229-290).

160

표가 북한군 격멸이고, 이러한 목표를 달성하기 위해서는 외부로부터의 어떤 개입의 증거가 없다면 38도선 이북지역에서 군사 작전을 수행할 수 있는 권한을 부여하였다. 맥아더는 중공 및 소련과 국경을 접하는 한반도 북동부 지역에서는 한국군만 활용하고, 만주에서의 해·공군 작전을 금지한다는 것이었다. 설사 중공군이 개입할 경우에도, 맥아더는 합리적 성공의 기회를 갖는 한 작전을 지속한다는 것이었다(U.S. Department of State, 1976c: 781).

이 결정은 애치슨이 영국외상과 만난 자리에서 확인되었고, 트루만은 9월 11일 NSC 81/1 형태로 이를 승인한다(U.S. Department of State, 1977: 720-721). 이들 양쪽의 주장을 정리해 보면 다음과 같다.

찬성하는 측은 앨리슨(국무성), 국방성, 델레스, 애치슨, 투르만, 의회지도자들(Taft상원의원, Scott하원의원), 이승만(남한) 등이며 이들의 주장은 (1) 38도선을 돌파하지 말자는 주장은 마치 북한이 법적인 지위를 갖고있는 듯한 논조의 연결선상에 있음. (2) 모든 법적, 도덕적 정당성은 우리에게 있음. (3) 1947년과 1948년 유엔결의안에 의거, 남북한 총선거로 통일한국을 수립해야 함. 또한 이를 위해 북한군을 섬멸해야 함. (4) 38선은 군사적으로 의미가 없음. 등이다. 이들의 전반적인 논리구성은 법적, 도덕적 정당성이 있으므로 이 기회에 북한군을 섬멸하고 통일한국을 수립하자는 주장에 의거한 것이다.

이와는 달리 반대하는 측은 국무성 정책기획국과 케난으로서 (1) 38도선 이북으로 작전 지역을 확대하는 것은 중공이나 소련과 갈등을 일으킬 확률이 많음. (2) 따라서 유엔군의 작전범위는 38도선 이남에 한정되어야 함. (3) 만일 38도 이북으로 작전을 확대하려면 새로운 유엔안전보장이사회의 결의를 구해야 함. (4) 만일 38도선을 돌파한다면 다음의 조건이 충족된 이후여야 함. ① 북한군이 완전히 해체될 것. ② 소련과 중공이 한반도에 개입하지 않는다는 확신이 있을 것. (5) 한반도문제에 대한 최종해결은 유엔의 고려대상임. 등이다. 이들의 전반적 논리구성은 38도선 돌파문제를 결정하는 것은 전 세계적인 상황을 고려해야 한다는 주장에 의거한 것이다 (U.S. Department of State, 1976c: 449-454: 458-461: 469-476: 502-510: 671-679: Foot, 1985: 69-74).

10월 1일 한국군 제1군단이 원산을 향해 동해안을 따라 북상하고 10월 2일 맥아더는 UN군에게 38도선 이북에서의 작전실시를 명령 (육군본부, 1974: 169)했으며 북한의 무조건 투항을 요구하는 최후통첩을 발표하였다. 한편 단순히 침략의 퇴치만이 목적이라면 38도선 이북의 진격은 정당화 될 수 없으나 한국통일이 목적이라면 북진이 정당화될 수 있다는 의견이 지배적이었고 결국 1950년 10월 7일 통과된 8개의 유엔총회 결의안에서 통일이 궁극적 목적임을 인정하게 되어 맥아더 장군의 북진을 국제적으로 정당화시켰다 (Bennett, 1991: 149). 한편 10월 9일 38도선을 통과한 유엔군의 진격이 예상외로 빠르고, 10월 17일 제8군이 평양으로 접근하고 있을 때, 맥아더 장군은 제10군단의 작전한계선을 덕실리-풍산-성진까지 연장하여 주었다. 이러한 결과로 평양과 원산 간을 연결하여 반도의 북반을 봉쇄하겠다는 종전의 작전개념을 변경한 것으로 보였다(국방부 전사편찬위원회 역, 1990a: 284). 또 10월 24일에는 제8군 및 10군단에 대한 작전 한계선의 제한을 없애고 전 가용부대를 투입하여 국경선까지 신속히 진격하도록 지시하였다(국방부 전사편찬위원회 역, 1990a: 285).

당시 미 행정부는 '소련과 중공의 두 병력에 의한 북한진입은 없었고 진입의사가 발표되지도 않았으며 북한에서의 우리의 군사작전에 대항하기 위한 위협도 없었다'라는 전제하에 38도선 이북에 대한 공격을 승인했던 것이다(小此木政夫, 현대사연구실 역, 1986: 274). 그리고 '북한에서의 작전 시 만주나 소련 국경선은 아주 안전지대로 두도록 보장하기 위하여 특별한 관심을 기울여야 한다'고 명시하였다(국방부 전사편찬위원회, 1990a: 192-193). 즉, 소련과 중공과의 반응을 두려워하였던 것이다. 미국의 전쟁목표는 중·소를 의식하여 한정적이었으며, 군사적 상황에 따라 바뀔 수 있는 가변적이었다고 볼 수 있다. 즉 9.27훈령과 유엔의 10.7결의를 근거로 하는 미국 또는 유엔의 전쟁수행목표가 독립되고 통일된 민주한국의 실현과는 상당한 거리가 있었던 것으로 보인다(정하명 외, 1987: 398).

맥아더가 10월 9일 "북한군이 적대행위를 중지하지 않는다면 유엔군은 즉시 진격하여 유엔의 결정을 강행하기 위한 군사조치를 취할 것"(국방부 전사편찬위원회 역, 1990a: 203-204)이라는 무조건 항복을 요구하는 성명을 발표하자 애치슨은 이를 모험주의라고 비평하면서 유엔군의 작전은 유엔의 결의를 강행하려는 것이 아니고 한반도의 안전상태를 보증하기 위한 것이라고 하여 미 정책당국이 고려한 전략의 본질과는 차이가 있음을 지적하였다(Acheson, 1969: 455). 합동참모본부는 맥아더의 중공군개입사실의 시인과, 여러 기관으로부터의 정보를 검토한 후 "북한군의 격멸"이라는 군사목표가 재검토되어야 한다고 맥아더에게 지시를 하였다(U.S. Department of State, 1976c: 1097-1098). 이에 대해 맥아더는 회신에서 재검토 의견에 동의할 수 없다고 말하고, 그것은 유엔의 근본적이고 기본적인 정책을 치명적으로 약화시키는 것이 될 것이라고 주장하였다. 그는 "사전에 별다른 성명이 없는 한, 귀하의 판단에 따라 행동을 계속하라"는 합동참모본부의 10월 10일자 전문의 지시대로 따르겠다고 강력히 주장하였다(U.S. Department of State, 1976c: 1107-1108).

중공은 8월 말부터 한국전쟁이 자신의 안보에 직접적인 영향을 미친다고 판단하여 참전의 가능성까지를 포함하여 대응책을 신중히 고려하기 시작하였다(Whiting, 1960: 124-126; Simmons, 1975: 176). 당시 모택동은 10월 2일 당의 최고 간부에게 보내는 전문에서 참전 결정을 통보하였고 팽덕회가 중공군 부대를 이끌고 한국에 파견되는 것이 결정된 것은 10월 4일부터 5일간에 걸친 당중앙 중요 회의에서였다. 10월 말경에 중공군 포로들이 한국군과 미군에 의해 잡혔다. 11월 초 중공군의 공격은 미8군 예하의 부대에 큰 손실을 입혔으며 일시적으로 UN군이 전진을 정지시켰다(국방부 전사편찬위원회, 1990a: 221). 이러한 중공의 개입은 한국전쟁을 새로운 양상으로 변화시켰다. 이처럼 중공의 개입으로 군사적 상황이 다시 한번 역전되자 미국은 '새로운 전쟁'에 대해 다음 3가지 안을 두고 전전긍긍하였다. 즉, 첫째, 국무성은 전쟁의 조기 종결 및 휴전을 제의하였고 둘째, 합동참모본부는 한국에서의 즉각 철수 혹은 전선 안정 시 전술적으로 유리한 위치를 확보한 후 철수를 주장하였고, 셋째, 맥아더는 동북아에서 미국의 주도권유지를 위해 대중공 확전 또는 철수 후 일본의 강화를 주장하였다.

파죽지세로 진격을 거듭하던 UN군은 10월 25일 운산에서의 첫 번째 교전 등 수차례 중공인민지원군과 교전을 하였다. 그러나 아직까지도 미국은 최후의 승리에 대한 환상 속에서 사태의 심각성을 깨닫지 못하고 있었다.[20]

유엔군이 만주 국경으로 접근하였을 때, 대규모 중공군이 기습 공격을 가해 왔다. 12월 중순경 유엔군은 엄청난 손실을 입고 38도선을 넘어 남쪽으로 철수하였다. 1월경, 전선은 서울 북방에서 안정되었으나 전쟁 확대가능성은 워싱턴을 충격에 빠지게 만들었다. "한국에 침범한 북한의 군사력을 일소하고 이 지역에 있어서 평화를 회복하고 안전을 확립한다"는 목적(佐佐木春隆, 강창구 역, 1977: 564)을 위하여 압록강을 향해 진격을 했던 유엔군은 압록강을 눈앞에 둔 마지막 단계에서 중공군이 압록강을 넘어 한국군과 UN군을 공격하기 시작함으로써 이러한 목적은 좌절됨과 동시에 한국전쟁은 새로운 양상으로 바뀌게 되었다. 결국 한국전선은 거의 38도선의 북쪽을 따라 뻗는 안정된 방어선인 캔사스선[21]에서 전선의 고착이 이루어지면서 휴전

---

20) 10월 7일 UN군이 북진하자 모택동은 중공인민지원군을 조직하라는 명령을 내렸다. 『인민일보』는 10월 9일 UN 결의안이 전쟁을 극동에 확대시키는 의도라고 지적하고, '모든 중공인민은 사태의 진전을 주시해야 한다'고 경고했다. 10월 10일 주은래는 '조선전쟁은 처음부터 중공의 안전에 대한 중대한 위협이었다'고 규정하고 이 전쟁에서 '중공인민은 수수방관하지 않을 것'이라고 선언했다. 주은래의 이 선언은 『인민일보』와 『대공보』를 비롯한 중공의 모든 유력지들에 보도되었다. 10월 13일 다시 한번 출병의 중요성을 강조하는 연설을 하였다. 10월 19일 마침내 중공인민지원군은 압록강을 건넜다(김학준, 1989: 171-180).

21) 캔사스선이란 1951년 3월 말 미 제8군에 의해 선정된 방어선으로 38도선 이북의 감제지형을 연결하여 이루어진 방어선이다. 이 선은 임진강 하구, 연천, 화천, 인제, 양양을 연결하는 선이다(小此木政夫, 현대

협정이 시작되었다. 모든 사람들은 중공의 움직임 뒤에 소련이 있고, 여기에는 소련이 세계 전쟁을 일으키려는 고조된 의지가 반영되어 있다고 생각하였다(Millet and Maslowski, 1984: 488-489).

3) 정책결정 분석

한국전쟁이 발발하면서부터 미국의 대한반도 군사정책은 급변하여 갔다. 미국정부는 1946년 이래의 대외정책 및 방위정책에서 보였던 신중함과 애매함을 일소하고 새로이 대담하고 명확한 행동방침을 설정했던 것이다(小此木政夫, 현대사연구실 역, 1986: 1). 그러나 당시 미국의 한국에 대한 관여는 극히 정치적인 것이었다. 6월 25일 저녁 블레어하우스 1차 회의 이후 4차에 걸쳐 개최된 정책결정자들의 중요 회의 내용을 상세히 검토하면 한국에 대한 지상군 파견의 이유도 역시 비군사적인 것이 중심을 차지하고 있다. 미국의 정책결정자들이 한국전쟁에 개입할 때에 내건 최대의 목적은 (1) 더 큰 침략행위의 억제, (2) 미국의 위신 유지, (3) UN의 권위 유지라는 3개항이 있다(小此木政夫, 현대사연구실 역, 1986: 83). 브래들리의 견해로는 북한의 침략을 소련이 북한을 사주하여 남침을 했지만, 전면적인 세계대전을 일으킬 수준의 태세는 갖추지 못하였고, 미국을 시험하는 하나의 '제한된 도전'으로 보았다(Paige, 한배호 역, 1968: 168). 그들에게 있어서 북한의 침공이 전면적인 것임이 명백했으나 한국군의 붕괴가 현실적인 것이지는 않았던 것이다.

그러나 계속되는 한반도의 전쟁상황은 미국의 정책결정자들로 하

사연구실 역, 1986: 298-299).

166

여금 한국에 지상군 전면 파견을 결정하게 하였으며, 이러한 결정은 종래 한국에 적용되었던 제한적 봉쇄전략이 직접적인 군사적 개입을 통한 전면적인 봉쇄전략으로 전환했음을 의미하는 것이다(김철범, 1990: 170-171).

결국 한국전쟁은 발발 초기부터 전쟁수행의 주역을 담당하였던 미국이 북한의 남침을 소련이 중심이 된 공산체제의 자유세계에 대한 도전으로 인식하고, 유엔을 통한 기준적 대책을 모색함으로써 국제전적인 성격을 띠게 되었다. 또한 중공의 개입으로 군사적 대결을 했어야 했던 미국은 종전 후 20여 년간 중공과 적대관계를 유지해야 했으며, 중공은 침략국으로 남게 되었다. 이러한 정책 결정과정을 앨리슨의 이론모형을 적용하여 분석해 보면 다음과 같다.

1) 분석의 기본단위

미국의 한국전쟁 개입에 관한 군사정책결정은 미국이라는 한 국가가 선택한 정부의 행위이다. 즉 미국의 국내정치의 산물도 아니고, 조직에 의해 결정되어 하나의 정책으로 나타난 것이 아니라 외부에서 발생한 문제에 대해 참전이라는 군사정책결정을 정부가 선택하였다는 것이다. 이러한 미국의 한국전쟁 참전결정은 한국에 대한 공격이 공산주의가 독립국가를 정복하기 위하여 전복 활동을 전개한다는 사실을 넘어 이제는 무력 침공과 전쟁을 공산주의 확산의 도구로 사용한다는 것이 명백하다고 인식을 하였기 때문에 세계평화를 유지하고, 신생독립국의 공산화를 막고, 전략적으로 가치가 있는 일본의 공산화를 방지하겠다는 국가적 목표를 가지고 그 목표를 전략적으로 극대화할 수 있는 행위인 한국전쟁 참전이라는 군사정책결정을 선택하였다고 분석이 된다. 이것은 모형 Ⅰ의 분석의 기본단위와 일치한다.

2) 구성개념들

구성개념으로서의 행위자는 합리적이고 통합된 정부가 행위자이다. 이 행위자는 구체화 된 목표들을 가지고 있고 여러 가지의 선택과 이들의 대안에 따라오는 결과를 평가할 수 있는 그러한 합리적인 의인화된 행위자이다. 한국전쟁이 발발하고 무초 대사의 전문이 워싱턴에 도착한 이후 소집된 제1차 블레어하우스 회의는 외교·국방 최고 수뇌진이 모였다. 국방성의 애치슨 장관, 웹 차관, 히커슨, 러스크 차관보 그리고 제섭 대사가 출석했고, 국방성의 죤슨 장관, 패이스 육군장관, 매츄스 해군장관, 핀레터 공군장관 등의 3군 장관, 브래들리 합동참모본부 의장, 콜린스 육군참모총장, 셔만 해군참모총장, 반덴버그 공군참모총장 등 13명과 트루만 대통령이었다. 이 회의에서 트루만과 애치슨은 한국사태에 적극적 대응을 취할 의사를 보인 반면 국방성 지도자들은 종전의 대한정책을 변경하려 하시 않았다. 국방장관 죤슨은 한국보다 대만의 전략적 중요성을 강조하였다. 그리고 한국사태에 대비하기 위한 국방성의 견해를 묻는 대통령의 질문에 죤슨은 "국방성은 한국 중심의 전쟁계획을 가져본 적도 없고 또 지금까지 구체적 결론을 내린 바도 없기 때문에 권고할 사항이 없다"고 하였다(Paige, 한배호 역, 1968: 127-128). 제1차 블레어하우스 회의에서 명확히 나타난 것은, 북한의 침략에 대항하기 위하여 가능한 모든 조치를 취해야 한다는 것이 대통령의 결심이며, 이와는 달리 전쟁의 발발에도 불구하고 국방성 지도자들은 한국의 전략적 가치가 없다는 1947년 9월의 판단에 구속되어 지상군 투입을 회피하려 했다는 것이다. 그러나 한국의 전략적 가치의 유무와 관계없이 미국의 국익과 관련하여 대한반도 군사정책은 전쟁개입으로 결정되었다. 즉 조직의 산출이 아니며, 개인이나 국내정치의 결과가 아닌 합리적이고 통합된 정부가 선택한 행위라는 것이다. 국가의 행위는 국가가 직면한 전략적 문제에 관해 반응해서 선택되어지며, 고정된 선택이라는 것은 정부의 구성원들의 활동을 모두 합한 것이 정부가 선택한 '해결책'으로 된다는 것이다. 여기서 합리적인 선택으로서 행위라는 것은 다음 요소를 포함한다. ① 목적과 목표는 국가안보와 국가이익. ② 발전된 목표를 위한 행위. ③ 각 대안들의 실행이 일련의 결과를 가져오고 그것은 타당한 비용과 효과를 구성. ④ 합리적 선택은 가치(목표)를 최대화하는 선택이며, 최상의 결과를 가진 대안을 선택한다는 것이다. 이러한 앨리슨의 논리대로 미국이 한국전쟁에 개입하기로 결정한 군사정책은 그 목표가 미국의 이익과 관련되어 있고, 좀 더 발전된 목표인 대소 봉쇄정책을 달성하기 위한 행위이며, 미군의 개입이 한반도의 통일과 소련의 영향력에서 벗어 날 것이라는 일련의 결과를 가져온다. 그리고 이러한 개입결정은 미국의 이익을 최대화하는 선택이다라는 것이다. 이러한 분석은 앨리슨의 모형 Ⅰ과 일치한다.

3) 지배적인 추론 경향

미국이 한국전쟁에 개입한 것은 대소 봉쇄정책의 일환으로서, 미국의 가치를 최대화하는 행위라는 것이다. 개전 초기에 미국은 다소 제한적인 개입을 하였고, UN을 통하여 한반도문제를 해결하려 하였다. 당시 미국의 정책결정자들은 한국에서 위험한 사태가 발생할 경우에는 UN 안전보장이사회에 제소한다는 원칙을 수립하고 있었다. 1949년 6월 27일 육군성이 국무성에 제출한 '주한미군 철수 후 발생할 가능성이 있는 북한의 전면남침'이라는 극비문서에 의하면 한반도에서 전쟁이 발발할 경우 ① 한국거주 미국인의 긴급철수, ② 긴급결정을 위한 UN 안전보장이사회에의 문제제기, ③ UN의 승인하에 법, 질서의 회복과 38도선의 불가침성을 재확인시킬 목적을 가진 미군과 기타 UN 회원국의 부대로 구성된 특별기동대의 치안유지적 활동을 시작하는 것 등을 제시하고 있다. 이는 한반도가 전략적으로 가치가 없다는 판단에 기인한 것이다. 그러나 맥아더의 현지시찰결과를 보고 받은 백악관의 태도는 급변하였다. 즉 한반도의 붕괴가능성에 대한 맥아더의 보고에 의해 미국의 정책결정자들은 종래 한반도에 대해 적용하고 있던 제한적인 수단에 의한 봉쇄가 포기되고 직접적인 군사관여의 방침이 확립된 것이다. 이것은 한국전쟁이 단순한 내전이나 한반도에 국한된 위협이 아니라 소련의 대전략하에 이루어진 봉세의 위기상황으로 묘사하고 적극적인 군사개입을 하였다. 다시 말해서 미국의 이러한 정책결정은 소련의 공산화정책을 저지한다는 미국의 목표를 달성하기 위한 가치를 최대화하는 수단으로 선택되어진 것이라는 것이다. 이후 인천상륙작전의 성공과 서울 수복, 그리고 반격으로 이어진 전세가 미국에게 유리하게 변화되면서 미국의 대한반도 군사정책은 한반도 내에서 공산세력을 완전히 구축한다는 적극개입으로 정책이 변경되었고, 이러한 모든 행위들은 미국의 입장에서 볼 때 대소봉쇄라는 목표달성을 위한 최대의 행위라는 것이다. 이러한 점에서 앨리슨의 모형 I의 추론 경향과 일치한다.

4) 일반적인 명제

미국의 한국전쟁 개입결정이라는 행동은 한반도의 반공산화라는 것과 대소봉쇄라는 목표에 의해 이루어 졌다. 당시 미국은 한반도문제를 유엔에 이관시킨다는 대안과 한반도문제에 직접 개입한다는 대안 모두를 가지고 있었다. 그러나 안전보장이사회의 결의는 북한의 군사행동을 정지시킴에 있어서 아무런 효과를 가져오지 못했다. 미국의 정책결정자들은 유엔에 의한 북한군의 철수는 사실상 불가능하다는 평가를 내렸고, 미국정부가 인지한 바로는 미국이 전면 개입을 하더라도 소련과 중공이 개입하지 않을 것이라는 판단을 하였기 때문에 충분히 북한군을 괴멸시킬 수 있을 것이라고 평가를 했다는 것이다.

1950년 6월 27일, 미국은 소련에게 정당한 이유가 없는 공격에 대한 책임과 북한군의 즉각적인 철수에 소련이 영향력을 행사할 수 있는지를 묻는 각서를 보냈다. 6월 29일, 소련은 한국이 먼저 공격을 시작하였으므로 현재 발생하고 있는 사건에 대한 책임이 한국정부에 있다고 답변하였다. 또한 소련은 한국으로부터 군대를 철수하였고, 한국 내부 문제에 외국이 간섭하는 것은 허용될 수 없는 원칙이라고 부언하였다(U.S. Department of State, 1976c: 229). NSC는 이에 대해 협의한 결과, 이 답변이 비록 중국도 같은 입장이라고 할 수는 없더라도, 한국전쟁에 소련이 직접 개입하지 않았다는 것을 시사하고 있다고 결론 내렸다(U.S. Department of State,

1977: 327). 한국 상황과는 무관하다는 소련의 답변은 한국전에 소련의 개입이 없을 것이라는 믿음을 고무시켰고, 이는 미 지상군의 투입 결정에 결정적 요소가 되었다. 이러한 평가가 결국 한국전쟁에 참전하고, 전쟁목적을 확대하게 되는 정책결정을 가져오게 된 것이다. 이러한 분석은 앨리슨의 모형 Ⅰ의 일반적인 명제와 일치한다. 즉, 한국전쟁 개입이라는 정부의 행위가 가치를 극대화하기 위한 행위이며, 어떤 특별한 행위 즉, 한국전쟁의 적극개입은 (1) 정부의 가치와 목표로서 한반도의 반공산화와 대소봉쇄, (2) 정부가 인지한 대안으로서는 한국문제의 UN 이관과 직접개입, (3) 결과에 대한 정부의 평가는 소련과 중공이 관여하지 않을 것이고 충분히 승리할 수 있다고 평가, (4) 각각의 결과에 대한 평가를 조합한 결과로서는 미국은 세계평화와 안정을 유지하기 위한 세계의 이익을 위해 싸웠다는 것과 봉쇄정책의 성공을 기대할 수 있다는 것이다. 이때 (1) 비용이 증가한다고 인식되었다면 즉, 소련이나 중공이 개입할 것이라고 판단이 되면 한국전쟁 개입가능성은 줄어들었을 것이다. 그러나 (2) 비용감소, 즉 중공과 소련이 개입하지 않을 것이라고 판단되었기 때문에 참전이라는 행위가능성이 증가하였다. 이러한 분석결과를 앨리슨의 이론모형에 적용해 보면 모형 Ⅰ의 일반적인 명제와 일치한다.

　5) 증　거

　정부의 행위를 공식적으로 표명하기 위한 방법으로는 UN 안전보장이사회에 제출한 결의안, NSC 81, 81/1, 트루만의 성명 등으로 미국의 군사정책결정이 합리적인 결정이었다는 것을 나타내고 있

다. 즉 세부적인 행위에 대한 증거, 국가의 공식적인 성명, 정부문
서는 가치를 극대화하는 선택을 나타내는 것이라는 모형 I의 증거
와 동일하다.

3. 전선의 교착과 휴전협상 시기의
미국의 대한반도 군사정책

1) 38도선 재돌파 논의

이 새로운 위기에 대한 대처로 합동참모본부는 12월 6일 군사력
구축 완료의 목표 일자를 1954년에서 1952년 6월 30일로 앞당길 것
을 주장하였다. 그날 오후 NSC 선임참모부도 NSC 68/1에서 설정
한 군사력 구축의 목표 일자를 1952년 6월로 한다는 데 동의하였
다. 12월 8일 NSC는 NSC 68/1의 개정안 초안을 회람하였다. NSC
68/3으로 명명된 21페이지의 이 보고서는 가장 위험스러운 기간은
바로 우리 앞에 있다고 하여 중공군의 개입으로 인한 위기감을 반
영하면서, 현재 여건은 4년간에 걸친 군사력 구축을 지체할 여유가
없다고 주장하였다(Guerrier, 1988: 312-313).

12월 초에 재무장 프로그램의 속도를 가속화 할 필요성을 느낀
트루만과 그의 고문관들은 국가 비상사태 선포에 대해 고려하기 시
작하였다. 이 문제가 12월 11일의 NSC의 안건이 되었다. 토론에서
마샬 장관은 전쟁 분위기가 고조되어 있으나, 완전 동원은 불필요

하다고 주장하였다. 신임 CIA국장 스미스(Walter B. Smith) 장군은 소련과의 전쟁이 발발하지 않을 것 같다는 평가를 제공하였다. 그러나 동원에는 박차를 가해야 한다는 것이었다. 애치슨과 재무장관 스나이더(John Snyder)는 그러한 주장에 동조적이었다. NSC 회의는 이러한 주장들을 수용하고, 미국이 국가안보 이익에 필요한 조치를 취할 수 있도록 하기 위해서는 국가 비상사태 선언이 필요하다고 결론 내렸다(Truman, 1955: 475).

미국으로서는 기습적으로 개입한 중공군의 강력한 공격과 이를 저지하기 위한 새로운 군사정책이 요구되었다. 조기종전에의 가능성을 완전히 배제할 수도 없고, 군사적 위험이 상존함을 부인할 수도 없는 양면적인 상황에 처하여, 맥아더에 대한 지령은 현재로서는 변경되어야 하는 것이 아니며, 만주폭격을 제외하고는 군사적인 행동의 자유를 가지고 작전을 계속하도록 하는 한편, 국무성은 중공과의 협상가능성을 모색하도록 할 것을 트루만에게 건의하였다(Truman, 1955: 432-433).

『맥아더』 장군의 입장은 확전을 주장하는 반면, 미국 워싱턴 당국자들은 한반도에서 철수하는 것까지를 고려 일본으로 철수하는 작전계획까지 수립하게 된다.

맥아더 장군은 정치적 결정을 요구함에 있어 아무런 조건도 설명하지 않았다. 그러나 확실히 새로운 국가정책들은 중공에 대한 보복을 취하든가 아니면 휴전에 대한 협상을 시도하든가 하는 문제들에 관해 수립되어져야만 한다는 것이다. 이러한 문제들에 답하는데 있어서는 소련의 의도와 미국이 종전에 대해 지불할 수 있는 대가, 한국으로부터 자의적인 철수가 미치는 영향, 그리고 이러한 문제들이 미국의 동맹국 특히 서구 국가들에 미치는 효과 등에 대한 고려가 매우 중요하였다(육군본부, 1974: 365). 즉 '중공과의 주요 적대행위'를 회피하려는 미 행정부와 압록강까지 밀어붙이려는 맥아더의 생각은 달랐다. 1950년 11월 6일 맥아더의 압록강 교량 폭격계획이 알려지자 합동참모본부는 맥아더에게 만주 국경 5마일 이내에서의 모든 폭격 작전을 중지하고 그러한 공격 명령을 하달한 이유를 설명하라고 지시하였다. 맥아더는 11월 6일 워싱턴에게 대규모 인력과 물자가 만주로부터 압록강을 가로지르는 모든 교량을 건너 퍼부어지고 있다고 보고하였다. 이러한 움직임은 자신의 휘하에 있는 부대들을 궤멸시키기 위한 것이라고 주장하고, 이를 막을 수 있는 유일한 방법이 교량을 파괴하고, 최대의 공중폭격으로 모든 적의 시설을 파괴하는 것이라고 주장하였다(U.S. Department of State, 1976c: 1057-1058). 합동참모본부는 상황이 매우 급변하고 있다는 것을 인식하였고, 맥아더에게 계획대로 폭격을 진행하는 권한을 부여하였다. 그러나 합동참모본부는 국가안보 차원에서 중요한 상황 변화가 발생할 대에는 계속 보고할 것을 지시함으로써 간접적으로 맥아더의 작전을 비난하였다(U.S. Department of State, 1976c: 1075-1076).

맥아더의 최근 보고서와 대규모 중공군 개입가능성에 관한 보고서 및 평가서 등은 NSC로 하여금 한국 상황에 대해 재검토하게 만들었다. 11월 9일로 계획된 회의를 위해 PPS는 11월 7일 초안 각서를 준비하였다. 이 각서는 현재의 상황에서 중공군 개입가능성은 여전히 남아있다는 것을 인정하고, 중공은 자신들의 국경과의 완충지대를 확보하기 위한 협상 타결을 모색하고자 하는 희망에서 무력을 과시하고 있다는 것이었다. 그러나 중공은 자신들의 개입을 크게 확대하고, 한국 공산주의자들의 저항을 고무하며, 한반도 전역으로 이를 확대시킬 이념적인 이유도 충분히 있다는 것이었다. 중공은 한반도에 유엔군이 참여하게 된 배후 세력이 미국이라고 판단하고 있기 때문에, 이들은 한국전에서 이념적으로 미국에 반감을 갖고 있는 것 이외에도 병적인 불신과 혐오감을 갖고 있다는 것이었다. 데이비스는 소련이 중공의 개입을 자극하고 있다고 판단하였다(국방군사연구소, 1996: 588-589).

　1950년 11월 21일, 국무성과 국방성의 회의는 로벳(Robert Lovett)이 맥아더는 자신의 임무를 수행할 수 없다는 어떠한 발언도 하지 않았다고 발언함으로써 개회되었다. 애치슨은 미국이 유엔 동맹국들의 지속적인 지원을 받을 수 있는지에 대해 걱정하였고, 궁금해 하였다. 애치슨과 러스크는 중공과 깊숙이 얽혀지게 되는 것에 관해 유엔 우방국들이 우려하고 있다고 말하였다. 마샬 장관은 애치슨이 말한 대로 맥아더가 공세작전을 성공한다는 전제하에 정치적 조치를 우선적으로 고려할 것을 제안하였다. 그는 이에 동의하였으나 중공군의 개입을 종시시킬 수 있는 방법을 찾을 필요성이 있다는 것을 강조하였다. 애치슨은 중공과의 협상을 통해 한국전쟁을 종식하는 것이 최선의 방책이라고 판단하였다. 국방성도 미군이 다른 곳에 배치될 수 있도록 가능한 빨리 전쟁이 종료되기를 희망하였다(U.S. Department of State, 1976c: 1204-1207). 정치적 타결이 최상이라는 데 합의가 이루어졌으나, 군사적 승리도 최우선적 필수 요소라는 것에도 인식을 같이 하였다. 결국 UN군 사령부의 '최종공세'가 11월 24일 오전에 개시되었고 이 공세는 중공군에 의해 '실패'로 이어졌다(국방부 전사 편찬위원회, 1990a: 252, 258, 260-263). 중공군의 대규모 개입은 미국으로 하여금 한국에서의 모든 양상을 재평가하게 만들었다. NSC는 1950년 11월 28일 오후에 회의를 가졌고, 브래들리 장군은 전반적인 상황을 설명하면서, 합동참모본부는 현재 맥아더에게 새로운 명령을 하달할 필요가 없다고 판단하고 있다고 말하였다. 그러나 미국은 전황에 대한 분석과 이에 따른 새로운 정책을 분명히 필요로 하였다.

1950년 11월 28일 NSC 회의에서 합동참모본부는 유엔군의 안전상 필요하다면 한반도 북반부 지역을 포기할 수 있다는 입장을 표명함으로써 수개월간의 정치적 전쟁목표였던 한국통일계획을 삽시간에 무위로 돌리고 말았다(U.S. Department of State, 1976c: 1242-1249). 대규모 중공군 개입에 직면하여 미국은 군사적 수단에 의해 한반도를 통일한다는 웅대한 정치적 목표를 철회하였다. 전황이 유엔군 측에 불리해지고 철수 논의가 대두되자 11월 30일 트루만은 정례 기자회견에서 원자폭탄의 사용가능성에 대한 질문을 받고는 '우리가 가지고 있는 어떤 종류의 무기라도 사용할 것이며, 원자폭탄의 사용을 적극 고려 중'을 시시했다(U.S. Department of State, 1976c: 1261-1262). 그러나 트루만의 이 선언은 세계대전을 우려한 전 세계의 비난과 반대에 직면했다. 특히 중공과의 전면전으로 미국이 극동에 발이 묶여 있는 동안 소련의 침략을 두려워 한 서유럽제국의 반대가 거세였다.

트루만의 원자탄 사용 발언 등 중·소와 전면전을 일으킬 만한 징후들이 나타나자 영국·프랑스·캐나다 등 서유럽 동맹국들은 심각한 우려를 표하며 미국에 협상을 통해 문제를 해결할 것을 촉구하였다. 특히 NATO 회원국들은, 미국과 중공 사이에 전면전이 벌어질 경우 미국이 NATO에 대한 방위임무를 성실히 수행할 수 없게 될 것이며 그것은 서유럽이 소련의 함정에 빠지는 첫걸음이라고 걱정했다(김학준, 1989: 184).

이는 NSC 68이 규정하는 강력한 군사력을 바탕으로 하는 봉쇄정책에 위배되는 것이기도 하였다. 트루만의 '원폭 사용 적극 고려' 발언은 세계대전을 우려한 전 세계의 비난과 반대에 직면하게 되었다. 이러한 세계여론을 바탕으로 영국의 애틀리(Clement Attlee) 수상이 즉각 트루만에게 날아갔다. 트루만은 12월 5일 애틀리와 6차례의 가운데 두 번째 회담을 가졌다. 애틀리는 중공과의 협상 이외에는 다른 선택이 없다는 입장이었다. 중공은 대만, 유엔 의석 그리고 국가 인정을 요구할 것이 분명하였고, 영국은 이를 기꺼이 양보할 것처럼 보였다. 트루만은 미국이 결코 이러한 방향으로 일을 진행시키지 않는다는 것을 분명히 하였다. 트루만과 애틀리는 한국을 잃게 되면 미국의 위신에 타격을 받는다는 데 동의하였으나, 애틀리는 미국이 중공과의 위험하고 비현실적인 확대된 전쟁에 개입하게 되는 것을 크게 걱정하였다. 애틀리는 영국이 미국을 지원하겠다고 트루만을 안심시켰다(U.S. Department of State, 1976c: 1401-1403).

12월 4일부터 8일까지의 회담에서 원폭 사용 고려에 대한 전 세계의 반대여론을 압력 삼아 트루만으로부터 원자폭탄 사용 시 사전협의 의사를 받아내고 한국전쟁의 평화적 해결 원칙에 합의하였다(국방부 전사편찬위원회, 1989: 16). 그러나 사실상 미국은 비밀리에 폭격과 해안봉쇄, 그리고 반공세력 투입을 포함한 중공 본토에서의 중공과의 제한된 전쟁을 구사하고 있었으며, 애틀리와의 합의에도 불구하고 조립되지 않은 원자탄을 한국 근해의 항공모함으로 옮겨놓기까지 하였다(Halliday and Cumings, 1988: 124). 이러한 사실은 미국이 한국전쟁 기간 중 중공영토에서 중공과의 직접적인 전투까지도 고려하고 있었으며, 원자탄의 사용 또한 심각히, 그리고 상당히 실현가능성 있게 고려했었음을 말해준다. 12월 9일 맥아더는 원자탄 사용에 관한 자유재량권을 요구하였고, 12월 24일 보고서에서는 원자탄의 폭격목표를 설정해 두었으며 이들 폭격에 26개의 원자탄이 필요하나 우선 전략군과 공군기지에 대한 폭격용을 각각 4개씩, 8개를 요구하였다.

한반도에 대한 미국의 정책은 다시 변화하기 시작하였다. 국방성은 일본의 안보가 더욱 중요하다는 데 동조를 하였으나, 현실적으로 대세가 판가름 난 한반도에서 몇 개 사단을 철수시켜 일본에 주둔시키며, 강요에 의한 철수보다는 자발적인 철수가 더 낫다는 데 의견을 모으고 맥아더의 증파요청을 거부하며, 반대로 한국에서 유엔군의 철군을 제기하였다. 이러한 국방성의 주장에 대하여 국무성은 유엔군이 군사작전의 결과에 따라서 강제적으로 축출되지 않는 한 자발적인 철수는 결국 침략을 감수하는 것으로 미국의 위신과 군사적 신뢰를 심각하게 손상시킬 것이므로 한반도에서의 안정적 방어선의 확보에 진력을 해야 한다고 하여 국방성과는 다른 견해를 나타냈다(U.S. Department of State, 1976c: 1588-1590).

미국은 맥아더와 국방성의 '대중공확전론'과 국무성의 '휴전'주장이 팽팽히 맞서다가 결국은 양 극단의 절충으로서 후퇴를 통한 전쟁의 제한전화와 협상을 통한 해결방식을 선택하였다.[22]

　이러한 양성의 견해는 12월 26일 블레어하우스에서 조정되어 12월 29일에 안보회의는 맥아더에게 다음과 같은 훈령을 하달하였다.

　"중공은 유엔군을 한반도에서 축출할 만한 능력을 보유하고 있다. 한반도는 주 전쟁을 수행할 적절한 장소가 아니므로 증원병력은 없을 것이나, 가능하다면 한반도에서 일정선을 유지하여 중공의 정치, 군사적 위신에 타격을 주는 것이 미국의 국가이익에 중요하다. 유엔군의 자체 안전에 유의하여 축차적인 방어작전을 수행하되 일본에 대한 위협을 고려하여 질서 있는 철수를 할 기회를 결정하

---

22)　국방성은 군사전략적 차원에서 아시아는 유럽보다 가치가 떨어지고 아시아에서도 한국은 일본이나 대만에 비해 덜 중요하다는 논리에서, 전략적으로 불리한 한국에 전쟁을 국지화하지 말고 만주와 중공 본토에 대한 확전을 하되 이러한 능력이 없다면 한반도에서 UN군을 일본으로 철수시켜 일본을 방위하면서 전열을 재정비하여 기회를 보아 보복하자는 주장을 하였다. 그러나 국무성은 소련과의 전면전을 피하면서 미국의 체면을 세우고 동맹국과의 관계를 고려한 정치적 입장에서 휴전안을 제시했다. 국무성은 중공에 군사적 보복을 하자는 국방성의 주장에 대해서는, 그것은 전화를 만주와 중공 본토로 확대시켜 대소전쟁의 위협을 현저히 증대시킬 것이므로 소련과의 전면전을 피하면서 미국의 체면을 세우고 동맹국과의 관계를 고려하여, 전쟁을 한반도에 국지화시키는 가운데 38도선 부근에서 전선을 안정시킨 후 협상을 통한 휴전을 모색해야 한다는 논리에서 반대하였고, 지상군의 철수주장에 대해서는, 그것이 소련에 대한 항복을 의미하고 이러한 항복은 소련과 중공이 제일 강한 국가라는 인식을 아시아 국가들에게 심어주어 그들로 하여금 서둘러 소련·중공과 관계개선을 시도하게 만들 것이라는 논리에서 반대하였다. 이들의 정책 대립은 상황변화에 대한 신속한 정책결정의 지연으로 미국의 전쟁정책에 다소의 혼란을 초래하기도 하였지만 중공으로의 확전은 피한다는 원칙은 확고하게 유지되었다. 그래서 1950년 12월부터 1951년 사이에 미국의 전쟁정책은 UN을 통해 정치적인 협상을 진행시키되, 군사적으로는 전열을 정비하여 중공의 진격을 적극 저지하고 전선을 안정화시킨다는 정치와 군사의 병진정책으로 나타났다.

는 것이 중요하다"라는 것이었다(U.S. Department of State, 1976c: 1625-1626).

그러나 맥아더는 현재 군사력으로는 두 임무를 동시에 수행할 수 없기 때문에 이러한 명령은 실행 불가능하다고 주장하였다. 맥아더는 만약 정치적 고려에 의해 한반도를 방어하라고 지시한다면 유엔군은 한국을 계속 방어할 수 있다고 판단하였다(U.S. Department of State, 1983a: 55-56). 그는 분명하고 정확한 명령을 계속 요구하였던 것이다.

이 기간의 미국의 대한정책은 혼란스러운 상황이었다. 중공군의 개입은 유엔군은 38도선 이남지역으로 철수하게 만들었고, 미국으로 하여금 한반도에서 유엔군을 철수하느냐 아니면 전쟁을 승리로 이끌기 위해 더 많은 장비와 인력을 투입하느냐의 문제를 야기시켰다. 그러나 부대의 증강은 전면전의 위험이 너무나 많았으므로 미국의 정책결정자들은 전자의 정책을 고려하였다. 그러나 유엔군의 한반도 철수는 미국의 위신에 치명적인 타격을 주는 것이었다. 따라서 국무성과 국방성은 휴전을 통해 한반도문제를 해결하는 정치적 결정과 일본의 방위를 위해 부대를 안전하게 철수하는 군사적 결정을 놓고 대립하였다. 결국 미국은 유엔군이 강제로 철수하게 될 때까지 한반도를 사수하고 휴전을 통해 한반도문제를 해결한다는 정치적 결정을 하게 된다.

중공군참전 이후 중공과의 전면전은 피한다는 대원칙 이외에는 다소 일관성을 결여하였던 미국의 전쟁정책은 일반 1951년 1월 12일 작성된 NSC 101로 수렴되었다. 이 문서에는 중공군의 참전을 소련의 세계전략적 차원에서 파악한 미 정책결정자들의 인식이 명확히 드러나는바, 중공과의 확전은 전면전을 초래할 우려가 있으므로 군사적 안정을 추구하되 그것이 여의치 않으면 철수한다는 원칙하에 한반도에서 군사적 안정을 추구하되 여의치 않으면 일본으로 철수하고 일본의 방위력 강화를 위하여 2개 사단을 추가 투입한다. 아울러 중공에 대한 무역 및 경제봉쇄를 강화하고 해상봉쇄를 고려한다. 중공군에 대한 작전금지 조항의 제거 등의 지침이 결정되었다(U.S. Department of State, 1983a: 70-72). 1950년 1월 17일에 작성된 NSC 101/1에서 국무성 장관은 중공에 대한 해상봉쇄나 중공군에 대한 공격제한조치를 제거하는 것은 조심스러운 연구가 필요하다고 하면서 확전론에 대해 반대하였다(U.S. Department of State, 1983a: 93-94).

미국은 1950년 12월에서 51년 1월에 걸쳐 전선을 안정화시키기 위한 제 조치를 취하는 한편 협상을 통한 한국문제의 해결을 모색하였다. 이러한 미국의 정책은 51년 1월 말에서 2월 초에 들어서며 전선의 안정화[23]와 휴전 논의의 실패라는 결과로 나타났다.

또한 첫 번째 38도선 돌파의 실패로 인하여 미국은 조심스럽게 이 문제를 검토한 끝에 1951년 3월 19일, 국무성과 국방성 관료들은 군사상황과 휴전협정과의 관계를 결정하기 위하여 회의를 가졌다. 국방성은 적이 막대한 인명손실을 당하고 있으므로, 휴전이 그

---

23) 서울을 빼앗기고 평택-안성-원주-삼척을 잇는 37도선까지 밀려났던 미군은 1월 중순부터 반격작전에 나서 계속 전선을 북상시킨 끝에 3월 14일에는 서울, 3월 19일에는 춘천을 다시 차지하였다. 그 후 38도선을 중심으로 전개된 공방전 속에서 미군은 4월 중순 38도선 북방 20km의 캔사스선(Kansas Line)을 확보하였고, 전선은 이 선을 따라 교착되었다.

들에게 유리한 것으로 판단하였다. 합동참모본부는 한국의 현 군사 상황이 정치적 결정에 의해 문제를 즉각 해결해 줄 수 있다고 판단하였다. 그러나 이러한 해결은 1950년 12월 12일의 합동참모본부 각서에서 요약된 휴전 조건하에서만 이루어져야 한다는 것이었다.

그 후 국무성과 합동참모본부는 침략은 격퇴되었고 침략자는 전쟁 이전의 국경선으로 물러갔기 때문에 한반도에 평화를 위한 기반이 마련되었다는 즉, 휴전협상을 위한 준비가 되어 있다는 대통령의 성명 발표에 동의하였다(Schnabel and Watson, 1978: 356). 그러나 트루만의 성명은 발표되지 않았다. 맥아더는 3월 24일 갑자기, "모든 군사작전들은 계획대로 계속된다. 중공군은 그들의 병참선과 군사력에 대해 큰 피해를 입을 것이다. 더 이상의 피를 흘리지 않기 위하여 공산군 측 사령관과 회담할 준비가 되어있다"는 내용의 성명을 발표하였다(U.S. Department of State, 1983a: 265-266). 이 성명은 확전을 반대하는 것으로 결정 난 정책을 번복하는 것과 함께 중공에 대하여 모욕과 위압의 뜻이 내포되어 있어서 중공의 군사작전을 야기하는 결과를 초래하는 한편 서방 여러 나라로부터 맹렬한 비난을 받았다. 또한 그동안의 워싱턴 당국의 준비과정을 완전히 무시한 것일 뿐만 아니라 내용적으로도 휴전제의를 정치문제로 간주해 온 국무성의 입장에 대한 정면도전이었기에 국무성에 큰 충격을 주었다.

그러나 국방성은 오히려 여전히 38도선 재돌파 및 공군과 해군을 이용한 중공으로의 확전 주장을 굽히지 않았으며, 이 점에서는 맥아더와 일치했다. 더욱이 합동참모본부는 4월 5일에 맥아더에게 만주와 산동반도를 공격할 권한을 부여할 준비까지 하고 있었으며 중공군이 증파되거나 미군을 향해 폭격을 할 경우 원자탄을 사용해 만주기지를 향해 즉각 보복하라는 명령까지 하달하였다(Halliday and Cumings, 차성수·양동주 공역, 1989: 155). 맥아더의 3·24 확전성명이 그 방식에 있어서는 비록 큰 물의를 빚었지만 내용적으로는 큰 무리가 없었던 것은 이와 같이 국방성이 그것을 지지했기 때문이다. 워싱턴은 맥아더 성명이 중공에게는 최후통첩으로 보였기 때문에 몹시 분개하였다(Schnabel and Watson, 1978: 359).

트루만은 맥아더의 행동이 한국에 관한 공식성명은 워싱턴과 협조하라는 1950년 12월 6일의 명령을 위반한 것으로 보았다. 맥아더의 성명은 또한 연합국들을 놀라게 하였다. 그들은 새로운 정책이 결정되었는지 그리고 미국의 정책을 결정하는 사람이 누구인지를 알고 싶어하였다. 트루만은 상관처럼 행동하는 맥아더의 행동에 분개하였다. 결국 4월 1일 맥아더는 극동에서의 모든 임무에서 해임되었고 리지웨이(Matthew B Ridgway) 장군이 맥아더와 교체하였다. 맥아더 해임의 기본이유는 미국의 대한정책에서의 공개적 불일치일 것이다.

맥아더 해임의 전략적 배경으로는 '한국에서의 중공에 대한 작은 전쟁의 승리'보다는 '유럽에서 소련에 대한 큰 전쟁의 패배'를 예방해야 한다는 논리가 깔려 있다고 볼 수 있다. 한국에서 제1의 적은 중공이 아니고 소련이었기에 소련의 전면개입 여부가 가장 중요한 변수였고 한국의 확보보다는 일본과 유럽의 안전이 더 중요했으므로 결국은 국방성의 확전론이 지속적으로 제기되었음에도 불구하고 제한전쟁정책을 고수하게 되었던 것이다.

맥아더 해임 이후 38도선 재돌파문제는 당초의 입장인 '휴전 제의와 동시 군사작전 계속'의 원칙에서 다소 후퇴하여 '휴전 모색을 앞세우고 이를 목표로 한 전면적 북진 금지'로 결정되기에 이르렀다.

맥아더 해임을 계기로 미국은 NSC 48시리즈를 확정해 가면서 휴전정책, 즉 군사와 정치의 병행이라는 제한전쟁정책을 급속히 구체화시켜 나갔다. 4월 26일 NSC 48/3에서 휴전협상이라는 정치적 수단이 확정되었고, 5월 4일 NSC 48/4로써 그 정책은 더욱 구체화되었으며, 이것은 그 후 약간의 수정을 거쳐 5월 17일에 트루만이 승인함으로써 NSC 48/5로 최종 확정되었다(U.S. Department of State, 1976c: 439-440).

공산주의자들이 아시아에서 무력에 호소하고 있다는 관점에서, 미국 안보에 대한 가장 임박한 공개적 위협은 현재 이 지역에 대한 것이라는 인식을 근거로 해야 한다. 현재의 소련 목표는 주로 중공 자원을 활용하여 동아시아 대륙과 종국에는 일본을 자신들의 통제하에 두는 것이고, 이는 미국 안보에 대한 수용할 수 없는 위협이다(국방군사연구소: 160-161). 이러한 목표하의 구체적인 내용을 보면 한국문제에 대한 해결책은 궁극적으로는 통일되고 독립된 민주 국가를 건설하는 것이다. 미국이 받아들일 수 있는 한국문제해결방안은 ① 적절한 휴전협정하의 적대행위 종결. ② 38도선 이북 지역으로 최대한 확장된 영역에 대한 한국정부의 권위 수립. ③ 적당한 시기에 비한국군의 철수. ④ 북한의 침공을 억제할 수 있는 한국 군사력 건설의 허락 등을 목적으로 하고 있음을 밝히고, 특히 38도선 재돌파문제에 대해서는 UN군 주력부대가 월경 북진하는 것을 반대한다고 명시하고 있다(U.S. Department of State, 1983a: 439-442). 즉 NSC 48/5를 통해 확정된 미국의 전쟁정책을 정리하면 다음과 같다. 첫째, 군사적 승리에 의한 통일된 독립 한국의 수립이라는 목표는 이미 백지화되고 한반도의 허리선을 확보하여 친미적인 정권을 수립하는 것으로 전쟁목표가 축소되었다. 둘째, 이 정책의 본질은 협상을 통하여 한국전쟁을 해결하는 것을 기본원칙으로 삼고 있으나 이 목적을 달성하기 위해서는 세계대전을 유발하지 않는 범위 내에서 공산 측에 최대한의 타격을 주고 협상에서 유리한 고지를 차지하기 위해서는 계속적인 군사적 압력을 가해야 한다는 정치적인 수단과 군사적인 수단의 병행이다. NSC 48/5는 5월 31일 리지웨이에게 통보되어(U.S. Department of State, 1983a: 487-493) 이후 휴전까지 일관된 정책 지침이 되었다. 결국 38도선 재돌파 논쟁은 국무성의 주장을 따라 돌파금지로 귀결된다.

한편 1951년 중반(NSC 48/5의 채택) 이후 미국의 한국전쟁정책은 군사적 목표와 정치적 및 경제·사회적 목표를 분리하고, 군사적인 목표는 군사작전과 휴전협상을 통하여 달성하며, 정치적 및 경제·사회적 목표는 UN을 통하여 달성한다는 것이었다. 여기서 말하는 세 가지 목표는 ① 북한 침략의 격퇴: 군사적 목표, ② 한국 국민들의 자유 신닥에 의한 민주정부 아래 통일된 자유독립 한국의 건설: 정치적 목표 – 이것은 UN 헌장과 UN의 원칙에 준한 수단에 의해서만 달성될 수 있음, ③ 전쟁으로 인한 파괴의 복구: 경제·사회적 목표 등으로 분류된다.

이후 미 정책당국은 침략자인 중공에 대해 계속 응징토록 하면서, 38도선을 중심으로 하는 군사적 교착상태에 군사적인 목표를 두게 되었다(강병규, 1970: 88).

2) 휴전협상

중공의 개입 이후의 미국의 공식정책은 사실상 체면을 잃지 않고 미국의 개입을 '명예롭게' 귀결시키는 것이 목적이었다. 합동참모본부는 휴전협상에서의 정치, 경제적인 문제의 토의배제, 현 전선의 안정을 전제로 정전정책에 합의하였다. 그래서 합동참모본부는 중공 측과의 정전회담이 진행되고 있는 중에도 주한미군을 철수하여 유럽으로 이동시킬 결정을 내렸다. 이것은 협상의 장기화가 군사분계선의 타협이나 전투행위의 종식에 관한 것보다는 포로 송환문제였고, 유럽으로의 이동은 그들의 세계전략 소요를 충족시키기 위한 것이었다(류재갑, 1987: 173-174).

이러한 개념하에서 진행된 휴전협정은, 맥아더 장군의 해임, 한국 정부의 휴전반대와 반공포로 석방, 한미 상호방위조약 체결이라는 과정을 거치면서, 1953년 7월 27일 오전 10시에 이루어졌다. 포병사격과 해·공군의 작전은 22:00까지 계속되었으며, 이때 휴전이 발효하였다. 이로써 3년간 한반도를 황폐화시킨 전투가 끝난 것이다.

중공의 개입은 한국전쟁을 '완전히 새롭고 선전포고 없는 전쟁'으로 변모시켰다(국방부 전사 편찬위원회, 1990a: 288). 이로 인해 미 행정부는 명예로운 철군을 위해 휴전을 고려하게 되었다.

1950년 12월 1일 펜타곤에서 열린 회의에서 셔먼(Forrest P. Sherman) 제독은 "전략적인 견지에서 볼 때 우리는 대륙을 떠나 섬에 위치해야 하는 것이지만 한국을 버릴 경우 한국에 있는 비행장 때문에 일본이 위험에 처하게 될 것이다"라고 말했다. 또한 "이와 같은 견지에서 장기 전략계획으로 우리가 한반도의 허리에서 버티는 것이 바람직하다. 그리하여 종국적으로 인천, 원산 및 부산을 보급기지로 삼게 될 수도 있을 것이다. 우리는 대서양 쪽을 희생시켜 가면서까지 태평양함대를 강화해야 할 것이다. 한국은 군사적인 측면에서 일본에 대한 가상적의 공격발판이라는 중요성을 갖고 있다"고 주장하였다(U.S. Department of State, 1983a: 1276-1281). 반면 콜린스(Lawton J. Collins) 장군은 한국을 지켜야 한다는 셔먼 제독의 견해에는 강력히 반대한다고 말했다. 그는 소련이 블라디보스토크와 또 다른 방면에서 우리와 대치하고 있는 여건하에서는 한국의 가치는 동전 한 푼어치도 안 되는 것이라는 생각이었다(U.S. Department of State, 1983a: 1276-1281). 그러나 이 두 장군의 주장은 결국 한국방어에 대한 전술상의 차이일 뿐 일본 지역을 중시해야 한다는 미국의 근본입장은 결국 똑같다는 것을 알려 주고 있다.

미 국무성 중공과장 클럽은 러스크에게 보낸 전문에서 한국전쟁은 모스크바가 세계적으로 계획하고 있는 작전의 하나에 불과하다고 간파하고 있었다(U.S. Department of State, 1983a: 1281-1282).

또한 합동참모본부도 군사적 휴전조건을 긴급한 문제로서 확정지었다. 이러한 UN과 미국의 평화에의 노력은 12월 23일자 주은래의 전문으로 깨어졌다. 그는 '38도선은 UN군의 북한영토 침입에 의해 영원히 무효가 되었다'라고 미국을 비난하고 나섰던 것이다(국방부 전사편찬위원회, 1990a: 304). 이러한 과정에서 이미 12월 22일 합동참모본부에서 열린 회의에서 중공의 의도가 UN군을 한국에서 몰아내는 것이라는 점이 명백하면 가능한 빨리 미군을 철수시킬 것이라는 결정을 '정부수준에서' 해야 한다는 데 의견을 모았다(국방부 전사편찬위원회, 1990a: 311). 이러한 결정은 행정부로 보내어졌고

188

12월 29일 맥아더 장군에게 보내어진 트루만의 지시는 다음과 같다. '중공은 그들이 선택만 한다면 UN군을 한국에서 축출할 능력을 보유하고 있다는 것이 모든 가용한 판단에서 나오고 있는 것 같다. — 귀하에게 주어진 기본지시는 현재상황에 비추어 수정을 필요로 한다. 무엇보다도 귀하의 최우선 목표는 일본 방위에 있다는 사실 (U.S. Department of State, 서동구 편역, 1977: 638-639) — 귀하가 철수를 개시할 조건에 관한 확정된 지시가 귀하에게 하달될 것이다'라는 메시지였다(국방부 전사편찬위원회, 1990a: 314-315). 맥아더 장군에게는 이것이 한국전쟁에서 싸워서 이기려는 의지의 상실을 시사하는 것으로 보였다.

중공군이 한국전에 개입한 직후 워싱턴에 있는 군지도자들의 최초 반응은 가능한 한 빨리 철수해야겠다는 것이었고, 전술한 합동참모본부 회의에서 전면 철수의 필요성에 대해 의견을 모으고 '정부수준에서' 결정을 해야 한다고 주장했을 때, 전면철수가 아닌 다른 해결책을 찾고자 했던 국무장관 애치슨은, 전쟁 전의 상태에서 휴전을 하면 어떠냐고 물었다. 정책결정자들은 이 제의에 동의를 표시했다. 그러나 군지도부는 미군의 안전을 해칠 상황이 없을 경우라면 그 계획을 수락하겠다는 입장이었고, 민간인 입법자들은 단순히 공산주의자의 침략이 성공해서는 안 된다는 중요성만을 강조했다(온창일, 1987: 278-279).

1951년 1월 15일 육군참모총장 콜린스 장군과 공군참모총장 반덴버그 장군은 도쿄에 도착하여 맥아더 장군과 회의를 하고 한국을 방문했다. 이때가 콜린스 장군의 낙관적 전망을 뒷받침해 주게 된 전쟁의 어떤 전환과 시기적으로 일치하였다. 이 두 사람의 장군은 미 제8군이 회복되고 있다는 고무적인 증거를 목격하였고 전쟁에서의 주도권을 다시 쟁취하였다고 생각하였다. 이로 인해 워싱턴은 UN군이 바다로 구축될 위험은 조금도 없으며 휴전협상은 분명히 그 전망이 밝다고 생각하였다(국방부 전사편찬위원회, 1990a: 336-342).

1951년 2월 5일 애치슨 국무장관은 아시아와 아랍 13개국 그룹이 중공과 북한에게 그들의 군대가 38도선을 넘지 않도록 요구하는 제의를 하였다는 것을 통고 받았다. 또한 12월 11일 13개국 그룹은 2개의 결의안을 유엔총회에 상정하기로 합의하였다. 그것은 휴전을 추진할 3인 위원회 설치, 극동문제에 관한 회담이 조속히 열리도록 요청한다는 것이었다(국방부 전사편찬위원회, 1990a: 300).

중공의 개입으로 한국전선은 교착상태로 빠지면서 장기전으로 변하게 되었다. 한국에서 주한미군을 철수하려던 미 행정부의 생각도 따라서 변하였다. 즉 현 전선에서 공산주의의 팽창을 저지하면서 주한미군의 피해를 줄이고 확전을 피할 수 있는 휴전을 모색하게 되었다.

리지웨이 장군은 미 육군성에서 근무하다가 한국전쟁에 제8군사령관으로 취임함으로써 한국전쟁에 전반의 흐름에 대한 미국과 UN의 정책은 물론, 중공군에 대해서도 잘 알고 있었다. 그러므로 작전방침을 수립함에 있어서 무엇보다 중요하게 고려한 것은 적을 지연시키면서 아군의 병력을 최대한 보존한다는 것이었다. 이를 위하여 적의 병참선을 신장시켜 적의 작전한계점을 유도하는 한편, 아군의 방어에 유리한 평택-삼척을 연하는 37도선 일대에 방어선을 형성하여 적을 격멸하려는 작전방침을 수립하게 된다.

그의 작전방침은 한국정부와 협조하에 사전에 노무자를 최대한 동원하여 진지를 준비하고, 아군의 피해를 최대한 줄이면서, 화력으로 적에게 최대한의 손실을 주고, 최초 방어선에서의 진지가 돌파될 위험에 빠지면 제2진지로 후퇴하는 방법으로, 축차진지상에서의 방어를 반복하여 적의 출혈을 강요하고 적의 전의를 약화시키는 데 작전목적을 둔 것이었다. 이러한 작전방침은 서울 고수의 전략적 의미를 전혀 고려하지 않은 것이었다(육군대학, 1996: 389-390). 합동참모본부 의장인 브래들리 장군은 1951년 5월 15일 군사외교관계위원회 청문회에서 '한국에서의 중공과의 제한전쟁조차도 잘못 택한 시간과 장소에서 잘못 선정된 적과 잘못된 전쟁'을 하고 있다라고 밝혔다(온창일, 1987: 278).

1951년의 1·4후퇴와 서울 재탈환을 거쳐 전선의 교착상태가 지속되면서 미국으로서는 휴전의 문제가 초미의 관심으로 부각되기에 이르렀다.

미국으로서는 첫째로 전면공격을 통해 공산군을 섬멸하는 것이지만 공산군의 무한한 인력과 아측의 손실을 고려할 때 이는 불가하며, 둘째는 UN군을 전면 철수시키는 것인데 이는 UN군에 상처를 주고 우방의 신뢰를 잃기 때문에 불가하며, 셋째는 현상 유지인데 이는 끝없는 소모전을 요구하므로 불가하며, 넷째는 중공 본토의 폭격인데 이는 소련의 참전을 유발하기 때문에 불가하며, 다섯째는 남침의 우려가 있지만, 군사분계선상의 휴전이 가장 바람직하다는 결론을 얻게 되었고, 이것이 애치슨 국무장관의 재가를 얻어 미국의 정책으로 확정되었다.

이 휴전회담에 임하는 미국 및 UN의 정책은 1951년 5월 17일 미

국가안보회의 결정의 내용에 잘 나타나 있다(U.S. Department of State, 1983a: 439-442).

"한국전쟁을 통하여 한국에 통일된 독립 민주정부를 수립하는 정치적 목적과 적의 침략격퇴 후 휴전협상을 통한 적대행위를 종결시키는 군사적 목적을 명확히 구별하여, 현재의 상황에 적합한 군사적 목적을 해결할 수 있는 방법을 추구한다." 당시 미국이 추구한 당면 과제는 "적을 38도선 이북으로 격퇴시킨 상태에서 휴전을 모색하되, 휴전선은 북쪽일수록 좋으나 한국의 방위 및 행정에 적합하고 중공의 체면을 유지시킬 수 있는 선으로 설정함으로써 휴전협상을 가능케 하고, 정치적 해결에 의한 민주주의 한국통일이 달성될 때까지 한국의 주권 행사는 휴전선 이남에 국한하고, 한국군의 방위력 육성을 지원한다"는 것으로서 50년 10월 7일 UN 총회에서 채택한 "통일한국결의안"은 백지화되었다.

트루만 행정부가 공산 정권으로부터 북한을 빼앗으려는 의도가 아니라는 것과 북한에 대한 계속된 지원이 무용하다는 것을 분명히 확신한 소련은 1951년 6월 23일 유엔에서 휴전도 가능하다는 것을 암시하였다. 그 후 6월 29일 중공과 북한은 정전을 위한 협상 개시를 수락하였고, 7월 10일 개성에서 휴전회담이 공식적으로 시작되었다.

휴전협상은 일시적이나마 전투행위를 중지하고 진행하는 것이 관례였음에도 불구하고 미국은 즉각적인 전쟁의 중지를 원치 않았다. 그것은 미국의 세계전략적 차원에서 만족할 만한 성과가 있기까지는 한국에서의 계속적인 위기상황이 필요했고, 또한 좀 더 유리한 입장에서 협상을 타결지으려 했기 때문이다. 이것이 한국휴전협상에 임하는 미국의 기본적인 정책이었다.

UN군 측과 공산군 측 대표단 사이의 첫 회의가 7월 10일 개성에서 개최되었다. 양측 대표단은 7월 26일 5개항으로 된 최종의제를 채택하였다(국방부 전사편찬위원회, 1990a: 32, 37). 본격적인 회담이 7월 27일 시작되었다. 그러나 군사분계선문제로 회담은 휴회되었고 8월 10일 회의에서 테이블을 사이에 두고 앉아 2시간 11분간이나 침묵을 지키다가 휴회하였다. 8월 17일에는 군사분계선에 관한 분과위원회를 구성하여 검토를 시작하였다(국방부 전사편찬위원회, 1990b: 42-45).

그러나 전후 며칠간의 사이에 일어난 사건들은 이 회의를 무기한 연기시키게 하였다. 그 사건은 공산 측의 UN군 측 기자단의 출입 거부, UN군 측이 판문점을 향하여 사격을 했다는 공산 측의 주장, 또한 그들의 트럭에 UN 항공기가 공격했다는 주장, 완전무장한 공산 측 1개 중대가 회담장 옆을 통과하는 등의 일련이 행위와 9월 10일 UN군 항공기가 개성 지역에 기총공격을 한 것 등이다. 개성에 대한 기총공격에 대하여 UN군 측은 사과를 하였고 동시에 회담 장소 이동을 요구하였다. 10월 7일 공산 측은 ① 회담장소를 판문점으로 이동, ② 중립지대를 개성은 물론 문산까지 확대, ③ 양측은 중립의 유지를 위해 책임을 질 것을 제안하였다(국방부 전사편찬위원회, 1990b: 45-53).

1951년 중반 이후 미국의 한국전쟁정책은 이전의 군사적 수단 일변도가 아니라 정치적 수단과 군사적 수단을 동시에 사용하여 소위 '명예로운 종전'을 획득하는 것이었다. 그것은 유리한 종전 조건을 찾기 위한 협상을 통한 휴전안의 조정·확정이라는 정치적 수단과

해·공군의 압도적 우위를 적극 활용하여 공산 측에게 최대한의 타격을 주는 군사적 수단의 병행을 내용으로 하고 있다.

휴전협상의 진행이 기대에 미치지 못하자 미국은 교섭을 중단시킨 후 지상군의 대대적인 공격[24]과 함께 북한의 중요 지역에 대해 가공할 폭격을 감행했다.

미 공군은 8월 15일부터 통신망과 보급선을 차단할 목적으로 대규모 폭격작전인 '질식작전'을 전개하였다.[25] 질식작전과 병행하여

---

24) 7월 21일 공산군의 교란과 전투력의 파괴 그리고 미군의 사기 앙양과 방어진지의 강화에 목적을 둔 제한공격이 동부전선에서 실시되었다. 그 후 장마가 끝나자 8월 18일부터 대규모의 하계공격을 실시하였다. 그 목적은 중-동부전선의 전략 요충지를 점령하여 전선을 개성-금촌-화천-원산선으로 북상시키는 것이었다. 그러나 미군은 9월 27일까지 계속된 작전에서 '단장의 능선'과 '피의 능선'에서 결정적인 패배를 당하는 등 8만여 명의 막대한 사상자와 엄청난 물적 손실을 당하고도 동부전선에서 불과 수Km 밖에 전진하지 못하였다. 하계공세의 실패 후 미군은 10월 3일부터 이른바 추계공세를 전개하였다. 그러나 이것도 역시 엄청난 희생만 내고 서-중부전선의 일부에서 2-8km씩 전진하는 데 그쳤다(日本陸戰史硏究普及會 編, 육군본부군사연구실 역, 1986: 253-279).

25) 질식작전은 북의 교통망을 누설시키고 문자저장소를 폭격하여 전선에 대한 보급과 증원을 저지시켜 제1선 병력을 고립시키는 작전이었다. 우선 주 목표를 철도망에 두고 주간에는 철교, 주차장, 역사 등을 공격하였고 야간에는 보수공사를 방해하기 위한 폭격을 실시하였다. 북한 측의 신속한 복구작업에도 불구하고 이 작전으로 9월 순에는 신의주-신안주 구간이 70%, 신안주-평양 간이 90%, 그리고 평양-사리원 간이 40% 선으로 철도간선이 감소되었다. 미 공군은 10-11월 공산 측의 보수 속도보다 더욱 빠른 속도로 북한의 철도를 파괴했다. 미군은 될 수 있는 한 조속히 철도기구를 파괴시켰으며 북한의 보수반은 이를 다시 복구하였다. 이는 마치 고도의 과학기술과 인간의 속도전을 방불케 하는 것이었다. 극동공군사령관 웨일랜드는 51년 12월 26일 기자들에게 질식작전으로 북한의 철도망이 붕괴되었으며, 공산군 트럭

B-29 폭격기에 의한 전략폭격도 계속되었다. 8월 14일 B-29 폭격기 66대와 56대의 전투기가 평양을 공격하였고, 8월 25일에는 해군연료저장시설과 철도공작창이 있으며 소련으로부터 군수물자가 들어오던 북한의 심장부인 나진을 B-29 폭격기 35대로 폭격하였다.

9월과 10월에는 극비리에 B-29 폭격기가 북한 상공을 비행하며 모조원자탄 또는 TNT 폭탄을 투하하는 모의원자탄 투하실험을 '허드슨항 작전'이라는 암호명하에 실시하였다(Halliday and Cumings, 차성수·양동주 공역, 1989: 167). 이 작전은 10월 15일까지 계속되었는데, 이를 통해서 미군은 원자탄을 조립, 장착, 투하하는 훈련을 모두 완료하였다.

1951년 하반기 회담은 지지부진하면서도 약간의 진전이 이루어졌다. 그러나 전장은 불안정하고 불확실하였다. 11월 말 전쟁포로에 관한 협상이 시작되었다.

협상이 지루하게 교착되자, 이를 타결할 방안이 강구되었다. 1951년 12월에 채택된 NSC 118/2는 협상의 교착상태에 따른 미국의 대한정책에 대한 새로운 평가였다. NSC 118/2 궁극적인 목표로써 통일, 독립, 민주 한국을 제공하는 해결책을 정치적으로 추구한다는 NSC 48/5가 설정한 기본적인 목표를 계속 추구한다고 결론 내리고 있었다. 현재의 목표는 미국이 적절한 유엔 기구를 통하여 한국전쟁의 해결책을 강구한다는 것이었다(국방군사연구소, 1996: 180-189).

약 40,000대가 파괴 또는 파손되었고 장차 지상공격을 취할 수 있는 적의 전력증강이 저지되었다고 말했다. 52년에 들어서는 주요 철로에 대한 차단목표에 매 8시간마다 반복폭격을 감행하여 노반까지 완전히 파괴하는 등 동일목표에 집중폭격을 가하는 방식으로 질식작전이 계속 되었다(Futrell, 강승기 역, 1982: 390-424; 육군본부 역, 1968: 82).

NSC 118/2의 다른 중요한 점 가운데 하나는 미국이 한국에 장기간 그리고 지속적인 개입한다는 것이다. 미국의 목표 가운데 하나는 결국에는 한국 방위의 책임을 맡을 수 있도록 한국군을 무장하고 발전시키는 것이었다. 휴전 이후에도 미국의 주요 목표는 한국정부의 권위가 비무장지대 남쪽에 수립되는 것이고, 새로운 북한의 침략을 억제하거나 격퇴시키기에 충분할 정도로 한국군을 발전시키는 것이었다. 환경이 허락될 때까지 외국군의 철수는 있을 수 없다는 것이었다(국방군사연구소, 1996: 182-189).

전장상황의 안정은 워싱턴으로 하여금 향후 대한정책에 대해 신중히 고려할 수 있는 시간을 가져다주었다. 1950년 11월과 12월의 중공군과의 전투는 미국으로 하여금 군사적으로 한반도를 통일한다는 정책에서 물러나게 하였고, 한국전쟁을 정치적으로 타결하고 한반도 통일을 달성한다는 NSC 48/5로써 좀 더 제한적인 목표를 구상하게 하였다. 이와 동시에 NSC 118/2는 한반도에서의 미국 개입이 연장된다는 것을 분명히 하였다. 한국이 북한의 새로운 침략에 저항할 수 있을 때까지는 철수를 고려조차 하지 않는다는 것이었다.

당시 휴전회의는 공산군 측이 전력증강을 위하여 휴회기간을 이용할 필요가 있을 때마다 고의적인 트집과 핑계로 회담을 지연시키고 있었기 때문에 지지부진한 가운데 명목상으로만 유지되고 있는 실정이었다(국방부 전사편찬위원회, 1987: 148).

1952년 1월 18일자로 새로 부임한 미 공군작전부장 스마트(Jacob E. Smart) 준장은 새로운 군사작전을 수립하게 되었다. 지금까지는 공군력을 지상작전 지원과 적 후방공격의 차원에서 주로 제공권유지, 수송차단, 근접지원 등을 목표로 사용하였으나, 이제는 적에게 타격을 주는 가장 중요한 군사적 압력수단으로서 적극 활용되어야 한다는 작전방침상의 커다란 전환이 일어나게 된 것이다(강승기 역, 1982: 399-439). 동년 5월에는 UN 사령관을 클라크(Mark W. Clark)로 교체하였다. 원래 맥아더 군사전략의 지지자였던 클라크를 UN 사령관에 임명한 것은 미국의 전쟁정책이 협상보다는 군사적 압력에 중점을 두는 것으로 바뀌었음을 의미한다.[26]

이에 따라 동년 초여름부터 미군은 더욱 광범위하고 대규모적인 공중폭격을 중심으로 지극히 소모적이고 파괴적인 살상전을 전개하게 된다. 이것은 북한으로 하여금 더 이상 늘어나는 군비를 감당할 수 없게끔 할 뿐만 아니라 휴전 성립 이후에도 당분간은 재기 불능할 정도로 타력을 입히려는 목표와 아울러 미국 내 독점자본의 이익과도 밀접하게 결부되어 있었기 때문으로 평가된다. 리지웨이가 언급했듯이 미 8군 사령관 플리트(James A. Van Fleet)의 목적은 "피와 살보다는 포탄과 쇠를 가능한 많이 소모하는 것"이었다(Ridgway, 김재관 역, 1981: 196).

1952년 6월 23일부터 3일간 총 1300여 대의 미군 폭격기들이 세계 제4위의 수력발전소인 수풍댐 등 북한 내 13개 발전소를 폭격하여 이후 북한의 전역은 보름동안 정전되었고 중공은 52년 만주 지역 전력요구량의 23%를 상실했다(Simons, 1975: 216). 이 댐 폭격

---

26) 클라크는 전쟁 2주년 기념성명에서 "만일 공산 측이 50, 51년에 체험한 바와 같이 쓰라린 전쟁으로 되돌아가기를 원한다면 우리는 만반의 준비가 되어있다. 나는 본관 휘하 장병의 능력과 예하 부대의 전투력을 확신하는 바이다. 전쟁과 평화의 택일은 오직 공산 측에 달려있다"고 경고함과 동시에 대규모 폭격작전과 중공에 대한 압력강화를 제시했다.

의 목적은 공산 측의 교통망과 인명, 그리고 농작물을 파괴함으로써 타격을 입히고 전 국가적으로 불안을 증대시켜 협상의 유리한 고지를 점령하기 위한 것이었다(임재동 외, 1990: 243). 이에 대해 뉴욕 타임즈지는 '이들 공격은 확실히 휴전을 강요하기 위해 적들에게 보다 큰 군사적 압력을 가할 일련의 계획 중에서 첫 조치이다. 이 계획 중 두 번째 조치는 소련 국경에서 17마일 떨어진 나진 및 소련과 이 항구도시를 연결하는 중요 철도에 대한 폭격이 될지 모른다'라고 보도했다(Simmons, 1975: 216). 그리고 7월 11일부터는 평양의 30개 목표물에 대한 무차별 폭격을 포함하는 대규모 폭격작전인 '압박작전(Operation Pressure Pump)'을 개시하였다. 그 첫날인 7월 11일에는 총 1,254회의 출격에 23,000갤런의 네이팜탄이 평양에 투하되었고, 8월 4일에 평양에 대한 제2차 공격이 실시되었으며 8월 29일에는 한국전쟁 기간 중 단일 작전으로는 최대규모인 1,403대의 폭격기가 1만 리터의 네이팜탄과 700톤의 폭탄을 평양에 투하하였다(Futrell, 강승기 역, 1982: 481). 즉, 폭격은 공산 측으로부터 강제로 양보를 받아내기 위한 미국의 해전과 공중전으로의 확대전략의 일환이었다.

1952년 가을에 이르자 북한 측도 그들 정권의 안정이 확보될 수 있다면 전쟁을 중단하기를 원했다(Simmons, 1975: 230).

1953년 2월 말 극동사령부 및 극동공군은 유엔군사령부가 휴전협정을 유리하게 이끌 수 있도록 압력을 넣기 위해서 추가적으로 대량의 공군력을 사용하였다. 이때 북한의 농업용 저수지에 대한 공격가능성을 결정하기 위한 일련의 연구가 시작되었다. 이러한 연구는 수송시설, 공군기지 및 기타 군사시설의 높은 지역에 위치하고 있는 관개용 댐을 파괴함으로써 얻어지는 군사적인 잇점에 대한 평가를 가능하게 해주었다(공군본부, 1981: 181).

또 다른 고려는 용수용 댐을 공격해야 한다는 것으로서, 이는 북한의 용수댐을 공격함으로써 농사짓는 것을 방해하여 전쟁을 계속하려는 의지와 능력을 감소시킬 수 있을 것이라는 고려에 의한 것이었다. 그러나 공군당국은 유엔이 비인간적인 전쟁을 하려한다고 비난할 것이 틀림없기 때문에 이를 승인하지 않으려 하였으나 중요한 저수지 댐 몇 개는 선택하여 공격을 실시하도록 결정하였는데 이는 전쟁을 빨리 종결하기 위한 전술이라고 판단되었기 때문이었다(공군본부, 1981: 115).

1953년 5월 13일 유엔공군은 최초로 평양 근교의 댐들을 공격했다. 한 주요 미 공군연구소는 "신문, 군사 관측통, 뉴스평론가들이 간과하고 있었던 이 공격이 실상 한국전에서 가장 중요한 공군작전 가운데 하나였다"라고 밝히고 있다(Halliday and Cumings, 차성수·양동주 공역, 1989: 197). 1953년 5월 13일과 16일, 5공군 전투기가 독산과 자산댐을 공격하였다. 독산댐 하나를 파괴함으로써 수 마일의 철도, 순안비행장, 9개의 교량, 6개의 보급기지 및 8개의 대공포진지가 침수되어 피해를 입었고 자산댐 파괴도 역시 유사한 효과를 가져왔다. 이 두 댐의 파괴로 신안주와 평양 간 철도가 파괴되어 7일 동안 사용 불가능하게 되었다(공군본부, 1981: 115). 이러한 댐 공격은 통신, 생명, 양식을 두절, 파괴시키는 것 외에도 폭격은 수많은 인력과 에너지를 복구작업으로 분산시켰다. 북한이 할 수 있었던 유일한 방어행위는 자신의 식량인 쌀을 위해 필요한 물을 박탈당하는 희생을 감수하면서 댐의 물을 미리 빼버리는 것이었다(Halliday and Cumings, 차성수·양동주 공역, 1989: 198-199).

하나의 목표물을 공격함으로써 미 공군은 적의 전선에 있는 부대에 대한 보급능력 및 그의 군대를 위한 식량생산능력이라는 아주 중대한 두 가지의 군사적 요소를 강타한 격이 되었다. 관개용 댐의 파괴란 유엔군 지휘관에게는 적의 교통 및 보급로의 파괴를 의미하였으나 공산주의자들에게는 무엇보다도 그들이 주요 식량인 쌀의 파괴를 의미하였다. 이러한 까닭에 폭탄이 관개용 댐에 떨어졌을 때 북한은 분노하였으며 공공연히 복수를 선언하였다. 그러나 이러한 반응을 보였음에도 불구하고 적은 한달도 채 되기 전에 휴전협정에 조인하였다. 휴전협정조인 내용 중에서 그들이 지난 2년간 결코 수락하지 않겠다고 완강하게 버티어 왔던 조건인 38도선 이북에 휴전선을 설정하며, 전쟁포로는 자유송환 한다는 내용을 삽입한 것으로였다(공군본부, 1981: 147-148).

이처럼 1952년 5월 이후 트루만 행정부가 군사적 압력을 강화한 것은 교착상태에 빠진 휴전협상을 유리하게 진행시키기 위해 군사적 수단을 사용한다는 기본적인 종전정책 이외에 국내정치체제의 환경변화도 숭요한 요인이 되었다.

1953년 1월 21일 출범한 아이젠하워 행정부가 택한 종전정책은 원칙적으로 전과 같이 군사적 압력의 강화에 의한 '명예로운 휴전조건'의 성취였다. 그러나 트루만 행정부와는 달리 군사적 압력의 수단으로써 원자탄의 사용이 적극 고려되었고 중공에 대한 압력도 한층 강화되었다. 트루만이 원자탄을 '테러의 도구'로 그리고 '최후의 방책'으로 여겼다면, 아이젠하워는 그것을 '미국 국방의 통합된 일부'로 그리고 '최초의 방책'으로 간주하였다.

3월의 NSC 회의에서 아이젠하워와 덜레스는 원자탄 사용에 대한 금기가 깨어져야 한다는 데 합의를 이루고 공산군에게 실질적인 승리를 얻고 한국의 허리선을 확보하기 위해서 원자탄을 사용해야 한다는 인식을 공유하였다.

이러한 전세 아래 1953년 3월 5일 소련의 스탈린이 사망하였고, 그의 후계자들은 권력기반을 다지지 못한 상태하에서 국외의 문제에까지 영향력을 미치게 할 여력이 없는데다가 중공을 견제하지 않을 수 없었기 때문에 한국전쟁이 조속히 타결되기를 바라게 되었다(국방부 전사편찬위원회, 1987: 151). 뿐만 아니라 미국은 처음부터 소련을 통하여 휴전협상의 가능성을 타진하였으며, 일단 휴전회담이 시작된 후에도 소련이 현실적인 휴전협정의 타결을 위하여 협력해 줄 것을 기대하고 있었다(박홍규, 1988: 115).

4월 2일 '한국에서 가능한 행동의 경로에 대한 분석'이라는 제목으로 제출된 NSC 147은 한국에서 미국이 수행할 군사행동의 경로를 두 가지의 대안으로 구분하고, 각각 세 가지의 행동경로를 설정하였다. 첫 번째 대안은 만주와 중공에 대한 군사작전을 현재의 수준으로 제한하면서 지속하는 것이며 두 번째 대안은 만주와 중공에 대한 현재의 군사작전 제한을 철폐하는 것이다(U.S. Department of State, 1984b: 839-845). 이어서 4월 13일 열린 NSC 회의에서 한반도에서의 원자탄의 사용이 제안되었고(U.S. Department of State, 1984b: 1014), 이후 5월 20일 열린 NSC 회의에서는 핵사용을 위한 유사시 계획에 대한 공식적인 결정에까지 진전되었다. 당시 대통령은 한국에서 전쟁을 확대해야 하는 경우 합동참모본부가 선택한 계획이 우리의 목적을 성취하게 할 것이라고 하면서 그의 우려는 소련의 개입가능성에 대한 것이라고 말하였다(U.S. Department of State, 1984b: 1064-1068).

대통령선거전에 나설 때부터 한국전쟁의 조기종전 의지를 강하게 피력했던 아이젠하워는 그를 위한 유력한 수단으로써 핵무기사용을 적극적으로 고려했다.

하지만 미국이 실제로 핵무기를 사용하기에는 많은 정치·군사·지리적 제약요인이 있었다. 무엇보다도 소련의 핵보복 공격가능성에 대한 우려가 컸으며, 핵사용이 초래할 동맹체제 내에서의 분열과 불안이었다. 이와 함께 군사·지리적 측면에서도 핵무기는 많은 제약요인이 있었다. 미국이 핵무기를 사용할 수 없었던 군사·지리적 제약요인으로는 ① 한반도 내 집중된 공업시설의 부재, ② 전국토의 70% 이상이 산악과 구릉지대로 이루어져 있어 핵무기의 효능이 별로 없다는 점, ③ 공산 측의 견고한 참호 시설, ④ 미군도 피해를 입을 우려가 크다는 점 등을 들 수 있다. 그러나 이러한 제약요인에도 불구하고 아이젠하워 행정부가 핵무기를 실제로 사용하지 않은 가장 중요한 요인은 아마도 공산 측이 더 이상의 강력한 군사행동을 하지 않고, 휴진협상의 가장 큰 문제였던 포로송환문제에서 양보함으로 인해 미국이 의도대로 '명예로운 휴전'을 달성할 수 있었기 때문일 것이다.

이러한 가운데 회담의 분위기는 긍정적인 방향으로 조성되어 마침내 4월 6일 예비회담이 개최되었다. 휴전회담은 빠른 속도로 진행이 되었고 중공군의 6월 10일부터 시작된 6월 공세나 6월 18일 송환 거부 반공포로들의 석방, 중공군이 7월 공세 등으로 인해 긴장상태로 접어들기는 하였지만 결국 7월 27일 휴전회담은 성립되었다.

많은 남한의 국민들이 한국의 통일을 보장하지 않는 휴전에 반대하는 데 동원되었다. 1953년 4월 21일 대한민국 국회는 무력에 의해서라도 한국을 통일하려는 대통령의 목표를 지지하는 결의를 통과시켰다. 또한 이대통령은 아이젠하워 대통령에게 '만약 UN 사령부가 중공군이 한국에 주둔하는 데 동의한다면, UN 사령부 예하에서 한국군을 철수할 것이며, 단독으로 전쟁을 할 것'이라고 통보했다(온창일, 1987: 289). 또 5월 12일 이대통령과 클라크 장군과의 재면담 결과 클라크는 워싱턴으로 이대통령의 단독행동 가능성을 보고했다. 그 내용은 ① 반공포로의 석방, ② 한국군의 UN군에서의 철수, ③ 비무장지대의 군대철수 거부, ④ 계속 전투를 명령할지 모른다는 것이었다(온창일, 1987: 290-291). 당시 미국과 UN군 사령부는 한국정부의 동의 없이도 휴전을 성립시킬 수 있었으나, 그럴 경우 한국군이 단독으로 전투를 계속하게 된다면 휴전협정은 실효가 없게 되는 것이었다. 한국의 휴전동의를 얻기 위하여서는 결국 한미 상호방위조약을 체결하여야 하는데, 휴전협정이 이룩되기도 전에 한미 상호방위조약을 체결하게 된다면 한국에 파병한 UN군의 대의명분을 약화시키게 될 뿐 아니라 당시의 정세 아래에서는 미 의회에 조약체결에 대한 합리적인 이유를 제시하기 곤란하기 때문에 이를 거론한다는 것은 시기상조라는 입장을 취하였다(국방부 전사편찬위원회, 1987: 159-160). 결국 5월 29일에서 30일 사이의 각 부처 회담에서 미국의 고위 정책결정자들은 다음 정책을 고려하게 되었다. (1) 미국정부는 한국이 UN군에서 탈퇴할 경우에 이승만 대통령과 그 동료들을 구금시키면서 한국에 군사정부를 세우겠다는 클라크 장군의 계획(에버레디 작전)을 지지할 것이다. (2) 이대통령이 휴전협정의 체결과 이행을 거부할 경우 미국정부는 한국정부가 판문점 휴전협정에 동의한다는 조건하에서만 한국정부와 상호방위조약을 체결할 것이다라는 것이었다(Cumings(ed.), 박의경 역, 1987: 287-288).

그러나 이대통령의 기본목표는 상호 방위조약이 우선이고 그 다음이 휴전이었기 때문에 미국에 대하여 계속적인 압력을 가했다. 6월 18일 반공포로들의 전격석방도 일련의 동일한 압력의 행동이었다. 미 행정부 내에서의 백악관 연속회의 결과 에버레디 작전은 한국에서 전쟁을 하는 목적에 위배되는 것이라는 점에서 거부되었고, 상호 방위조약을 체결하기로 결정하였다(온창일, 1987: 292). 7월 12일 휴전협정 체결에 대하여 이대통령이 승인한 대신 4가지의 약속을 미국은 했다. ① 상호 방위조약의 약속, ② 장기적 경제원조의 보장, ③ 해·공군과 육군 20개 사단을 유지시킬 군사원조, ④ 한국문제에 관해 토론할 경우 휴전회담 전이나 회담 후에 밀접한 협의와 협력 등이 그것이다(온창일, 1987: 297-298).

결국 휴전은 조인되고 1953년 10월 10일 상호 방위조약이 체결되었다. 1954년 1월 26일 미 상원에서 비준됨으로써 조약은 완전히 효력을 발생했다. 이것은 한국과 미국이 상호합의에 의하여 한국 내와 그 주변 지역에 육·해·공군을 배치할 수 있는 권리를 승인한 것이다. 이로 인하여 미국은 UN군과 별도로 한국에 미군을 주둔시킬 법적 근거를 얻게 되었던 것이다(Cumings(ed.), 박의경 역, 1987: 303).

3) 정책결정 분석

1) 분석의 기본단위

미국은 맥아더와 국방성의 '대중공확전론'과 국무성의 '휴전'주장이 팽팽히 맞서다가 결국은 양 극단의 절충으로서 후퇴를 통한 전쟁의 제한전화와 협상을 통한 해결방식을 선택하였다. 국방성은 군사전략적 차원에서 아시아는 유럽보다 가치가 떨어지고 아시아에서도 한국은 일본이나 대만에 비해 덜 중요하다는 논리에서, 전략적으로 불리한 한국에 전쟁을 국지화하지 말고 만주와 중공 본토에 대한 확전을 하되 이러한 능력이 없다면 한반도에서 UN군을 일본으로 철수시켜 일본을 방위하면서 전열을 재정비하여 기회를 보아 보복하자는 주장을 하였다. 그러나 국무성은 소련과의 전면전을 피하면서 미국의 체면을 세우고 동맹국과의 관계를 고려한 정치적 입장에서 휴전안을 제시했다. 국무성은 중공에 군사적 보복을 하자는 국방성의 주장에 대해서는, 그것은 전쟁을 만주와 중공 본토로 확대시켜 대소전쟁의 위협을 현저히 증대시킬 것이므로 소련과의 전면전을 피하면서 미국의 체면을 세우고 동맹국과의 관계를 고려하여, 전쟁을 한반도에 국지화시키는 가운데 38도선 부근에서 전선을 안정시킨 후 협상을 통한 휴전을 모색해야 한다는 논리에서 반대하였고, 지상군의 철수주장에 대해서는, 그것이 소련에 대한 항복을 의미하고 이러한 항복은 소련과 중공이 제일 강한 국가라는 인식을 아시아 국가들에게 심어주어 그들로 하여금 서둘러 소련·중공과 관계개선을 시도하게 만들 것이라는 논리에서 반대하였다. 이들의 정책 대립은 상황변화에 대한 신속한 정책결정의 지연으로 미국의 전쟁정책에 다소의 혼란을 초래하기도 하였지만 중공으로의 확전은 피한다는 원칙은 확고하게 유지되었다. 그래서 1950년 12월부터 1951년 사이에 미국의 전쟁정책은 UN을 통해 정치적인 협상을 진행시키되, 군사적으로는 전열을 정비하여 중공의 진격을 적극 저지하고 전선을 안정화시킨다는 정치와 군사의 병진정책으로 나타났다. 1950년 12월 중 진행되었던 국무성과 국방성 논쟁은 모형 Ⅱ의 전형적인 모습을 보여주는 것이며 이후의 미국의 전쟁정책은 정치와 군사의 병진정책으로 국가목표와 목적을 전략적으로 극대화하는 것이라고 볼 때 모형 Ⅰ의 유형도 포함되고 있다.

그러나 한편으로는 모형 Ⅲ의 유형도 나타나고 있다. 1950년 12월 14일의 국가안보회의의 토의를 거쳐 15일 오전에 트루만은 UN 원칙의 유지, 자본주의국가들의 공동방위의 강화, 군사력의 강화와 무기생산의 확대 및 경제의 확대와 균형이라는 임무의 달성을 국민들에게 호소하고, 이튿날부터 국가비상사태를 선포했다. 국가비상사태의 선포는 실제로 전면전을 상정했다기보다는 위기상황을 조성, '국내 합의'를 유도하고 소련의 위협을 미국의 위기로 연결시켜 이에 대한 적절한 대처로 대중들에게 강력한 행정부의 인상을 심어주어 그들의 불만을 잠재우고 이를 토대로 한국전쟁의 지속과 NATO 등 동맹국의 군사력 강화를 위한 병력과 재원의 안정적인 조달을 목적으로 한 것이었다. 이러한 면은 국내정치의 산물로서의 정책이 결정된 정치모형의 형태를 보여주고 있다.

또한 1952년 5월 이후 트루만 행정부가 군사적 압력을 강화한 것은 교착상태에 빠진 휴전협상을 유리하게 진행시키기 위해 군사적 수단을 사용한다는 기본적인 종전정책 이외에 국내정치체제의 환경

변화도 중요한 요인이 되었다. 공화당과 민주당 모두 한국전쟁을 선거의 최대 이슈로 삼아 조기종전 약속의 한편에서 그것을 구실로 공산주의에 대한 비타협적 태도의 견지와 유화적 태도의 중지를 요구하는 양면적인 모습을 취했다. 이는 국내정치의 산물로서의 정책결정이라는 측면에서 정치모형(모형 Ⅲ)으로 설명이 가능하다.

1952년 여름부터 정책결정체제 내에서 애치슨의 독보적 위치가 붕괴되고 국방성의 견해가 점차 유력하게 된 것도 군사적 압력강화의 한 요인이 되었다. 국방성은 중공으로의 확전을 무릅쓰더라도 군사적 승리를 획득해야 하고 미군의 군사력 우위가 확고하므로 어떠한 양보도 있을 수 없으며 미군이 우위를 점하고 있고 미 공군기들이 북한에 대한 폭격을 계속하고 있는 동안에 포로문제가 해결될 수 있다고 주장하였다(Foot, 1985: 182). 이는 조직의 산출로서 정책이 결정되고, 국방성이 정부의 지도자에게 효과적인 선택을 하게끔 한다는 측면에서 모형 Ⅱ로 설명된다.

1952년 12월 2일에서 5일 사이에 미국 제34대 대통령으로 당선된 아이젠하워가 선거 때 '본인이 한국에 가서 전선을 살펴보고 한국전쟁을 조속히 그리고 명예로운 방법으로 종결시키겠다'라는 선거공약을 지키기 위하여 한국을 방문했다. 이때 UN군 사령관은 평양-원산선으로 진격할 계획을 건의하였으나 아이젠하워는 이를 받아들이지 않았다. 이는 한국전쟁에 관한 트루만 행정부가 추구하던 현 접촉선에서 휴전협정을 성립시킨다는 기존 정책에는 변함이 없음을 보여준 것이었다(국방부 전사편찬위원회, 1987: 150). 이러한 사실들은 국내정치적 결과로서의 정책이 결정되었다는 모형 Ⅲ의 유형을 볼 수 있다.

이상에서 분석한 바와 같이 한국전쟁의 제3기는 사실상 모형 Ⅰ
과 모형 Ⅱ, 그리고 모형 Ⅲ이 혼재되어 나타나는 시기인 것을 볼
수 있다. 즉, 국내정치적인 이유와 국방성과 국무성의 대립이 동시
에 존재하며 국가의 목표를 전략적으로 극대화하는 행위로서의 정
책 결정과정인 것이다.

2) 구성개념들

미 국방성은 일본에 근무하는 미군을 보존하기 위하여 한국으로
부터 질서 있게 철수하는 쪽으로 기울어 있었지만, 러스크가 1950
년 12월 3일 한국에 남아 중공군과 싸울 것을 제안한 정치적 결정
을 선호하는 쪽으로 방향의 전환을 하면서 한반도에서 군사적 승리
를 거두고 그대로 주둔한다는 방향으로 결정된 것이다. 워싱턴은
이러한 과정이 한반도로부터 축출됨으로써 초래되는 유엔의 위신에
대한 재앙적인 타격을 피하는 것이라고 판단하였다. 물론 한국에서
의 미국 정책목표에 대한 지속적인 재검토가 요구되었고, 한국 안
보에 대한 미국 개입의 기간 및 범위를 결정하기 위한 검토도 필요
하였다. 이러한 결정은 행위자기 통합된 정부이며, 미국의 입장에서
합리적인 선택으로서 행위라는 측면에서 합리적 행위자모형으로 분
석되기도 하지만 국방성의 주장과 국무성의 주장이 대립된 가운데
결정이 이루어 진 것으로서 각 조직이 행위자가 되기도 한다. 또한
정치적 목적에 의한 개인적인 선호도 작용하였다는 측면을 볼 때,
앨리슨의 세 모형이 동시에 작용한 것으로 분석된다.

3) 지배적인 추론 경향

중공의 개입에 의해 한반도에 대한 미국의 정책은 다시 변화하기 시작하였다. 국방성은 일본의 안보가 더욱 중요하다는 데 동조를 하였으나, 현실적으로 대세가 판가름 난 한반도에서 몇 개 사단을 철수시켜 일본에 주둔시키며, 강요에 의한 철수보다는 자발적인 철수가 더 낫다는 데 의견을 모으고 맥아더의 증파요청을 거부하며, 반대로 한국에서 유엔군의 철군을 제기하였다. 이러한 국방성의 주장에 대하여 국무성은 유엔군이 군사작전의 결과에 따라서 강제적으로 축출되지 않는 한 자발적인 철수는 결국 침략을 감수하는 것으로 미국의 위신과 군사적 신뢰를 심각하게 손상시킬 것이므로 한반도에서의 안정적 방어선의 확보에 진력을 해야 한다고 하여 국방성과는 다른 견해를 나타냈다(U.S. Department of State, 1976c: 1588-1590). 국방성과 국무성의 행위는 과거의 조직행위가 현재에서도 그대로 유지가 되고, 미래에도 지속적으로 유지될 것이라는 것을 보여준다. 즉, 국방성은 전쟁 전부터 주한미군 철수를 주장해 왔고, 현재에도, 미래에도 주한미군의 철수를 주장한다는 것이다. 반대로 국무성은 전쟁 전에도 철수를 반대하였고, 현재도, 그리고 미래에도 주한미군의 철수를 반대한다는 것이다. 이것은 조직의 행위모형(모형 Ⅱ)의 지배적인 추론 경향을 그대로 보여주는 것이다.

또한 동시에 휴전협정을 달성하는 것이 미국의 입장에서는 더 이상의 희생을 막고 소련에 대한 봉쇄정책도 성공한 것으로 판단되기 때문에 국가의 목표로서 가치를 최대화 한 선택이라는 점에서 볼 때 모형 Ⅰ의 지배적인 추론 경향으로 분석된다.

4) 일반적인 명제

1950년 12월 2일, 트루만 및 애치슨과의 회의에서 국방성은 휴전타결로 중공에 지불할 대가에 대해 문제를 제기하였다. 마샬은 한반도 철수, 유엔에서 중공 의석 보장, 대만 포기, 일본평화조약에 중공 참여 등 대가가 클 것으로 판단하였다. 애치슨은 한국을 포기하는 데 어려움이 있다고 말하였다. 그 후 군사적 구축은 가속화되어야 하며, 트루만은 미 국민에게 한국 상황의 심각성을 알게 해주어야만 한다는 데 합의가 이루어졌다(U.S. Department of State, 1976c: 1311-1313). 맥아더의 한반도에 대한 평가는 12월 3일 펜타곤에서 열린 국무성과 국방성 간의 회의에서 반영되었다. 토의는 휴전의 필요성과 그 대가지불에 대한 것으로 범위가 좁혀졌다. 애치슨은 한국을 포기하고 38도선에서의 휴전은 수용할 수 있으나, 중공은 틀림없이 더 많은 것을 요구할 것이며, 미국은 가장 참혹한 선택을 한다고 판단하였다. 브래들리 장군은 군사적 견해에서 휴전이 바람직하다는 데 동의하였으나 휴전을 얻는 비용이 클 것이라고 말하였다(U.S. Department of State, 1977: 1325-1326).

이상에서 보는 바와 같이 정부가 어떤 행위를 했을 경우 각각의 결과에 대한 평가 비용이 너무 크면 그 행위의 선택가능성이 줄어든다는 합리적 행위자모형과 일치한다.

1951년 2월 11일 각서에 의하면 한국문제를 ① 무력에 의한 한국통일을 위하여 미군과 UN군의 강화, ② 신속한 철수, ③ 중공에 대한 확전으로 한국문제해결, ④ 현 전선의 무한정한 교착, ⑤ 12월 휴전안에 따른 휴전을 통하여 종전하거나 외국군 철수를 조건으로 하는 잠정협정의 체결 등 미국이 취할 수 있는 다섯 가지의 정책대

210

안(U.S. Department of State, 1983a: 165-167)에 대한 검토를 하였는데 이 회의는 합의에 도달할 수 없었다. 국방성은 국무성이 한국전쟁에 대한 정치적 목표를 먼저 세워야 거기에 맞는 군사작전을 수행할 수 있다고 주장하고 국무성은 군사적 전개과정을 좀 더 두고 본 뒤에야 정치적 목표를 설정할 수 있다고 주장했기 때문이다. 그러나 결국 국무성이 우선 정치적 목표의 설정에 나섰다. 애치슨이 한국 파병 국가들과 협의한바, 이들의 대부분은 외교적인 해결을 선호하여 38도선 재돌파를 보류하기로 결정하였다. 그 근거는 공산군 측의 반격가능성과 이에 대한 대응능력의 부재, 미국이 아직 준비하지 못한 전면전으로의 확전 위험, 병력과 자원의 한계, 동맹국의 지지상실, 한국에의 집착은 미국의 힘의 분산을 초래하게 된다는 것이었다(U.S. Department of State, 1983a: 189-194). 국무성의 이러한 입장에 대하여 국방성과 맥아더는 강력하게 반발하며 38도선 재돌파를 주장하였다. 국방성은 38도선 재돌파 후 평양과 원산선에서 방어선을 확보해야 한다고 주장하였다(U.S. Department of State, 1976c: 232-234). 여기서 국방성이 평양과 원산선을 고집한 이유는 38도선은 군사적으로 어떤 중요성도 갖지 않으며 쌀 생산의 북방한계선까지 포함할 수 있으며 더욱이 평양을 확보함으로써 총인구의 90%를 보유하게 되기 때문이었다. 또한 중공이 협상을 할 준비를 갖추게 하기 위해서는 한 번 더 강력한 공격을 해야 한다는 논리를 내세우면서 38도선 재돌파를 주장했다(U.S. Department of State, 1983a: 232-234).

결국 국무성과 국방성의 정책대립은 대통령이 직접 성명을 발표하여 전투행위 종식과 전쟁재발을 방지하는 협정을 제의하고, 휴전

성립 시까지 군사작전을 계속한다는 절충안으로 귀착되었다.

　이상의 내용을 분석해 볼 때, 국무성이나 국방성은 각각의 조직의 선호를 나타내고 있고, 한 개인 행위자인 맥아더의 독특한 선호와 입장이 정부행위에 중요한 영향을 미쳤다는 측면, 그리고 선택되어진 절충안이 통상 정치적 게임을 배경으로 한 조직의 선호를 나타낸다는 측면에서 분석해 볼 때 이는 모형 Ⅱ와 모형 Ⅲ으로 설명되어진다.

5) 증 거

　1951년 11월 27일 군사분계선문제가 타결되고 1달간의 시험적 휴전에 돌입한 이후 미국은 동년 12월 20일 NSC 118/2를 채택하였다. NSC 118/2에서는 협상이 성공적으로 추진될 경우와 그렇지 못할 경우를 구분하여 구체적인 행동원칙을 수립했는데, 특히 협상의 지연 또는 실패 시 취할 조치를 다음과 같이 6개로 구분하여 제시하였다. ① 전면적인 발발가능성에 대비하여 현재의 동원 이외에 여타의 대응방안을 마련한다. ② 현재의 능력에 맞게 군사작전을 증가하여 상대방의 군사력을 파괴한다. ③ 압록강댐과 전력시설의 폭격 규제 등 모든 공격제한을 철폐한다. 단 소련 국경 12마일 이내 공격제한 규정은 그대로 유지한다. ④ 만약 중공공군의 활동이 증대하면 대통령의 재가하에 중공 공군기지 폭격을 실시한다. ⑤ 경제, 외교적 압박을 가한다. ⑥ 유엔의 군사력을 증강한다. ⑦ 중공과 북한 내의 반공게릴라를 최대한 지원하고 중공에 대한 비밀공작을 강화한다(U.S. Department of State, 1983a: 1382-1387).

　이처럼 기존의 공격제한 지역과 대상을 상당히 완화시키고 있다는 점에서 NSC 118/2도 역시 기본적으로 제한전쟁정책을 원칙으로 하고 있지만, NSC 48/5에서 제시한 소극적인 의미에서의 제한전쟁 정책에서 벗어나 보다 적극적이고 공격적인 내용을 담고 있는 것으로 평가된다.

이러한 증거로서의 공식문서인 NSC 118/2와 같은 문서는 정부의 정책이 공식문서로 나타나고 여기서 나타나는 정부의 행위는 가치를 최대화 하는 것이다. 이는 합리적 행위자모형으로 설명이 된다. 또한 NSC 48/5에서나 NSC 118/2에서 모두 제한전쟁정책을 다루고 있다는 것은 일종의 관행에 의해 지속되는 것으로 볼 때 조직의 행위모형으로 분석된다.

Ⅳ. 분석 결과 및 평가

1. 한국전쟁 발발 이전 시기(제1기)

2차세계대전이 종료되고 한반도에 대한 미국의 군사정책은 전략적으로 무가치한 나라라는 측면이 강조되었다. 단지 소련의 공산화정책을 막는다는 봉쇄정책의 일환으로 고려되었을 뿐이다. 이러한 상황하에서의 주한미군의 철수과정에서 나타나는 미국의 대한반도 군사정책 결정과정을 분석해 보면, 국방성과 국무성의 견해차이가 정책 결정과정에 영향을 미치게 되었다는 사실을 발견할 수 있다. 이러한 정책 결정과정을 앨리슨의 이론모형을 적용하여 분석해 보면 다음과 같다.

이 당시의 논의과정을 보면 미국의 정책 결정과정에서의 의견분열을 잘 볼 수 있다. 한반도에서의 주한미군 철수라는 군사정책은 비록 국무성의 주장이 상당부분 반영이 되기는 하였으나 국방성이라는 조직의 지속적인 행위의 결과로서 나타난 정책결정이었으며, 이 목적을 달성하기 위해서 국방성이라는 조직은 지속적으로 정부의 지도자에게 선택을 하게끔 정보를 제공하였다. 앨리슨이 주장한 대로 '대외문제에 있어서의 결정은 대통령이 거의 하지 않으며, 그들의 선택을 제한하는 기본적인 결정은 이미 이전에 모두 결정되어져 있다. 즉 지도자의 공식적인 선택은 이미 조직의 산출에 의해 결정되어 있기 때문에 의미가 없다'라는 측면에서 국방성과 국무성이라는 조직이 산출한 결과를 대통령인 트루만이 받아들인 것이다. 이는 모형 Ⅱ의 분석의 기본단위와 일치한다.

전술한 바와 같이 분석의 기본단위에서 나타난 결과로 볼 때, 주한미군 철수라는 군사정책이 조직의 산출이라는 것이었으며, 여기서 분석된 정책 결정과정에서 나타나는 행위자는 합리적이고 통합된 정부가 아니며, 개인도 아닌 전형적인 조직들의 집합체인 국방성과 육군성 그리고 국무성이다. 이는 모형 Ⅱ의 행위자로 분석이 된다.

주한미군의 철수문제는 국방성과 국무성이 지속적으로 주장해온 행위로서 비록 국방성 장관과 국무성 장관이 교체가 되었어도 조직의 관행대로 지속적으로 철군과 주둔을 주장한다는 사실이다. 이것은 앨리슨의 모형 Ⅱ의 설명과 일치한다.

현존하는 조직화된 능력이 그 조직의 대안이나 행위 등이 정부나 조직의 리더에 의해 선택되어질 확률을 증가시킨다. 주한미군의 철수라는 것이 국방성이 선정한 대안이다. 국방성은 그 대안을 NSC 문서의 형태로 평가와 정보를 대통령에 제공함으로서 주한미군의 철수를 주장하는 관행을 반영하였다. 이는 모형 Ⅱ의 내용으로 설명이 가능하다.

국방성과 국무성의 행동은 직선이다. 즉 한 시점 t에서의 행위인 주한미군의 철수와 주둔에 대한 주장은 t-1에서의 행위인 주한미군의 철수와 주둔에 대한 주장이 별 차이가 없다는 것이다. 이것은 조직의 변화가 급진적으로 이루어지지 않는 특성 때문이다. 이러한 분석들은 앨리슨의 모형 Ⅱ의 일반적인 명제와 일치한다.

정부에 의해 수행되어진 어떠한 행동들도 가치극대화의 선택이라는 설명을 구성할 수 있다고 주장한 모형 Ⅰ로 설명하기가 곤란한 부분을 모형 Ⅱ에서 관행이나 표준운영절차와 같은 조직의 특성으로 설명이 가능하다. 다시 말해서 주한미군의 철수라는 정부의 군사정책결정이 가치극대화의 선택이라고 설명하기가 곤란하지만 조직의 관행이나 표준운영절차 등과 같은 조직의 특성이 이를 가능하게 한다는 것이다. 이는 모형 Ⅱ의 설명과 일치한다.

이상에서 분석된 결과를 정리해 보면 다음 〈표 4-1〉과 같다.

〈표 4-1〉 제1기 분석요약

	분석 내용	모형 유형
분석의 기본단위	·한반도에서의 주한미군 철수라는 군사정책: 국방성이라는 조직의 지속적인 행위의 결과로서 나타난 정책결정.	모형 Ⅱ
	·조직의 산출: 주한미군의 철수라는 것이 실질적으로 나타났음.	모형 Ⅱ
	·이 목적을 달성하기 위해서 국방성은 지속적으로 정부의 지도자에게 선택을 하게끔 정보를 제공.	모형 Ⅱ
	·형태: NSC의 문서.	모형 Ⅱ
	·국방성이라는 조직이 산출한 결과를 대통령이 받아들인 것.	모형 Ⅱ
구성 개념들	·행위자: 전형적인 조직들의 집합체인 국방성.	모형 Ⅱ
	·문제: 국방성은 군사적인 측면에서 본 문제이고 국무성은 외교적인 측면에서 본 문제.	모형 Ⅱ
	·임무명세서: 국무성은 외교, 국방성은 군사라는 명확하고 분명한 각각의 임무명세서 보유.	모형 Ⅱ
	·받아들일 수 있는 목표: 국무성의 입장에서 볼 때는 주한미군주둔, 국방성의 입장에서 보면 주한미군의 즉각적인 철수.	모형 Ⅱ
	·주한미군 철수와 주둔이라는 목표에 대하여 지속적인 관심을 가지고 표준운영절차에 의해 각 성의 입장을 표명.	모형 Ⅱ
	·불확실한 미래 회피: 국무성은 한국과 일본의 공산화를 회피하려는 것이고, 국방성은 유럽에 대한 소련 침공을 회피.	모형 Ⅱ

	분석 내용	모형 유형
지배적인 추론 경향	·국방성 장관과 국무성 장관이 교체가 되었어도 조직의 관행대로 지속적으로 철군과 주둔을 주장.	모형 Ⅱ
일반적인 명제	·국방성과 같은 영향력 있는 조직의 대안이 NSC 문서의 형태로 평가와 정보를 형성함으로서 대통령에 의해 받아들여짐.	모형 Ⅱ
	·지도자는 주한미군의 철수로 인한 위기상황에 대해서는 경시하는 행태를 보이고 있음.	모형 Ⅱ
	·국방성이라는 조직은 조직의 관행대로 한반도에서의 위기를 인식하면서도 주한미군의 철수를 주장하는 관행을 반영.	모형 Ⅱ
	·국방성과 국무성의 행동은 직선이다. 시점 t에서의 행동과 t−1에서의 행동, t+1에서의 행동이 일치. ·조직의 변화가 급진적으로 이루어지지 않는 특성 때문.	모형 Ⅱ
	·국방성의 주한미군 철수는 비록 그에 따른 위험 즉, 비용이 들더라도 목적 즉 효과를 초월하지 않기 때문에 지속된다.	모형 Ⅱ
증 거	·주한미군의 철수는 정부의 가치극대화의 선택이 아니라 조직의 관행이나 표준운영절차 등과 같은 조직의 특성에 의한 것이다.	모형 Ⅱ

미국의 주한미군 철수과정상에 나타나는 군사정책 결정과정은 〈표 4-1〉의 분석결과로 볼 때 다섯 가지 분석 내용이 모두 앨리슨의 모형 Ⅱ인 '조직의 행위모형'으로 나타났다. 이것은 위기가 표면상 떠오르지 않고 내재된 상황에서의 군사정책결정은 영향력이 있는 조직의 주장대로 결정되어 질 수 있다는 것을 볼 수 있다. 이 시기에 정치모형의 내용이 나타나지 않는 이유는 한반도의 전략적 무가치성 때문인 것으로 판단된다. 국내정치적인 입장이나 개인의 이해관계가 적용될 이유가 없었다는 것이다. 단지 국방성과 국무성

은 각 조직에 할당된 임무, 즉 군사와 외교라는 두 조직의 임무와 관련이 되어 있기 때문에 조직의 관행대로 움직였을 뿐이다. 그렇기 때문에 제1기의 분석결과는 앨리슨의 조직의 행위모형(모형 Ⅱ)의 전형적인 형태로 나타난다.

2. 한국전쟁 발발과 북진 시기(제2기)

미국의 한국전쟁 개입에 관한 군사정책결정은 미국이라는 한 국가가 선택한 정부의 행위이다. 즉 미국의 국내정치의 산물도 아니고, 조직에 의해 결정되어 하나의 정책으로 나타난 것이 아니라 외부에서 발생한 문제에 대해 참전이라는 군사정책결정을 정부가 선택하였다는 것이다. 세계평화를 유지하고, 신생독립국의 공산화를 막고, 전략적으로 가치가 있는 일본의 공산화를 방지하겠다는 국가적 목표를 가지고 그 목표를 전략적으로 극대화할 수 있는 행위인 한국전쟁 참전이라는 군사정책설정을 선택하였다고 분석된다. 이것은 모형 Ⅰ의 분석의 기본단위와 일치한다. 행위자는 합리적이고 통합된 정부이다. 한국의 전략적 가치의 유무와 관계없이 미국의 국익과 관련하여 대한반도 군사정책은 전쟁개입으로 결정되었다. 즉 조직의 산출이 아니며, 개인이나 국내정치의 결과가 아닌 합리적이고 통합된 정부가 선택한 행위라는 것이다. 미국이 한국전쟁에 개입하기로 결정한 군사정책은 그 목표가 미국의 이익과 관련되어 있고, 좀 더 발전된 목표인 대소 봉쇄정책을 달성하기 위한 행위이며, 미군의 개입이 한반도의 통일과 소련의 영향력하에서 벗어 날 것이라는 일련의 결과를 가져온다. 그리고 이러한 개입결정은 미국의 이익을 최대화하는 선택이다라는 것이다. 이러한 분석은 앨리슨의 모형 Ⅰ과 일치한다.

미국의 이러한 정책결정은 소련의 공산화정책을 저지한다는 미국의 목표를 달성하기 위한 가치를 최대화하는 수단으로 선택되어진 것이라는 것이다. 이러한 점에서 앨리슨의 모형 Ⅰ의 추론 경향과 일치한다. 미국정부가 인지한 바로는 미국이 전면 개입을 하더라도 소련과 중공이 개입하지 않을 것이라는 판단을 하였기 때문에 충분히 북한군을 괴멸시킬 수 있을 것이라고 평가를 했다는 것이다. 이러한 평가가 결국 한국전쟁에 참전하고, 전쟁목적을 확대하게 되는 정책결정을 가져오게 된 것이다. 이러한 분석은 앨리슨의 모형 Ⅰ의 일반적인 명제와 일치한다. 즉, 한국전쟁 개입이라는 정부의 행위가 가치를 극대화하기 위한 행위이며, 어떤 특별한 행위 즉, 한국전쟁의 적극개입은 소련과 중공이 관여하지 않을 것이고 충분히 승리할 수 있다고 평가하였기 때문이었다. 이때 비용이 증가한다고 인식되었다면 즉, 소련이나 중공이 개입할 것이라고 판단이 되면 한국전쟁 개입가능성은 줄어들었을 것이다. 그러나 비용감소, 즉 중공과 소련이 개입하지 않을 것이라고 판단되었기 때문에 참전이라는 행위가능성이 증가하였다. 이러한 분석결과를 앨리슨의 이론모형에 적용해 보면 모형 Ⅰ의 일반적인 명제와 일치한다.

정부의 행위를 공식적으로 표명하기 위한 방법으로는 UN 안전보장이사회에 제출한 결의안, NSC 81, 81/1, 트루만의 성명 등으로 미국의 군사정책결정이 합리적인 결정이었다는 것을 나타내고 있다. 즉 세부적인 행위에 대한 증거, 국가의 공식적인 성명, 정부문서는 가치를 극대화하는 선택을 나타내는 것이라는 모형 Ⅰ의 증거와 동일하다.

이상에서 분석된 결과를 정리해 보면 다음 〈표 4-2〉와 같다.

미국의 한국전쟁 개입결정과 군사작전을 확대한다는 군사정책결정은 〈표 4-2〉의 분석결과로 볼 때 다섯 가지의 분석내용이 모두 앨리슨의 모형 Ⅰ인 '합리적 행위자모형'으로 나타났다. 한 국가가 대외정책을 결정할 때 그 국가는 직면한 전략적 상황에 반응해서 행동하며, 이때 국가는 단일한 행위자이고, 정부는 국가목표와 목적을 전략적으로 극대화할 수 있는 최선의 행위를 선택한다는 앨리슨의 주장은 위의 분석 결과로 볼 때 타당성을 가진다고 평가된다.

<표 4-2> 제2기 분석요약

	분석 내용	모형 유형
분석의 기본단위	·한국전쟁 개입에 관한 군사정책결정은 미국이라는 한 국가가 선택한 정부의 행위.	모형 Ⅰ
	·전략적으로 가치가 있는 일본의 공산화를 방지하겠다 는 국가적 목표를 가지고 그 목표를 전략적으로 극대 화할 수 있는 행위.	모형 Ⅰ
구성 개념들	·행위자는 합리적이고 통합된 정부.	모형 Ⅰ
	·한국의 전략적 가치와 관계없이 미국의 국익과 관련 하여 전쟁개입이 결정되었다. 즉 합리적이고 통합된 정부가 선택한 행위이다.	모형 Ⅰ
지배적인 추론 경향	·미국이 한국전쟁에 개입한 것은 대소 봉쇄정책의 일 환으로서, 미국의 목표를 달성하기 위한 가치를 최대 화하는 수단으로 선택.	모형 Ⅰ
일반적인 명제	·미국이 전면 개입을 하더라도 소련과 중공이 개입하 지 않을 것이라는 판단을 하였기 때문에 충분히 북한 군을 괴멸시킬 수 있을 것이라고 평가.	모형 Ⅰ
	·한국전쟁의 적극개입은 비용이 증가한다고 인식되었 다면 즉, 소련이나 중공이 개입할 것이라고 판단이 되 었다면 한국전쟁 개입가능성은 줄어들었을 것이다. 그 러나 비용감소, 즉 중공과 소련이 개입하지 않을 것이 라고 판단되었기 때문에 참전이라는 행위가능성이 증 가하였다. 북진결정도 동일한 결과이다.	모형 Ⅰ
증 거	·정부의 행위를 공식적으로 표명하기 위한 방법으로는 UN 안전보장 이사회에 제출한 결의안, NSC 81, 81/1, 트루만의 성명 등.	모형 Ⅰ

3. 전선의 교착과 휴전협상 시기(제3기)

미국은 맥아더와 국방성의 '대중공확전론'과 국무성의 '휴전'주장이 팽팽히 맞서다가 결국은 양 극단의 절충으로서 후퇴를 통한 전쟁의 제한전화와 협상을 통한 해결방식을 선택하였다. 1950년 12월 중 진행되었던 국무성과 국방성 논쟁은 모형 Ⅱ의 전형적인 모습을 보여주는 것이며 이후의 미국의 전쟁정책은 정치와 군사의 병진정책으로 국가목표와 목적을 전략적으로 극대화하는 것이라고 볼 때 모형 Ⅰ의 유형도 포함되고 있다. 한편으로는 모형 Ⅲ의 유형도 나타나고 있다. 국가비상사태를 선포했는데 그것은 실제로 전면전을 상정했다기보다는 위기상황을 조성, '국내 합의'를 유도하고 소련의 위협을 미국의 위기로 연결시켜 이에 대한 적절한 대처로 대중들에게 강력한 행정부의 인상을 심어주어 그들의 불만을 잠재우고 이를 토대로 한국전쟁의 지속과 NATO 등 동맹국의 군사력 강화를 위한 병력과 재원의 안정적인 조달을 목적으로 한 것이었다. 이러한 면은 국내정치의 산물로서의 정책이 결정된 정치모형의 형태를 보여주고 있다. 또한 공화당과 민주당 모두 한국전쟁을 선거의 최대 이슈로 삼아 조기종전 약속의 한편에서 그것을 구실로 공산주의에 대한 비타협적 태도의 견지와 유화적 태도의 중지를 요구하는 양면적인 모습을 취했다. 이는 국내정치의 산물로서의 정책결정이라는 측면에서 모형 Ⅲ으로 설명이 가능하다.

한편으로는 1952년 여름부터 정책결정체제 내에서 애치슨의 독보적 위치가 붕괴되고 국방성의 견해가 점차 유력하게 된 것도 군사적 압력강화의 한 요인이 되었다. 국방성은 중공으로의 확전을 무릅쓰더라도 군사적 승리를 획득해야 하고 미 공군기들이 북한에 대한 폭격을 계속하고 있는 동안에 포로문제가 해결될 수 있다고 주장하였다. 이는 조직의 산출로서 정책이 결정되고, 국방성이 정부의 지도자에게 효과적인 선택을 하게끔 한다는 측면에서 모형 Ⅱ로 설명된다.

이상에서 분석한 바와 같이 한국전쟁의 제3기는 사실상 모형 Ⅰ과 모형 Ⅱ, 그리고 모형 Ⅲ이 혼재되어 나타나는 시기인 것을 볼 수 있다. 즉, 국내정치적인 이유와 국방성과 국무성의 대립이 동시에 존재하며 국가의 목표를 전략적으로 극대화하는 행위로서의 정책 결정과정인 것이다.

구성개념들을 중심으로 분석해 보면, 행위자가 통합된 정부이며, 미국의 입장에서 합리적인 선택으로서 행위라는 측면에서 합리적 행위자모형으로 분석되기도 하지만 국방성의 주장과 국무성의 주장이 대립된 가운데 결정이 이루어 진 것으로서 각 조직이 행위자가 되기도 한다. 또한 정치적 목적에 의한 개인적인 선호도 작용하였다는 측면을 볼 때, 앨리슨의 세 모형이 동시에 작용한 것으로 분석된다.

지배적인 추론 경향으로는 국방성과 국무성의 행위는 과거의 조직행위가 현재에서도 그대로 유지가 되고, 미래에도 지속적으로 유지될 것이라는 것을 보여준다. 즉, 국방성은 전쟁 전부터 주한미군 철수를 주장해 왔고, 현재에도, 미래에도 주한미군의 철수를 주장한다는 것이다. 반대로 국무성은 전쟁 전에도 철수를 반대하였고, 현재도, 그리고 미래에도 주한미군의 철수를 반대한다는 것이다. 이것은 조직의 행위모형(모형 Ⅱ)의 지배적인 추론 경향을 그대로 보여주는 것이다.

또한 동시에 휴전협정을 달성하는 것이 미국의 입장에서는 더 이상의 희생을 막고 소련에 대한 봉쇄정책도 성공한 것으로 판단되기 때문에 국가의 목표로서 가치를 최대화 한 선택이라는 점에서 볼 때 모형 Ⅰ의 지배적인 추론 경향으로 분석된다.

국무성이나 국방성은 각각의 조직의 선호를 나타내고 있고, 한 개인 행위자인 맥아더의 독특한 선호와 입장이 정부행위에 중요한 영향을 미쳤다는 측면, 그리고 선택되어진 절충안이 통상 정치적 게임을 배경으로 한 조직의 선호를 나타낸다는 측면에서 분석해 볼 때 이는 모형 Ⅱ와 모형 Ⅲ으로 설명되어진다.

증거를 중심으로 분석해 볼 때, 공식문서인 NSC 118/2와 같은 문서는 정부의 정책이 공식문서로 나타나고 여기서 나타나는 정부의 행위는 가치를 최대화하는 것이다. 이는 합리적 행위자모형으로 설명이 된다. 또한 NSC 48/5에서나 NSC 118/2에서 모두 제한전쟁정책을 다루고 있다는 것은 일종의 관행에 의해 지속되는 것으로 볼 때 조직의 행위모형으로 분석된다.

이상에서 분석된 결과를 정리해 보면 다음 〈표 4-3〉과 같다.

〈표 4-3〉 제3기 분석요약

분석의 기본단위	분석 내용	모형유형
	· 국방성의 '대중공확전론'과 국무성의 '휴전'주장의 절충으로서 전쟁의 제한전화와 협상을 통한 해결방식을 선택.	모형 Ⅱ
	· 미국의 전쟁정책은 정치와 군사의 병진정책으로 국가목표와 목적을 전략적으로 극대화하는 것.	모형 Ⅰ
	· 국가비상사태의 선포는 위기상황을 조성, '국내 합의'를 유도하는 국내정치의 산물로서의 정책결정.	모형 Ⅲ
	· 공화당과 민주당 모두 한국전쟁을 선거의 최대 이슈로 삼아 조기종전 약속.	모형 Ⅲ
	· 국방성은 중공으로의 확전을 무릅쓰더라도 군사적 승리를 획득해야 한다고 조직의 관행대로 주장.	모형 Ⅱ
	· 미국 제34대 대통령으로 당선된 아이젠하워의 선거공약과 관련한 휴전협정 정책.	모형 Ⅲ

	분석 내용	모형 유형
구성 개념들	·미국의 입장에서 합리적인 선택으로서 행위.	모형 Ⅰ
	·국방성의 주장과 국무성의 주장이 대립된 가운데 결정이 이루어 진 것으로서 각 조직이 행위자이다.	모형 Ⅱ
	·정치적 목적에 의한 개인적인 선호가 작용.	모형 Ⅲ
지배적인 추론 경향	·국방성은 전쟁 전부터 주한미군 철수를 주장해 왔고, 현재에도, 미래에도 주한미군의 철수를 주장. 반대로 국무성은 전쟁 전에도 철수를 반대하였고, 현재도, 그리고 미래에도 주한미군의 철수를 반대한다는 것.	모형 Ⅱ
	·미국 제34대 대통령으로 당선된 아이젠하워도 트루만 행정부가 추구하던 현 접촉선에서 휴전협정을 성립시킨다는 기존 정책을 고수.	모형 Ⅱ
	·휴전협정을 달성하는 것이 미국의 입장에서는 더 이상의 희생을 막고 소련에 대한 봉쇄정책도 성공한 것으로 판단되기 때문에 국가의 목표로서 가치를 최대화 한 선택이다.	모형 Ⅰ
일반적인 명제	·트루만의 '원폭 사용 적극 고려' 발언은 결과에 대한 비용이 너무 크기 때문에 그 행위의 선택가능성이 줄어든다.	모형 Ⅰ
	·1951년 2월 국무성은 휴전을 통하여 종전하거나 외국군 철수를 조건으로 하는 잠정협정을 체결하려 하고, 이에 대해 국방성과 맥아더는 강력하게 반발하며 38도선 재돌파를 주장.	모형 Ⅱ
	·개인 행위자인 맥아더의 독특한 선호와 입장이 정부 행위에 중요한 영향을 미쳤다.	모형 Ⅲ
증 거	·NSC 118/2와 같은 문서는 정부의 정책이 공식문서로 나타나고 여기서 나타나는 정부의 행위는 가치를 최대화 하는 것.	모형 Ⅰ
	·NSC 48/5과 NSC 118/2에서 모두 제한전쟁정책을 다루고 있다는 것은 일종의 관행에 의해 지속되는 것.	모형 Ⅱ

　한국전쟁 시 전선의 교착과 휴전회담이 진행되는 시기의 미국 군

사정책결정은 〈표 4-3〉의 분석결과로 볼 때 앨리슨의 '합리적 행위자모형', '조직의 행위모형' 그리고 '정치모형'이 혼합된 형태로 나타났다. 즉 이 3가지의 모형을 동시에 적용할 경우 설명력이 있다고 판단된다. 위와 같은 경우, 정책결정을 하는 과정에서 시간적 여유가 있고, 긴박감이 없는 상황에서는 정책결정에 영향을 미치는 여러 가지의 요소들이 동시에 작용하는 것을 볼 수 있다. 이러한 분석결과를 볼 때, 일반적인 정책결정을 분석할 때는 사안의 위기상황이나 국가적 목표의 중요성에 따라 합리적 행위자모형, 조직의 행위모형 그리고 정치모형 중 어느 하나의 모형이 더 설득력이 있을 수는 있지만, 세 모형을 동시에 적용하는 것이 가장 이상적이라는 것으로 평가된다.

V. 결 론

조직이 운영되어 가는 과정에는 항상 조직의 이상과 목적을 달성하기 위해 여러 가지 정책이 제안되고 집행되며 평가된다. 정책결정을 하는 데는 영향을 미치는 제약요인들이 있다. 특히, 군사정책결정은 그 본질과 특성상 일반 정책결정과는 또 다른 제약요인이 있다. 군사정책의 목적은 국가의 생존과 결부되므로, 시한이 촉박하며, 다른 것들보다 우선시 되는 초월적인 특성이 있다. 미래 국가안위를 위해서는 이러한 특성들을 배경으로 군사정책 결정과정에 대한 지속적인 연구가 필요하다.

본 연구의 연구목적은 국가의 생존이 걸려 있고 시한이 촉박한 위기 시의 군사정책 결정과정에 적합한 모형을 제시하기 위하여 한국전쟁 시 미국의 대한반도 군사정책 결정과정에 앨리슨 모형의 분석기준을 적용하여 이론의 설명력을 파악함으로써 군사적 위기 시 어떠한 모형이 국가의 안전보장을 위한 바람직한 이론적 모형인지를 제시하는 데 있다. 이러한 삭업은 국가적 위기 시 합리적인 정책결정을 이끌어 낼 수 있는 이론적인 모형을 도출함으로써 국가안전보장 확보에 기여할 수 있다.

정책 결정과정을 모형화하고 체계적으로 정리한 기본모형은 합리적 선택이론이다. 그러나 이러한 합리적 선택이론에 대하여 여러 학자들이 문제점을 제기하였고 이러한 상황에서 앨리슨이 쿠바 미사일 위기 시의 정책 결정과정을 분석하는 모형을 제시하였다. 앨리슨은 정부의 정책 결정과정을 설명하고 이를 분석하기 위한 틀로서 합리적 행위자모형(모형 I), 조직의 행위모형(모형 II), 그리고 정치모형(모형 III)을 구분하여 설명하고 있다. 이는 독창적인 모형 이라기보다 기존의 모형들을 합리적 행위자모형과 조직의 행위모형 으로 대별하여 재정리하고, 제3의 모형으로 정치모형을 새로이 제 시한 점에서 학문적 공헌이 크다. 합리적 행위자모형(모형 I)은 정부를 잘 조정된 유기체로 가정하고, 조직의 행위모형(모형 II)은 정부를 느슨하게 묶어진 반독립적인 하위조직들의 결합체로, 정치 모형(모형 III)은 상호 독립적인 정치행위자들의 집합체로 가정하고 있다. 세 모형이 동일하게 제시하고 있는 내용은 분석의 기본단위, 구성개념들, 지배적인 추론 경향, 일반적인 명제, 증거의 다섯 가지 이다.

본 연구는 위기상황하에서의 정책결정을 분석할 수 있는 모형을 모색하는 것이므로 기존의 여러 가지의 모형들을 검토하였다. 합리 모형은 합리적 행위자모형에 영향을 미쳤고, 만족모형과 회사모형 은 조직의 행위모형에 영향을 미쳤으며, 조직적 혼란상태 속에서 조직의 의사 결정과정을 분석하려는 회사모형이 정치모형에 영향을 미쳤다. 또한 합리적 행위자모형은 미시경제학, 전략이론, 통계이론 에 입각한 의사결정론 등의 기본적 가정과 개념 및 이론을 재정리 하였고, 조직의 행위모형은 조직을 의사결정이라는 측면에서 연구 한 사이먼 등의 기본적 가정, 개념 및 이론들을 재정리하였으며, 정 치모형은 의회, 행정부, 정당, 노조, 언론, 이익집단 등 사회 내 여 러 정치세력 간에 나타나는 협상, 타협, 설득, 연합형성, 경쟁, 지배 등을 분석한 최초의 의사결정론 및 다원주의적 정책 형성과정의 기 본적 개념 및 논리를 행정부 내의 조직들 간의 정책 형성과정에 도입하여 체계화 시켰다. 이러한 측면에서 앨리슨의 정책결정모형이 기존의 정책결정모형들을 종합하고 재정리하였고, 정책 결정과정을 좀 더 입체적이고 동태적으로 설명, 예측할 수 있는 이론이라고 할 수 있다.

앨리슨의 모형은 국제정치 분야나 외교에서의 의사결정을 설명할 목적으로 개발되었으며, 처음 제시되었을 때에도 핵심 행정부의 의사결정 분석에 대한 인식의 폭을 확대시키고, 여러 시각들의 객관적 적용가능성을 제시하는 데 크게 공헌하였다고 평가되었다. 이러한 앨리슨의 모형이 쿠바 미사일 위기 시의 정책 결정과정뿐만 아니라 그 이전에 발발한 한국전쟁에도 적용하여 설명력을 가지는지를 분석함으로서 또 다른 위기 시에도 앨리슨의 모형이 적용가능한지를 파악하는 것은 의미가 있다.

전술한 여러 가지 측면에서 볼 때, 앨리슨의 모형이 정책결정을 분석하는 데 포괄적인 적용가능성이 있고, 이를 이용하여 정책 결정과정을 분석하는 것은 의미가 있다고 판단되어 본 연구의 분석틀로써 선정하였다.

본 연구에서는 미국의 한국전쟁 참전 결정을 중심으로 한국전쟁을 세 개의 시기로 구분하여 분석한다. 시기를 나누는 기순은 위기의 정도를 중심으로 한다. 제1기는 한국전쟁 발발이전인 한국정부 수립 시기로서 사실상 위기가 내재하고 있으나 표면적으로 떠오르지 않은 시기이다. 제2기는 한국전쟁의 발발부터 중공의 개입 시기까지로 실제로 전쟁이 발발하였고, 위기가 상당히 고조된 시기이며, 제3기는 전선이 교착되고 전투가 소강상태에 이르러 전시상황이지만 비교적 안정된 시기이다.

이러한 시기를 기준으로 미국이 수행한 대한반도 군사정책을 분석하고 앨리슨의 어느 모형이 설명력을 가지는지를 분석하였다. 제1기인 한국전쟁 발발 이전 시기의 미국의 대한반도 군사정책은 주한미군 철수였다. 이 정책은 국무성의 주장이 상당부분 반영이 되기는 하였으나 그보다는 국방성이라는 조직의 지속적인 행위의 결과로서 나타난 정책결정이었다. 이를 앨리슨의 정책 결정과정의 모형을 설명하는 다섯 가지의 내용으로 분석을 해 본 결과 미국의 주한미군의 철수정책결정은 앨리슨의 '조직의 행위모형'이 충분히 설명력을 가진다. 제2기에서는 미국이 한국전쟁 개입을 결정하고, 군사작전을 확대하였다. 이 군사정책결정은 앨리슨의 '합리적 행위자모형'이 충분히 설명력을 가진다. 제3기인 전선의 교착과 휴전협상 시기에서의 군사정책결정은 '합리적 행위자모형', '조직의 행위모형' 그리고 '정치모형'이 혼합된 형태로 나타난 것으로 분석된다.

미국의 세계전략인 봉쇄정책은 제2차세계대전 이후 국제정치에서 양대 세력으로 등장한 미국과 소련이 서로 대립하는 양상을 띤 가운데, 미국이 소련의 비협조 및 독단적인 조치를 국익에 대한 위협이라고 인식한 데에서 등장하였다.

미국의 봉쇄정책이 한국전쟁 이전에는 구체적인 대한정책으로 구체화되지 않았다. 그 예로써 전쟁 발발 이전에 한국이 공산화될 위험이 있었음에도 불구하고 주한미군을 철수시킨 것은 한반도에서 소련의 팽창주의를 강력하게 봉쇄하겠다는 것이 아니었으나 한국전쟁에 미국이 개입한 것은 강력한 군사적 봉쇄정책을 채택하였다는 것을 입증한 것이다.

미국이 한국전쟁 발발 시 개입했던 목표는 어디까지나 전쟁 이전의 상태로 원상회복하는 데 있었다. 따라서 지상군의 군사행동이 38도선 이남에서만 전개하도록 엄격히 제한되었으며, 해·공군의 활동도 38도선 이북에서는 목표가 제한되어 있었다. 그러나 전쟁의 경과가 호전되어가자 이와 동시에 대한군사정책도 변화되었다.

미국이 한국전쟁에 신속하게 개입하고 미군을 주축으로 한 유엔군의 반격과 인천상륙작전의 성공으로 전세는 역전되었다. 한국에서 유엔군의 반격 계획이 성공적으로 수행되자 유엔군은 38도선 이북까지 진격해야 할 것인가에 대한 논의를 둘러싸고 또다시 미국의 정책결정자들 간에 한차례 논쟁이 벌어졌었다.

9월 27일 합동참모회의는 트루만 대통령의 승인을 받고 맥아더에게 새로운 훈령을 하달하였다. 그 훈령은 유엔군의 군사목표를 「북한군의 분쇄」에 두고 있었다. 소련이나 중공 주력부대의 참전이나 참전의도의 선언, 또는 그들이 유엔군의 북한에 대한 군사작전을 방지하겠다고 위협하는 일이 없는 한 위의 목표달성을 위해서 맥아더에게는 38도선 이북까지 군사작전을 확대할 권한이 부여되었다.

이러한 대한군사정책의 변화는 중공의 개입으로 또다시 변화하게 되었다. 중공군의 개입에 따라 전선의 상태가 불리하게 되자 미국은 군사작전을 통한 북한전역의 점령과 그 결과로써 실현될 한반도의 정치적 통일을 포기하였으며, 중공군의 전면개입으로 전선의 유지가 의문시되던 1950년 12월부터 1951년 1월 초에는 한국으로부터의 전면철수까지도 고려하였다.

그러나 1951년 1월 말 연합군이 전선을 안정시키고 전세가 호전되자 중공을 침략자로 규정하고 한반도 내에서 공산주의자들을 격퇴하여 다시는 재침할 수 없도록 최대한의 응징을 정치적 목적으로

설정하고 38도선을 중심으로 한 안정된 군사적 교착상태를 군사적
인 목표로 설정하였다.

한국전쟁 발발 시 미국은 대한정책에 대한 지침문서를 가지고 있
지 않았으며, 전쟁 수행 간에도 미국의 주 관심은 한반도에 대한
전략적 저평가로 인하여 대소 전면전 회피와 일본의 방위에 주안을
두고 대한정책을 추진하였다. 한국의 전략적 가치를 과소평가 하였
던 미국은 한국에 대한 공산주의자의 지배와 기지화가 다만 일본의
방위에 중대한 위협을 초래할지 모른다는 염려하에 소극적인 차원
에서 한국의 적화를 방지하려고 하였고 값비싼 대가를 치르면서 한
국을 지키려는 결의는 빈약했던 것이다. 이처럼 한·미관계 변화는
보호와 기피의 혼합 속에서 결국 상황적 필요성에 의존한 것이었
고, 이익의 비대칭성 때문에 한편으로는 선의와 선린이, 다른 한편
으로는 냉엄한 전략적 가치판단에 의한 전략적 정책이 강조되는 틈
새에서 미국의 대한정책과 한·미관계는 본질적인 차원에서보다는
상황의 유동성에 따라 진동을 거듭했던 것이다.

군사정책결정은 너무나 복잡한 변수들의 작용, 인간능력의 한계,
제도적 한계, 구조적 복잡성, 정보의 한계, 예측할 수 없는 요인 그
리고 항상 유동적인 국제정치환경과 위기상황 등 너무나 많은 요인
들이 작용하고 있어 사실상 합리성을 추구하는 데는 한계가 있다.
그러나 이러한 한계가 존재함에도 이 한계를 극복하고 합리적 결정
을 추구해야 한다는 것이 정책결정자들에게 계속 요구되고 있다.
따라서 여기서 말하는 합리성은 이상적인 합리성인 '목표와 가치의
극대화'가 아니라, '최적의 선택'을 의미하는 것이다. 이것은 결국
현실적으로 정책결정자들이 직면하고 있는 문제를 원만하게 해결할

수 있는 사실상 실용주의적인 입장에서의 '문제해결' 또는 '만족'을 의미하는 것이다.

정책 결정과정을 어떠한 이론적 모형 하나만으로는 완벽하게 설명할 수는 없다. 앨리슨(1999)도 모형 Ⅰ이 외교정책에서 설명력을 가지지만 단지 모형 Ⅰ 하나로만 설명하기는 곤란하다고 언급하고 있다. 그의 주장대로 이 3가지 모형을 조합하여 설명한다면 이는 충분한 설명력을 가진다.

그러나 본 연구의 결과로 볼 때, 앨리슨의 세 모형은 각각 그 비중과 적용에 있어서 시기별로 차이를 보인다. 즉, 위기상황의 정도에 따라 정책결정모형의 설명력이 달라진다는 사실을 확인하였다. 4장에서 분석한 바와 같이 위기감이 매우 고조된 상태에서는 '합리적 행위자모형'으로 설명이 되고, 동일선상에 있는 군사정책일지라도 시간적 여유가 있고 위기감이 적은 상황하에서는 '조직의 행위모형'과 '정치모형'으로 설명이 된다는 사실이다. 다시 말해서 위기상황이 고조되면 고조될수록 조직의 관행이나 이익집단의 행위가 끼어 들 여지가 없다는 것이다. 그러하기 때문에 위기상태가 극도로 고조된 때인 제2기의 군사정책 결정과정은 앨리슨의 모형 Ⅰ인 합리적 행위자모형 하나만으로도 설명이 된다.

현대 국제사회의 상황은 매 시간이 모두 위기의 상황이라고 해도 과언이 아니다. 세계 도처에서 발생하고 있는 각종 자살폭탄 테러, 이에 대한 보복공격, 미국에 대한 항공기자살공격 등 지속적인 긴장 상태에 있다. 특히 2001년 9월 11일에는 알 카에다의 테러리스트들에 의해 전대미문의 항공기 자살공격으로 3,000여 명의 사망자가 발생하였다. 이에 조지 부시(George W. Bush) 대통령은 몇 시간이 채 지나지 않아서 전쟁상황을 선포하였고, 일련의 정책 결정 과정을 거쳐 아프가니스탄에 대한 공격을 시작으로 대테러전쟁을 수행하고 있다. 아울러 '악의 축' 국가에 대한 공격이 미국의 입장에서는 선제방어라는 입장을 분명히 하였다. 미국은 이러한 일방적인 군사적 조치가 정당한 것이라고 주장했다. 정책결정은 단시간 내에 이루어졌고, 단호했다. 정책결정에 조직이 개입하거나 개인의 이해관계, 혹은 국내정치적 고려가 개입되지 않았다. 정책결정이 국가이익을 추구하는 통합된 정부가 선택한 행위라는 것이 명확관화하게 나타났다.

미국정부의 행동은 한국전쟁 개입 시, 쿠바 미사일 위기 시, 그리고 최근 미국이 수행하는 일련의 대외군사정책 추진과정에서 동일한 행태를 보인다. 이는 국가의 위기 시에 구성되는 국가안전보장회의의 행태가 동일하게 나타난다는 것을 의미한다. 국가안전보장회의의 각 구성원들은 각 조직의 장이며 개인적 이해관계를 가지고 있을 수 있으나, 국가적 위기에 대처하기 위해서는 자신의 조직이나 이해관계를 떠나 국가의 목표와 목적을 전략적으로 극대화할 수 있는 행위를 한다는 것이다. 물론 모든 구성원들이 전적으로 동일한 행태를 보이지 않을 수도 있으나 위기감이 증가하면 동조하는 행태를 보인다. 결론적으로 앨리슨의 세 모형 중에서 군사적 위기 시 국가의 안전보장을 위한 바람직한 이론적 모형은 합리적 행위자 모형(모형 Ⅰ)이다. 이러한 측면에서 볼 때, 국가적 위기 시 합리적인 대외군사정책결정을 이끌어 낼 수 있도록 국가안전보장회의와 같은 하나의 유기체와 같은 정책결정기구를 구성하여, 합리적이고 국가의 목표와 목적을 극대화할 수 있는 정책결정이 이루어 질 수 있도록 함으로써 국가안전보장확보에 기여 할 수 있다.

이 연구는 단일사례를 시기별로 분석한 연구이다. 때문에 연구결과를 어느 정도까지 일반화하여 다른 사례의 설명에도 적용시킬 수 있는가하는 객관성의 문제가 제기될 수 있다. 이러한 논의를 극복하고, 정책 결정과정에 관한 연구를 발전시키기 위하여 다수의 사례를 비교 분석하는 방법을 시도를 할 필요가 있다.

참고문헌

1. 국내문헌

강병규.(1970). 「한국전쟁의 정책환경」. 서울: 한림출판사.

공군본부.(1981). 「6·25 항공작전교훈」. 서울: 공군교재창.

구영록.(1983). 「인간과 전쟁」. 서울: 법문사.

국방군사연구소.(1996a). 「Documents of the National Security Council
－미 국가안전보장회의 문서－: Korea I(1948-1950)」. 한국전쟁
자료총서 1. 서울: 국방군사연구소.

__________.(1996b). 「Documents of the National Security
Council－미 국가안전보장회의 문서－: Korea Ⅱ(1951-1954)」.
한국전쟁자료총서2. 서울: 국방군사연구소.

국방대학원.(1987). 「안전보장이론 Ⅱ」. 서울: 국방대학원.

국방부 전사편찬위원회.(1981). 「국방소약집」 제11집(1945-1980).
서울: 국방부.

__________.(1987). 「한국전쟁」. 서울: 국방부.

__________.(1989). 「한국전쟁 휴전사」. 서울: 국방부.

__________.(1990a). 「한국전쟁(상)」. 서울: 국방부.

__________.(1990b). 「한국전쟁(하)」. 서울: 국방부.

권용립.(1997). 「미국의 대외정책사」. 서울: 민음사.

김계동.(2000). 「한반도의 분단과 전쟁」. 서울: 서울대학교출판부.

김규정.(1998). 「행정학개론」. 서울: 법문사.

김영작 외.(1998). 「한국전쟁과 휴전체제」. 서울: 집문당.

김철범.(1989). 북한의 남침을 빚어낸 미국의 철군 정책. 김철범 편, 「한국전쟁: 강대국 정치와 남북한 갈등」. 서울: 평민사.

______.(1990a). 「한국전쟁과 미국」. 서울: 평민사.

______.(1990b). 한국전쟁과 미국의 외교정책 - 철수. 참전. 북진. 휴전결정을 중심으로 -. 김철범 편, 「한국전쟁을 보는 시각」. 서울: 을유문화사.

김학준.(1989a). 「분단사의 재조명: 분단과 통일 그리고 민족주의」. 서울: 박영사.

______.(1989a). 「한국전쟁 - 원인·과정·휴전·영향」. 서울: 박영사.

______.(1989b). 「한국전쟁」. 서울: 박영사.

______.(1989c). 「한국문제와 국제정치」. 서울: 박영사.

______.(1992). 「한국문제와 국제정치 I」. 서울: 박영사.

김형렬.(1997). 「정책결정론」. 서울: 대영문화사.

류재갑.(1987). 한국전쟁과 한·미관계의 성격. 「한국과 국제정치 제3권 2호」. 서울: 경남대학교 극동문제연구소.

박광국.(2000). Graham T. Allison의 의사결정의 본질. 「정책학의 주요이론」. 서울: 법문사.

박명림.(1997). 「한국전쟁의 발발과 기원」. 서울: 나남출판.

박성복. 이종렬 공저.(1993).「정책학원론」. 서울: 대영문화사.

박홍규.(1988). 한·미 관계의 정치적 갈등과 협력.「한국과 미국의
    정치안보 관계」. 서울: 경남대 극동문제연구소.

서용선.(1998). 한국전쟁과 휴전체제.「군사 제36호」. 서울: 국방군
    사연구소.

오경택.(1983).「미국 국가전략에 의한 주한 미 점령군 철수 분석.
    1947-1950」. 석사학위논문. 연세대 대학원 정치학과.

온창일.(1987). 휴전을 둘러싼 한·미관계.「한국전쟁 전후 민족격
    동기의 재조명」. 서울: 한국전쟁연구회.

______ .(1989).「한국전쟁의 정치외교사적 고찰」. 서울: 평민사.

외무부 외교연구원.(1967).「한국외교의 이십년」. 서울: 외무부.

육군대학.(1996). 교참 2-1.「한국전투사」. 진해: 육군대학.

육군본부.(1968).「유엔군 전사: 휴전천막과 싸우는 전선」 제2집.
    서울: 육군본부.

육군본부.(1974).「정책과 지도」. 서울: 육군본부.

육군본부 편.(1979).「한국전쟁」. 서울: 육군본부.

이광수.(1982).「정책결정에 대한 Allison Model의 적용성」. 박사학
    위논문. 경북대학교 대학원.

이기탁.(1983).「국제정치사」. 서울: 일신사.

이선호.(1999). 제한전쟁으로서의 한국전쟁.「군사논단」 제19호. 서
    울: 한국군사학회.

이용필.(1992). 국제위기와 국가위기관리: 이론과 사례. 이용필 외

3. 「위기관리론」. 서울: 인간사랑.

임재동.(1991). 「한국전쟁과 미국의 전쟁정책」. 석사학위논문. 서울
대학교 대학원.

임재동 외.(1990). 미국의 전쟁 전략과 전쟁정책. 「한국전쟁의 이해」.
서울: 역사비평사.

이종철.(1998). 「김영삼 정부의 사법제도 개혁 결정과정에 관한 연
구」. 석사학위논문. 서강대학교 공공정책대학원.

전인영.(1992). 국제위기관리 사례연구. 이용필 외 3. 「위기관리론」.
서울: 인간사랑.

정용석.(1981). 「미국의 대한정책」. 서울: 일조각.

정일화.(1998). 「미국의 봉쇄정책과 월남전에 관한 연구: 탈이데올
로기 과정을 중심으로」. 박사학위논문. 단국대학교 대학원.

정하명 외.(1987). 「한국전쟁사」. 서울: 일신사.

차상철.(1992). 「해방전후 미국의 한반도정책」. 서울: 지식산업사.

차영구·황병무 편저.(2002). 「국방정책의 이론과 실재」. 서울: 오름.

채근식.(1978). 「무장독립운동비사」. 서울: 공보처.

채한국.(1989). 맥아더 원수의 해임. 「군사」 제18호. 서울: 국방부
전사편찬위원회.

한표욱.(1984). 「한미외교요람기」. 서울: 중앙일보사.

Cumings, Bruce(ed.). 박의경(역).(1987). 「한국전쟁과 한미관계
(1943-1953)」. 서울: 청사.

Cumings, Bruce. 김자동(역).(1986). 「한국전쟁의 기원」. 서울: 일

월서각.

Futrell, Robert F. 강승기(역).(1982). 「한국전에서의 미 공군 전략」. 서울: 행림출판.

Gromyko, Andrei. 박형규(역).(1990). 「그로미코 회고록」. 서울: 문학지평사.

Halliday, Jon and Cumings, Bruce. 차성수·양동주(공역).(1989). 「한국전쟁의 전개과정」. 서울: 태암.

Lowe, Peter. 김시완(역).(1989). 「한국전쟁의 기원」. 서울: 인간사랑.

Matray, James I. 구대열(역).(1989). 「한반도의 분단과 미국」. 서울: 을유문화사.

Matray, James I. 한국전쟁연구회(편역).(1987). 계산된 위험. 「한국전쟁 전후 민족격동기의 재조명」. 서울: 한국전쟁연구회.

Paige, Glenn D. 한배호(역).(1968). 「미국의 한국참전결정」. 서울: 범문사.

Ridgway, Matthew B. 김재관(역).(1981). 「한국전쟁」. 서울: 정우사.

Schnabel, James F. and Watson, Robert J. 국방부 전사편찬위원회(역).(1987). 「미합동참모본부사: 한국전쟁(상)」. 서울: 국방부.

Stueck, William. 김형인 외 3 공역.(2001). 「한국전쟁의 국제사」. 서울: 푸른역사.

U.S. Department of State. 서동구 편역.(1977). 「한반도 긴장과 미국」. 서울: 대한공론사.

Whiting, Allen S. 국방부 전사편찬위원회(역).(1989). 「중공군 압록강을 건너다」. 서울: 국방부.

小此木政夫. 현대사연구실(역).(1986). 「한국전쟁 – 미국의 개입과정」. 서울: 청계연구소.

日本陸戰史硏究普及會 編, 육군본부군사연구실(역).(1986). 「한국전쟁」 제9권. 서울: 명성출판사.

佐佐木春隆, 강창구(역).(1977). 「한국전비사」. (서울: 병학사).

http://my.netian.com/~ispace/

http://war.defence.co.kr/

http://www.bemil.pe.kr/

http://www.defence.co.kr/

http://www.gunsarang.net/

http://www.kaoms.or.kr/

http://www.kims.re.kr/research/militarylab.asp/

http://www.military.co.kr/

http://www.militaryreview.com/

http://www.mnd.go.kr/

2. 외국문헌

Acheson, Dean.(1969). *Present at the Creation: My Years in the*

State Department. New York: W. W. Norton.

Allison, Graham T.(1969). Conceptual Models and the Cuban Missile Crisis. *The American Political Science Review.* Volume 63. Issue 3.

__________ .(1971). *Essence of Decision: Explaining the Cuban Missile Crisis.* Boston: Little, Brown and Company.

Allison, Graham and Zelikow, Philip.(1999). *Essence of Decision: Explaining the Cuban Missile Crisis.* New York: Longman.

Appleman, Roy.(1961). *South to the Naktong. North to the Yalu.* Washington, D.C.: Office of the Chief of Military History.

Bennett, Leroy A.(1991). *International Organizations: Principles and Issues.* New York: Prentice Hall.

Brodie, Bernard.(1965). *Strategy in the Missile Age.* Princeton. New Jersey: Princeton University Press.

Cagle, Malcolm W. and Manson, Frank A.(1957). *The Sea War in Korea.* Annapolis: U.S. Naval Institute.

Caridi, Ronald J.(1968). *The Korean War And American Politics: The Republican Party as a Case Study.* Philadelphia: University of Pennsylvania Press.

Cumings, Bruce(ed.).(1983). *Child of Conflict.* London: University of Washington Press.

Cumings, Bruce.(1986). *The Origin of the Korean War: The Roaring of the Cataract, 1947-1950.* Princeton. New Jersey:

Princeton University Press.

Dennet, Raymond and Turner, Robert K.(ed.).(1950). *Documents on American Foreign Relations. 1949.* Princeton, New Jersey: Princeton University Press.

Donelan, Michael.(1963). *The Ideas of American Foreign Policy.* New York: Charles Scribner's Sons.

Dulles, Foster Rhea.(1955). *America's Rise to World Power. 1898-1954.* New York: Harper.

Foot, Rosemary.(1985). *The Wrong War: American Policy and the Dimensions of the Korean Conflict. 1950-1953.* Ithaca and London: Cornell University Press.

Forrestal, James.(1951). *The Forrestal Diaries.* ed. Walter Millis. New York: Viking.

Gaddis, John Lewis.(1982). *Strategies of Containment: A Critical Appraisal of Postwar American National Security Policy.* New York: Oxford University press.

Halliday, Jon and Cumings, Bruce.(1988). *Korea: The Unknown War.* New York: Pantheon Books.

Hermann, Charles F.(1965). *Crises in Foreign Policy Making.* California: U.S. Naval Ordnance Test Station.

Horowitz, David.(1965). *The Free World Colossus: A Critique of American Foreign Policy in the Cold War.* New York: Hill and Wang.

Kaplan, Stephen S.(1981). *Diplomacy of Power.* Washington, D.C.: The Brookings Institution.

Kennan, George F.(1967). *Memoirs. 1925-1950.* Boston: Little. Brown and Company.

Lippmann, Walter.(1947). *The Cold War.* New York: Harper.

Lukacs, John.(1966). *A History of the Cold War.* New York: Doubleday.

MacDonald, Callum A.(1986). *Korea. The War Before Vietnam.* New York: Free press.

Matray, James I.(1985). *The Reluctant Crusade: American Foreign Policy in Korea: 1941-1950.* Honolulu: University Hawaii Press.

Millet, Allen R., and Maslowski, Peter.(1984). *For the Common Defense: A Military History of the United States of America.* New York: The Free Press.

Morgenthau, Hans J.(1970). *Politics Among Nations.* New York: Knopf.

Ohnn, Chang-Il.(1983). *The Joint Chiefs of Staff and U.S. Policy and Strategy Regarding Korea. 1945-1953.* Ph. D. Dissertation. University of Kansas.

Paige, Glenn D.(1968). *The Korean Decision.* New York: The Free Press.

Panikkar, K. M.(1955). *In Two Chinas: Memoirs of a Diplomat.*

London: George Allen & Unwin.

Pratt, Julius W.(1955). *A History of United States Foreign Policy.* Englewood Cliffs. New Jersey prentice-Hall.

Royal Institute of International Affairs.(1953). *Survey of International Affairs 1953.* London: Oxford University Press.

Schelling, Thomas C.(1960). *The Strategy of Conflict.* Cambridge: Harvard University Press.

Schnabel, James F. and Watson, Robert J.(1979). *The History of the Joint Chiefs of Staff and National Policy.* Wilmington and Delaware: Michael Glazier. Ind.

Simmons, Robert R.(1975). *The Strained Alliance: Peking, P'yŏngyang, Moscow and the Politics of the Korean Civil War.* New York: The Free Press.

Sorensen, Theodore. You Get to Walk to Work. *New York Times Magazine.* March 19, 1967.

Spanier, John W.(1959). *The Truman-MacArthur Controversy and Korean War.* Cambridge: Harvard University Press.

Steel, Ronald.(1992). The End and the Beginning. Michael Hogan.(ed.). *The End of the Cold War: Its meaning and Implication.* New York: Cambridge University Press.

Stueck Jr, William W.(1981). *The Road to Confrontation.* North Carolina: Chapel Hill University.

Truman, Harry S.(1955). *Memoirs by Harry S. Truman. vol. 2:*

Years of Trial and Hope. New York: Doubleday & Company. Inc.

United Nations.(1950). *Year Book of the United Nations, 1950.* New York: Department of Public Information.

U.S. Department of State.(1971). *Foreign Relations of the United States 1946* Vol. Ⅷ. Washington, D.C.: United States Government Printing Office.

______________________ .(1972). *Foreign Relations of the United States 1947* Vol. Ⅵ. Washington, D.C.: United States Government Printing Office.

______________________ .(1976a). *Foreign Relations of the United States 1948* Vol. Ⅰ. Washington, D.C.: United States Government Printing Office.

______________________ .(1974). *Foreign Relations of the United States 1948* Vol. Ⅵ. Washington, D.C.: United States Government Printing Office.

______________________ .(1976b). *Foreign Relations of the United States 1949* Vol. Ⅶ. Washington, D.C.: United States Government Printing Office.

______________________ .(1977). *Foreign Relations of the United States 1950* Vol. Ⅰ. Washington, D.C.: United States Government Printing Office.

______________________ .(1976c). *Foreign Relations of the United*

States 1950 Vol. Ⅶ. Washington, D.C.: United States Government Printing Office.

__________________ .(1980). *Foreign Relations of the United States 1951* Vol. Ⅰ. Washington, D.C.: United States Government Printing Office.

__________________ .(1983a). *Foreign Relations of the United States 1951* Vol. Ⅶ. Washington, D.C.: United States Government Printing Office.

__________________ .(1983b). *Foreign Relations of the United States 1952-1954* Vol. Ⅰ. Washington, D.C.: United States Government Printing Office.

__________________ .(1984a). *Foreign Relations of the United States 1952-1954* Vol. Ⅱ. Washington, D.C.: United States Government Printing Office.

__________________ .(1984b). *Foreign Relations of the United States 1952-1954* Vol. ⅩⅤ. Washington, D.C.: United States Government Printing Office.

Vinacke, Harold M.(1952). *The United States and the Far East. 1945-1951.* California: Stanford University Press.

Walter, Lippmann.(1955). *The Cold War.* New York: Harper.

Whiting, Allen S.(1960). *China Crosses The Yalu-The Decision to Enter the Korean War.* Stanford: Stanford University Press.

Whitney, Courtney.(1956). *MacArthur: His Rendezvous With History*. New York: A. A. Knopf.

Williams, William A.(1959). *The Tragedy of American Diplomacy*. Cleveland, Ohio: World Publishing Company.

· 저자 ·

허 출
(許 朮)

· 약 력

공군사관학교 졸업
국방대학원 안전보장학 석사(군사전략 전공)
충북대학교 대학원 행정학 박사(행정학 전공)

한국정책학회 회원
공군사관학교 군사전략학과 교수

· 주요논저

「미국의 대한반도 정책」
「기습에 대한 이론적 접근」
「전략의 개념정립」
「한국전쟁시 항공력의 역할」
「한국의 미사일개발과 MTCR」
「군사정책결정과정의 이론적 모형」
「미국의 대한반도 군사정책결정과정 분석」
「군사학사 수여 방안에 대한 연구」
『항공무기체계』(편서)
『논문을 어떻게 쓸것인가?』(역서)
외 다수

6 · 25와 미국의 전쟁정책

· 초판 인쇄	2006년 2월 20일
· 초판 발행	2006년 2월 20일
· 지 은 이	허 출
· 펴 낸 이	채종준
· 펴 낸 곳	한국학술정보㈜
	경기도 파주시U 교하읍 문발리 526-2
	파주출판문화정보산업단지
	전화 031) 908-3181(대표) · 팩스 031) 908-3189
	홈페이지 http://www.kstudy.com
	e-mail(e-Book사업부) ebook@kstudy.com
· 등 록	제일산-115호(2000. 6. 19)
· 가 격	16,000원

ISBN   89-534-4670-8 93350 (Paper Book)
       89-534-4671-6 98350 (e-Book)